BOOSTER
KUNST
SOUND
MASCHINE
ART SOUND MACHINE

Das Projekt entstand nach einem
Konzept von und in Kooperation
mit dem Künstler Nik Nowak.
The project was developed from
a concept by and in collaboration
with the artist Nik Nowak.

BOOSTER

KUNST
SOUND
MASCHINE

ART SOUND MACHINE

KERBER ART

INHALT
CONTENT

WENN SOUND
RÄUME DEFINIERT
*FÜNF FRAGEN
AN NIK NOWAK*
ROLAND
NACHTIGÄLLER
WHEN SOUND
DEFINES SPACES
*FIVE QUESTIONS
FOR NIK NOWAK*

Nik Nowak – 1981 in Mainz geboren und heute in Berlin lebend – ist von Anfang seiner künstlerischen Entwicklung an auf sehr unterschiedlichen Wegen unterwegs gewesen, die sich aber im Rückblick immer wieder in einem zentralen Themenfeld treffen. Während der offenen, interdisziplinären Diskurse an der UdK Berlin, in denen er bei Lothar Baumgarten seinen „Meisterschüler" erwarb, wurde manifest, was früh angelegt war. Im Zusammenhang dieses Atelierlabors formulierte er die technischen und inhaltlichen Parameter seiner Einlassungen. Schon die frühen Soundexperimente verweisen auf Nik Nowaks konsequente Erkundung des gleichermaßen sozial wie physikalisch bestimmten Raums. Damit beschäftigten sich auch die ersten großen Wandzeichnungen aus Gaffa Tape, Vaseline und anderen Materialien, die sich mit Perspektivität, Proportionen und dem menschlichen Wahrnehmungsapparat auseinandersetzen. Bei genauerer Betrachtung ist es gar nicht erstaunlich, dass Nowaks skulpturale Ansätze sich immer mehr in Richtung Soundskulptur bewegten, fahrzeugähnliche Objekte, die mit Frequenzen experimentierten und die räumlichen Bedingungen ebenso ausloteten wie die physischen Möglichkeiten ihrer Wahrnehmung. Und doch war ich einigermaßen verblüfft, als mir Nik Nowak vor fast drei Jahren zum ersten Mal und voller Begeisterung von seiner umfangreichen Sammlung an Dokumenten zu mobilen Soundsystemen berichtete. Dabei eröffnete mir dieses Thema plötzlich Welten, weit über das gemeinsame Interessensgebiet der elektronischen Musik hinaus: Die Reise seiner Erzählung ging fast einmal

Nik Nowak — born in Mainz in 1981 and now living in Berlin — has followed many very different pathways since he started to develop as an artist, but in retrospect these pathways can be seen to keep coming together in a central thematic group. During the open interdisciplinary events at the UdK Berlin, at which he acquired "master-class student" status under Lothar Baumgarten, something that had been set in train earlier became more clearly defined. He formulated the technical parameters of his position, and his subject matter, while working in this studio-lab. Even the early sound experiments point to Nik Nowak's thorough exploration of space that is determined both socially and physically. The first large wall drawings addressing perspective, proportions and human perceptive apparatus using gaffer tape, vaseline and other materials operate in this field. So on closer examination it was by no means so surprising that Nowak's sculptural work increasingly moved in the direction of sound sculpture, taking the form of vehicle-like objects experimenting with frequencies, and sounding out spatial movements and also the physical possibilities for perceiving them. However, I was still somewhat nonplussed when almost three years ago Nik Nowak told me, for the first time, and most enthusiastically, about his wide-ranging collection of documents on mobile sound systems. But this approach suddenly opened up worlds to me that went for beyond our joint interest in electronic music: his narrative journey went almost the whole way round the world, switching times and continents, touching on cultural

um den Globus, wechselte die Zeiten und Kontinente, berührte Kulturgeschichte, Clubszene und zeitgenössische Kunst, strategische Kriegsführung, öffentliche Manifestationen und technologische Forschung. Meine Faszination und Überraschung über dieses bisher noch nie konzentriert bearbeitete Thema führte dann zu einem Ausstellungsprojekt, dass wir in diesen Tagen mit viel Leidenschaft und Engagement, zugleich aber auch mit dem Bedauern über unsere schließlich doch begrenzten finanziellen Mittel realisieren. Gerne hätten wir noch die eine oder andere Großinstallation ins Museum geholt (man denke nur an Jean Tinguelys grandiose fahrbare Skulptur *Klamauk*), doch die äußeren Beschränkungen führten auch dazu, dass wir mit wacher Aufmerksamkeit für die thematischen Verästelungen Künstler aus aller Welt, Unbekanntes und Ungeahntes, große Soundinstallationen und Skulpturen ebenso wie feine Klangkörper und modellhafte Objekte zusammentragen konnten. Kurz vor Abschluss der Recherchearbeiten habe ich mit Nik Nowak noch einmal über die Motivationen und thematischen Impulse für dieses Projekt gesprochen.

history, the club scene and contemporary art, strategic warfare, public demonstrations and technological research. My fascination and surprise about this subject matter, which had never been worked on in a concentrated way before then, led to an exhibition project that we are now realising with a great deal of passion and commitment, while at the same time regretting our ultimately quite restricted financial resources. We would very much have liked to have brought further large-scale installations into the museum (think for example of Jean Tinguely's superb mobile sculpture *Klamauk*), but the external limitations nevertheless allowed us to bring unknown and unsuspected things together, paying close attention to the thematic ramifications of artists from all over the world: large sound installations and sculptures, along with fine resonance chambers and model-like objects. Shortly before the research work was complete I talked to Nik Nowak again about the motivations and thematic impulses behind this project.

NIK NOWAK
MOBILE SOUND SYSTEMS 2013
Collage, 254 × 112 cm

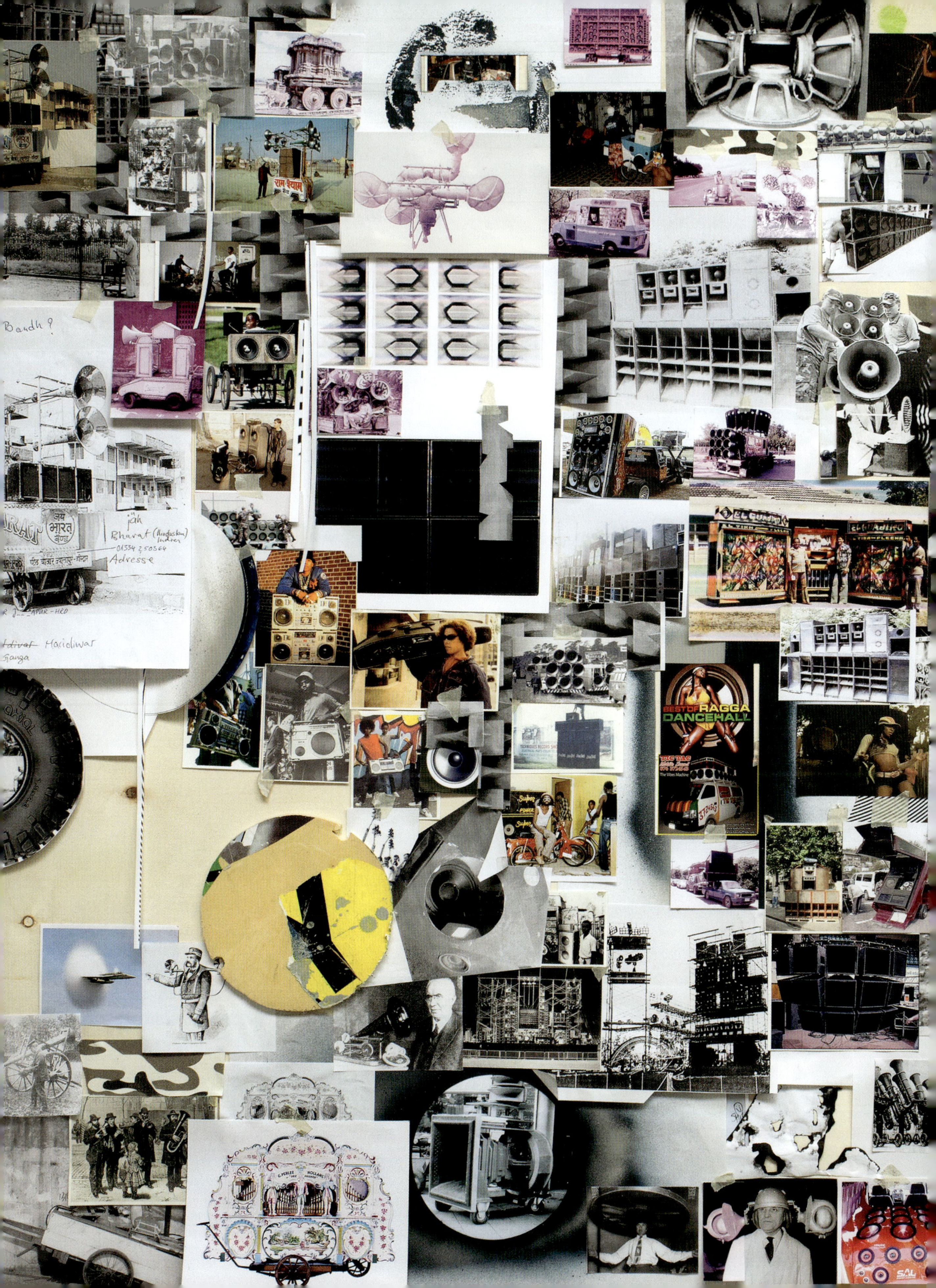

Bandh?
जय भारत बैण्ड
jah
Bharat (Hindustan) Indien
01334 250564
Adresse
Haridwar
Ganga
BEST OF RAGGA DANCEHALL
EL GUAPO

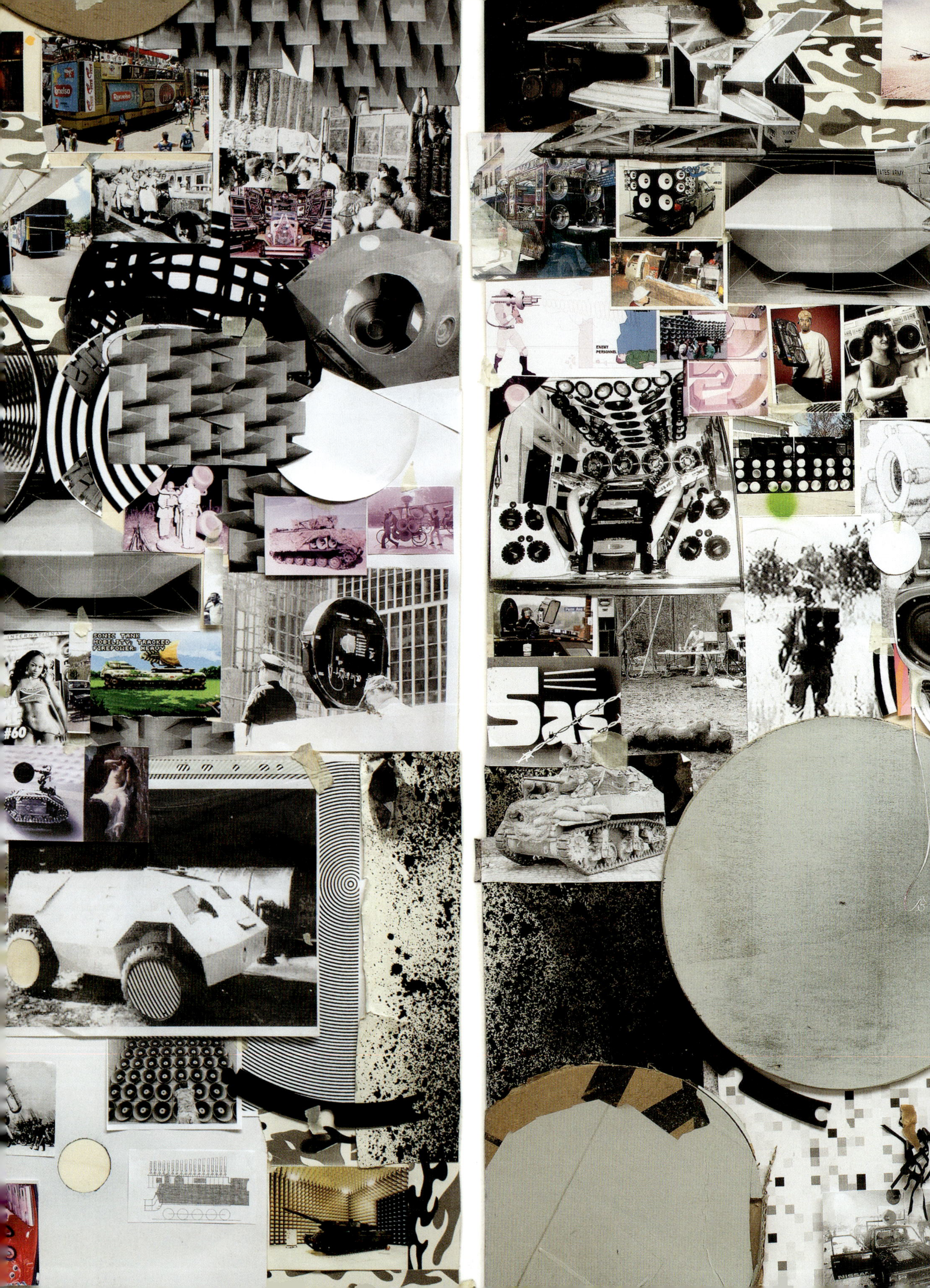

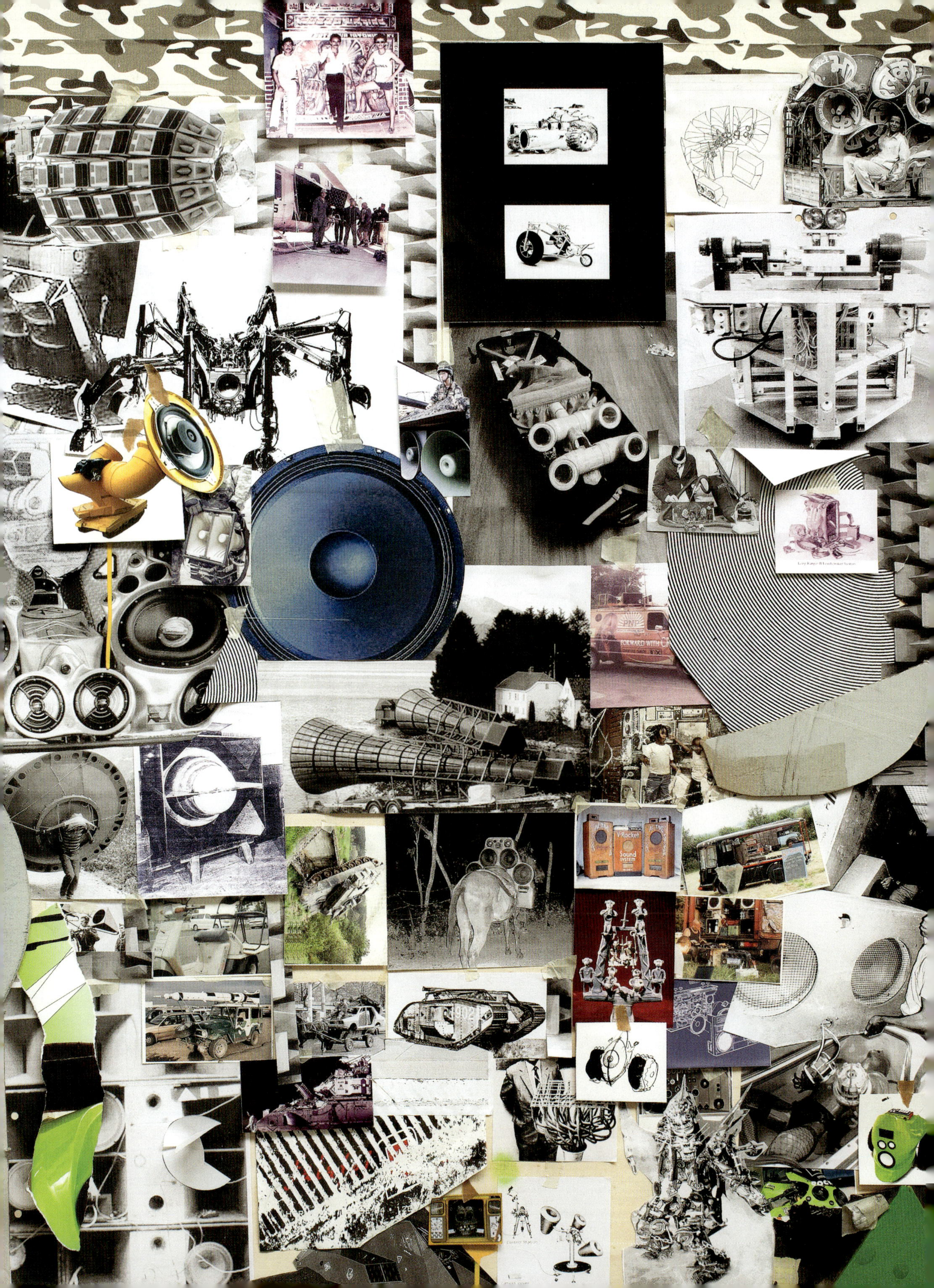

1

Lange Zeit lautete der Arbeitstitel für die in Herford geplante Ausstellung *Mobile Soundsysteme in der Kunst*. Dieser Titel rührte direkt aus unseren ersten Gesprächen zum Thema her und beschreibt bis heute ein Phänomen, das Dich seit Jahren schon umtreibt. Wie bist Du auf dieses Thema aufmerksam geworden und woher stammt Dein persönliches Interesse daran? Zu Beginn der 2000er Jahre, während meines Studiums, habe ich noch im Berliner Stadtteil Wedding gelebt. Vor meinem Fenster gab es regelmäßig Treffen mit tiefer gelegten Fahrzeugen, deren Soundsysteme hinter verdunkelten Scheiben die gesamte Umgebung in Schwingung versetzten. Die Bässe, die von der in den Fahrzeugen gespielten Musik ausgingen, bestimmten in gewisser Weise die gesamte Atmosphäre der Umgebung, auch die in meiner Wohnung. Die Methode, einen Resonanzkörper in den öffentlichen Raum zu bewegen, um diesen akustisch zu besetzen und zu transformieren, fand ich in verschiedener Hinsicht hoch interessant. Gleichzeitig wurden Handys zu MP3-Playern mit enormer Speicherkapazität. Jugendliche benutzten zu dieser Zeit ihre Telefone vor allem in öffentlichen Verkehrsmitteln, um ihr Territorium zu definieren, was mich an den Gebrauch von Ghettoblastern in den 1980er Jahren erinnerte. Durch die kleinen Lautsprecher der Handys reduzierte sich allerdings der Klang des abgespielten Musikstücks eher auf ein krächzendes Signal, das vielmehr eine Referenz zu einem popkulturellen Code darstellt, als dass es um Klangqualität zur Wiedergabe von Musik ginge. *Transmitter* war ein weiterer Titel, den wir für unsere Ausstellung diskutiert haben. Das mobile Soundsystem funktioniert wie ein Transmitter, der eine kulturelle Information aus einer Sphäre in eine andere injiziert. Ob die historische Drehorgel, die brasilianischen Trio Electricos, jamaikanische Soundsysteme, Ghettoblaster, die Fahrzeuge der Mike Men aus Trinidad, getunte Autos oder mit Lautsprechern gespickte Panzer und Hubschrauber im Kontext der akustischen Kriegsführung – all diese mobilen Soundsysteme verweisen auf lokale gesellschaftliche und politische Verhältnisse und haben mich zur Herstellung einer ganzen Serie mobiler Soundskulpturen veranlasst.

For a long time the working title for the exhibition planned in Herford was *Mobile sound systems in art*. This title derived directly from our first conversations about the subject and continues to describe a phenomenon that has already occupied you for years. What attracted your attention to this subject, and where does your personal interest in it come from? In the early 2000s, while I was a student, I still lived in the Berlin suburb of Wedding. Outside my window there used to be regular meetings involving low-slung vehicles with sound systems behind dark panes that made the whole area vibrate. The bass notes emerging from the music played in the vehicles determined the entire atmosphere of the surroundings, including atmosphere in my flat. I was greatly interested in a number of ways in the idea of moving a sound system into a public space in order to take it over and transform it acoustically. At the same time, mobile phones became MP3 players with huge memory capacity. Young people used their phones, above all on public transport, to define their territory, which reminded me of how ghetto blasters were used in the 1980s. However, the little loudspeakers in the mobile phones tended to reduce the sound of the piece being played to a scratchy signal that was more like a reference to a pop-cultural code than being anything to do with sound quality in music reproduction. *Transmitters* was another title that we considered for our exhibition. A mobile sound system works like a transmitter that is injecting a piece of cultural information from one sphere to another one. Whether they are historical hurdy-gurdies, the Brazilian Trio Electricos, Jamaican sound systems, ghetto blasters, the Mike Men from Trinidad's vehicles, tuned cars, or tanks and helicopters larded with loudspeakers in the context of acoustic warfare — all these mobile sound systems point to local social and political condition and prompted me to create a whole series of mobile sound sculptures.

2

In Deiner eigenen künstlerischen Auseinandersetzung spielt Sound eine große, wenn nicht sogar die zentrale Rolle. Eines Deiner ersten aufsehenerregenden Projekte war der Auftritt des *Mobile Booster* im Jahr 2005 während der Art Cologne (im Rahmen der Art.Fair). Während dort ein ohrenbetäubendes DJ-Set die Messebesucher im wahrsten Sinne des Wortes überrollte, hast Du beispielsweise für *Baron Bass* (2008) in der Städtischen Galerie Nordhorn mit Infraschall gearbeitet, also mit für das menschliche Ohr kaum wahrnehmbaren Frequenzen. Verstehst Du Sound in seinen unterschiedlichen Ausformungen auch als ein skulpturales Element? Und in welcher Beziehung steht dieser für Dich zu der klassischen bildhauerischen Form? Mein Fokus auf Soundphänomene und ihre psychische und physische Wirkung findet seinen Ursprung wahrscheinlich in einer sehr subjektiven Erfahrung. Durch einen Pistolenschuss, der neben meinem Ohr abgefeuert wurde, kann ich seit meiner frühen Jugend auf meinem rechten Ohr keine Hochfrequenzen über ca. 7000 Hz hören. Im Alltagsleben macht sich das kaum bemerkbar, da das Gehirn diese Asymmetrie kompensiert. Akustische Extremsituationen jedoch, wie zum Beispiel Tausende zirpender Grillen in einem Feld, wie man es auf dem Tempelhofer Flughafengelände im Sommer erleben kann, vergegenwärtigen mir, wie stark unsere Wahrnehmung von Landschaft und Raum von unserem Gehör abhängt. Da Grillen in einem Frequenzbereich jenseits von 7000 Hz zirpen, hört es sich für mich so an, als befänden sie sich nur links von mir. Durch Sinneseindrücke wie diese ist mir Klang als Mittel zur Gestaltung von Raum sehr bewusst. Mit neuen Technologien wie die Klangfeldsynthese oder parametrische Lautsprecher lässt sich Sound heutzutage fast punktgenau in den Raum projizieren, und dennoch bleibt Klang für uns Menschen subtil, weil wir ihn nicht anfassen können, obgleich wir ihn im Bassbereich sehr wohl physisch wahrnehmen.

Sound plays a major, if not even the central part in your own artistic approach. One of your first projects to attract attention was the appearance of the *Mobile Booster* in the year 2005 during Art Cologne (as part of the Art.Fair). In that case an ear-splitting DJ set rolled over — in the truest sense of that phrase — the visitors to the Fair, but for *Baron Bass* (2008), for example, in the Städtische Galerie Nordhorn, you worked with subsonic noise, in other words with frequencies that are scarcely perceptible to the human ear. Do you see sound in its different forms as a sculptural element as well? And how does this relate to classical sculptural form for you? My focus on sound phenomena and their psychological and physical effect probably originated from a very subjective experience. Because of a pistol shot fired close to my head I have not been able to hear high frequencies above about 7000 Hz in my right ear since my early youth. This is scarcely perceptible in everyday life, as the brain compensates for this lack of symmetry. But extreme acoustic situations, like for example thousand of chirping crickets in a field, as can be experienced on the old Tempelhof airfield site in summer, make it clear to me how very much our perception of landscape and space depends on our hearing. As crickets chirp in a frequency range higher than 7000 Hz, I have the impression that they are all on my left side only. Sensory impressions like this make me very aware of sound as a means of shaping space. New technologies such as sound field synthesis or parametric loudspeakers means that nowadays sound can be projects into a space very precisely, and yet sound remains subtle for us human beings because we cannot touch it, even though we are very aware of it physically in the bass range.

BOOSTER – Kunst Sound Maschine ist nun ein Projekt geworden, in dem beide Beschäftigungsstränge für Dich zusammenlaufen: Einerseits die kritische Reflexion des Sounds als offensive Geste gegen den menschlichen Körper und die Auseinandersetzung mit Drohnen und Maschinen als aktiv in die Lebenswelt eingreifende Konstruktionen (Wesenheiten?). Und andererseits die künstlerische Auseinandersetzung mit den damit verbundenen Ausformungen, Kanälen und Wiedergabeeinheiten als anthropomorphe Konstruktionen mit entsprechender symbolischer Besetzung. Wie siehst Du selbst das Verhältnis von Faszination und Bedrohung, die mit diesen technischen Entwicklungen zusammenhängen? Durch meine Arbeit beschäftige ich mich viel mit technologischen Entwicklungen und ihrer Verwendung. Fast jede technische Neuerung spiegelt sich gleichzeitig in der Verbesserung der Lebensumstände wieder, wie zum Beispiel durch die medizinische, sanitäre oder telekommunikative Nutzung, aber auch in der militärischen destruktiven Verwendung. Wir Menschen haben die Tendenz Dinge zu entwickeln und einzusetzen, bevor wir uns einer Ethik für den Gebrauch dieser neuen Technologien bewusst sind. Ethische Probleme werden durch Technik gelöst und rufen zugleich neue ethische Probleme hervor. Der Drohnenkrieg verdeutlicht das aktuell sehr gut. Die Technik wird benutzt und ausprobiert, bevor es Regeln und Gesetze dafür gibt, was immer wieder zu Katastrophen führt. **Während gerichtete** Hochleistungslautsprecher von Polizei und Militär heute anstelle von Wasserwerfern zur Zerstreuung von Versammlungen eingesetzt werden (wie zum Beispiel beim G20-Gipfel in Pittsburgh) wurde den Occupy-Demonstranten in der Wallstreet der Gebrauch von technischem Equipment wie Mikrophonen und Soundsystemen zur Verstärkung von Reden oder Musik untersagt. Hier scheinen demokratische Grundprinzipien mit dem Einsatz neuer Technologien ins Wanken zu geraten. Deren Verwendung in der Kunst jedoch führt die Technologie selbst ad absurdum und kann möglicherweise Verhältnisse und Missverhältnisse ausloten.

BOOSTER – Art Sound Machine has now become a project in which both activity strands come together for you: on the one hand, critical reflection on sound as an offensive gesture against the human body, and addressing drones and machines as constructions (beings?) that impinge upon the living world actively. And on the other hand, artistically addressing the forms, channels and reproduction units associated with this as anthropomorphic constructions with a corresponding symbolic charge. How do you yourself see relationship of fascination and threat associated with these technical developments? I am much concerned with new technological developments and their use in my work. Almost every technical innovation is reflected at the same time in the improvement of living conditions, as for example through medical, sanitary or telecommunications use, but also in destructive military applications. We human beings tend to develop and use things before we are aware of an ethic for deploying these new technologies. Ethical problems are solved through technology, and at the same time generate new ethical problems. Drone war illustrates this very well at present. Technology is used and tried out before there are rules and laws relating to it, and this repeatedly leads to disasters. **The police and the armed** forces use directional high performance loudspeakers instead of water cannon to disperse gatherings (as for example at the G20 summit in Pittsburgh), but the Occupy Wall Street demonstrators were forbidden to deploy equipment such as microphones and sound systems to amplify speeches or music. Here fundamental democratic principles seem to be destabilised by the use of new technologies. But using them in art reduces technology itself ad absurdum and can possibly help to gauge relationships and imbalances.

Sound und Musik sind nicht nur wiederkehrende Elemente in Deinem eigenen Werk, sondern repräsentieren zugleich ein paralleles Feld, auf dem Du Dir mittlerweile gleichermaßen einen Namen erarbeitet hast: Du wirst als DJ und Sound-Performer international auch in Zusammenhängen eingeladen, die nicht primär mit dem Kunstsektor verbunden sind. Sind der Club, die Disco, die Medienkonferenz oder das militärkritische Symposion heute gleichberechtigte Plattformen Deines Schaffens? Und hat sich daraus für Dich ein anderes Verständnis Deines künstlerischen Arbeitens ergeben? Clubs und Festivals sind ein Schmelztiegel für Kunst und Musik. Ich glaube, das ist nichts Neues. Man denke an Kippenberger und das SO36, Andy Warhols *Factory*, die Bands wie Velvet Underground hervorbrachte, oder an Jean Tinguely, der seine Arbeiten auf Festivals gezeigt hat. Allerdings sehe ich mittlerweile auch eine Menge neuer Festivalformate, die von Künstlern und Musikern organisiert werden, besonders auch in Osteuropa mit dem Fokus auf elektronische Musik und medienübergreifende Kunst. Diese Festivals ziehen ein extrem breites, anspruchsvolles und komplex denkendes Publikum an. In diesen Kontexten werden oft weitreichende und anspruchsvolle Diskurse geführt, wahrscheinlich gerade weil sie sich fernab vom Kunstmarkt befinden. Ich glaube, wir erleben hier einen sehr produktiven Synergieeffekt, der autonome Positionen unabhängig von Galerien und Institutionen hervorbringt. Ich denke, das ist gesund. Ich war schon immer in beiden Kontexten aktiv und sicher ist meine Arbeit auch ein Stück weit davon geprägt.

Sound and music are not just recurring elements in your own work, but at the same time represent a parallel field in which you have now equally made a name for yourself: you are also invited internationally to take part as a DJ or Sound Performer in contexts that are not primarily linked with the art sector. Are clubs, discos, media conferences or symposia critical of the armed forces platforms with equal rights within your creative output? And has this led to a different way of understanding your artistic work for you? Clubs and festivals are melting-pots for art and music. I don't think this is anything new. Just think of Kippenberger and the SO36, Andy Warhol's *Factory*, which produced groups such as Velvet Underground, or of Jean Tinguely, who has shown his work at festivals. In any event I am also starting to see a large number of new festival formats organised by artists and musicians, particularly in eastern Europe as well, focusing on electronic music and cross-media art. Such festivals attract an extremely broad, discerning audience with complex thought patterns. Wide-ranging and sophisticated discussions are often held in these contexts, probably precisely because they are placed some distance away from the art market. I think we are experiencing a very productive synergy effect there that produces autonomous positions independently of galleries and institutions. I feel that this is healthy. I have always been active in both contexts, and certainly my work is shaped by that to a certain extent.

Vom Künstler zum Ausstellungsmacher: Ist die Erarbeitung einer Präsentation Deiner jahrelangen Beschäftigung und Sammlung zum Thema, die jetzt gemeinsam mit dem Marta Team geschieht, etwas grundsätzlich Neues für Dich? Oder anders gefragt: Unterscheidet sich Deine Perspektive auf Fragen zu Spiel und Aggression, zu Unterhaltung und Gewalt, wenn sie in einer künstlerischen, einer skulpturalen oder in einer kuratorischen Form mündet? Wie verträgt sich beides miteinander? Die Ausstellung hat ja doch einen sehr speziellen Fokus und es ist unglaublich, all diese Werke und verwandten Objekte, die vorher versprengt in der Welt existierten und für mich eine Rolle gespielt haben, nun diskursbildend unter einem Dach versammelt zu sehen. Es ist auch ein Privileg durch die kuratorische Arbeit die Zeit zu haben, mich dem Kosmos der einzelnen Künstler in besonderem Maße und Zeitumfang widmen zu können. Das unterscheidet sich natürlich extrem von der Arbeit an einer Skulptur oder einem Bild im Atelier, was auch mal sehr selbstbezogen und isoliert sein kann. Da die Idee zu der Ausstellung direkt aus meinem künstlerischen Prozess entstand und in gewisser Weise schon im Gehirn angelegt war, verlief der Übergang vom künstlerischen zum kuratorischen Arbeiten eigentlich fließend und selbstverständlich. Außerdem haben es die hervorragende Arbeit des ganzen Marta Teams, die grandiose Zusammenarbeit mit Friederike Fast und Dein unglaubliches Vertrauen mir erlaubt, in den letzten 1 1/2 Jahren auch noch Künstler zu bleiben. Mir ist es in erster Linie wichtig, eine klare Formulierung zu finden – in welcher Disziplin oder in welchem Medium ergibt sich dann von selbst.

From artist to exhibition maker: is devising a presentation on your years of involvement in and collecting on this theme, which is now happening jointly with the Marta Team, something that is essentially new for you? Or putting it differently: is your approach to questions about play and aggression, about entertainment and violence different if it is expressed in an artistic, a sculptural or a curatorial form? How are the two things compatible? Of course the exhibition has a very special focus and it is incredible to see all these works and related objects that were previously scattered about the world and have had their part to play for me collected together under the same roof and forming a discourse. It is also a privilege that the curatorial work has given me time to be able to dedicate myself to the cosmos of the individual artists to such an extent and over such a period of time. This is of course very different from working on a sculpture or a picture in the studio, which can also be very self-absorbed and isolated. As the idea for the exhibition emerged directly from my artistic process and was already shaping in my mind in a certain way, the transition from artistic to curatorial work actually happened fluently and naturally. And besides, it is the outstanding work of the whole Marta team, the magnificent co-operation with Friederike Fast and your incredible trust in me that allowed me still to keep being an artist for the last eighteen months as well. It is important for me in the first place to find a clear formulation — which discipline or medium to use then emerges of its own accord.

Für das Zustandekommen der Ausstellung haben wir aber nicht nur dem Künstler Nik Nowak ganz herzlich zu danken, sondern auch allen Leihgebern sowie den beteiligten Künstlerinnen und Künstlern für ihr Vertrauen und das persönliche Engagement. Wir danken außerdem Tao Xia, Carolina Nitsche und Malika Hauer für die Übersetzungen und die versierte Vermittlung von Kontakten über verschiedene Landes- und Sprachgrenzen hinweg sowie allen Personen, die die Ausstellung mit ihren persönlichen Empfehlungen und Beratungen bereichert haben, wie u. a. Lothar Baumgarten, Roland Fuhrmann, Olaf Holzapfel und Peter Lang. Ein besonderer Dank gilt aber auch unseren Förderern, dem Generalkonsulat des Königreichs der Niederlande sowie dem Italienischen Kulturinstitut in Köln, für ihre großzügige Unterstützung. Zudem danken wir vielmals unseren Sponsoren, die mit ihrem besonderen Engagement dieses außergewöhnliche Projekt erst möglich gemacht haben: den Firmen Wemhöner Surface Technologies GmbH & Co. KG in Herford, NaNoform Airbag Sports GmbH in Spenge und Lautsprecher Teufel GmbH in Berlin.

We have not only to thank the artist Nik Nowak most cordially for the fact that the exhibition has come about, but also all the lenders and the participating artists for their trust and personal commitment. We would also like to offer our thanks to Tao Xia, Carolina Nitsche and Malika Hauer for their translations and for skillfully creating contacts over various nationals borders and language barriers, and to everyone who has enhanced the exhibition with their personal recommendations and advice: this includes Lothar Baumgarten, Roland Fuhrmann, Olaf Holzapfel and Peter Lang among others. Special thanks also go to the Consulate General of the Kingdom of the Netherlands and also the Italian Consulate in Cologne for their generous support. Additionally we would like to thank our sponsors, without whose particular commitment this extraordinary project would not have been possible: Wemhöner Surface Technologies GmbH & Co. KG in Herford, NaNoform Airbag Sports GmbH in Spenge and Lautsprecher Teufel GmbH in Berlin.

HÖRREIZ-VERSTÄRKER
FRIEDERIKE FAST
AUDITORY STIMULUS
AMPLIFIER

Luigi Russolo: *L`Arte dei Rumori / The Art of Noise*,
Futurist Manifesto, 1913

Luigi Russolo in: *L`Arte dei Rumori / Die Kunst der Geräusche*,
Futuristisches Manifest, 1913

In einer Zeit, in der Wellness-Oasen, Yoga- und Meditationskurse Hochkonjunktur haben, scheint das Zitat des futuristischen Malers Luigi Russolo wie eine Hommage an eine bessere Vergangenheit – eine verlorengegangene Epoche der Stille, die zugunsten eines vermeintlichen Fortschritts aufs Spiel gesetzt wurde. Trotz aller Vorzüge der industrialisierten Gesellschaft und der Großstädte ist es heute nur schwer zu begreifen, dass die Begeisterung der Futuristen gerade diesem „Lärm" des alltäglichen Lebens – den Maschinenklängen, den Motorengeräuschen auf der Straße, ja sogar den zerstörerischen Rhythmen der Kanonen im Krieg – galt. Mit seinen *Intonarumori* (Geräuschtönern) imitierte Russolo diese Geräusche, überführte sie aber auch in eine musikalische Ordnung und brachte seine Kompositionen zur Aufführung. Auch wenn die historischen Fotos

At a time in which wellness spas, yoga and meditation classes are booming, this quote from the futuristic painter Luigi Russolo seems like a tribute to a better past — a lost era of silence, which was jeopardized in favor of alleged progress. Despite all the advantages of industrialized society and big cities, these days it is difficult to understand the Futurists' enthusiasm for precisely this "noise" of everyday life — the sounds of machines, motor noise on the street, and even the destructive rhythms of cannons in wartime. With his *intonarumori* (noise generators), Russolo imitated these sounds, transferred them into a musical order and presented his compositions for performance. Even if the historical photos are still

noch sehr an den gewohnten Rahmen klassischer Konzerte erinnern, provozierte die neue Klangerfahrung seinerzeit doch zuerst einen Tumult, da sie gegen die akademischen Gepflogenheiten und bürgerlichen Gewohnheiten der Zeit verstieß.[1] Der Autodidakt Luigi Russolo steht mit seinen selbst konstruierten Lärmerzeugern am Anfang einer künstlerischen Beschäftigung rund um das Begriffsfeld Kunst, Sound und Maschine, dem sich die Ausstellung *BOOSTER*[2] im Marta Herford widmet. Interdisziplinär im Ansatz zieht die Ausstellung eine Linie von den Futuristen über Kurt Schwitters, Marcel Duchamp, Jean Tinguely, sowie die Fluxuskünstler und John Cage bis heute und weitet den Blick zugleich auf internationale sub- bzw. populärkulturelle Entwicklungen, deren innovative Kraft nicht selten Ausgangs- und Bezugspunkt künstlerischer Arbeit ist (siehe zu diesem komplexen Kulturtransfer auch den Text von Jessica Edwards, S. 148 ff.). Von der Drehorgel und dem Ghettoblaster über große Lautsprecherfahrzeuge bei Paraden oder Demonstrationen bis hin zur akustischen Kriegsführung – ganz gleich in welchen Zusammenhängen mobile Soundsysteme zum Einsatz kommen, man ist ihrer faszinierenden wie auch bedrohlichen Wirkung unmittelbar erlegen. Als *HÖR-REIZ-VERSTÄRKER* rufen die versammelten Exponate dem *Zu-schauer-hörer* die prekäre Rolle des eigenen Körpers ins Bewusstsein (siehe dazu auch den Text von Steve Goodman, S. 166 ff.). Sie beleuchten den Einfluss technischer Erweiterungen aber auch die Möglichkeiten, mobile Soundsysteme als schlagkräftige Waffen gegen bestehende Gewohnheiten oder Machtstrukturen einzusetzen. Die Ausstellung verwandelt dabei das Museum in einen lebendigen Ort des Klangs, der die Räume – ganz im Gegensatz zum Musentempel der stillen Kontemplation – in Schwingung versetzt.

very reminiscent of the familiar framework of classical concerts, this new sound experience initially provoked a commotion, because it violated the academic practices and civic habits of the time.[1] With his self-made noise generators, the self-taught artist Luigi Russolo stood at the forefront of artistic work addressing the conceptual field of art, sound and machine, to which the exhibition *BOOSTER*[2] at Marta Herford is dedicated. Interdisciplinary in approach, the exhibition draws a line from the Futurists to Kurt Schwitters, Marcel Duchamp, Jean Tinguely as well as the Fluxus artists and John Cage to the present day and broadens the view on international subcultural and pop-cultural developments, the innovative power of which is often the source and reference point for artistic work (see also the text by Jessica Edwards on this complex cultural transfer pp. 148 ff.). From the barrel organ and the ghetto blaster to large public address vehicles used in parades or demonstrations, through to sonic warfare — regardless of the contexts in which mobile sound systems are used, one immediately succumbs to its fascinating as well as threatening effect. The exhibits collected in *AUDITORY STIMULUS AMPLIFIER* call the spectators' and listeners' attention to the precarious role of one's own body (see also the text by Steve Goodman, pp. 166 ff.). They shed light on the influence of technical developments, but also on the possibilities for using mobile sound systems as powerful weapons against existing habits or power structures. The exhibition thereby transforms the museum into a living place of sound that — very much in contrast to the muses' temple of silent contemplation — causes the rooms to vibrate.

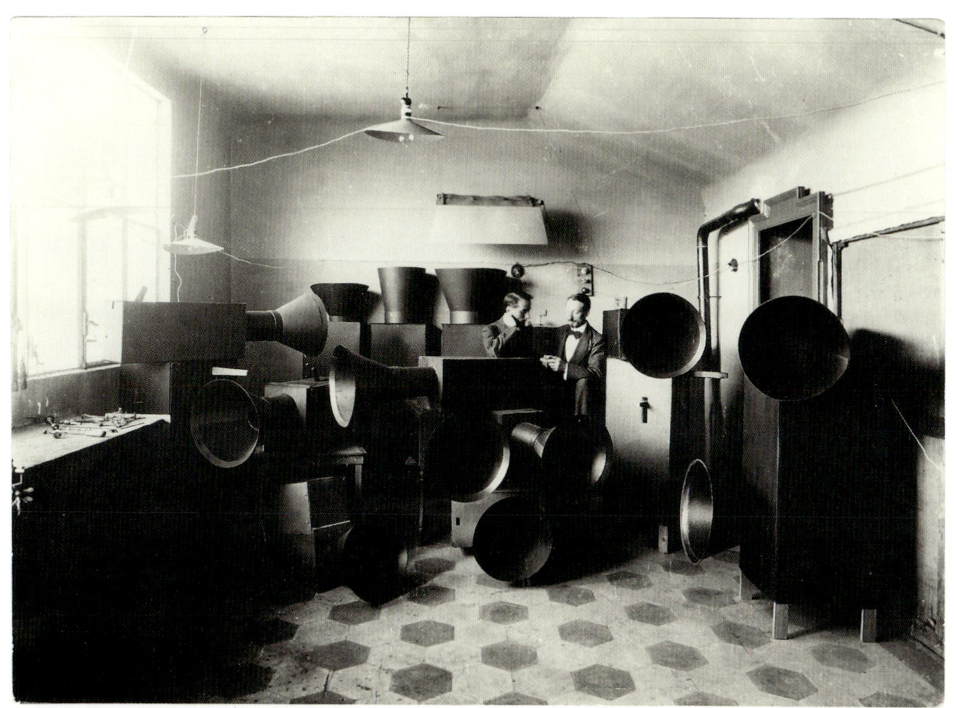

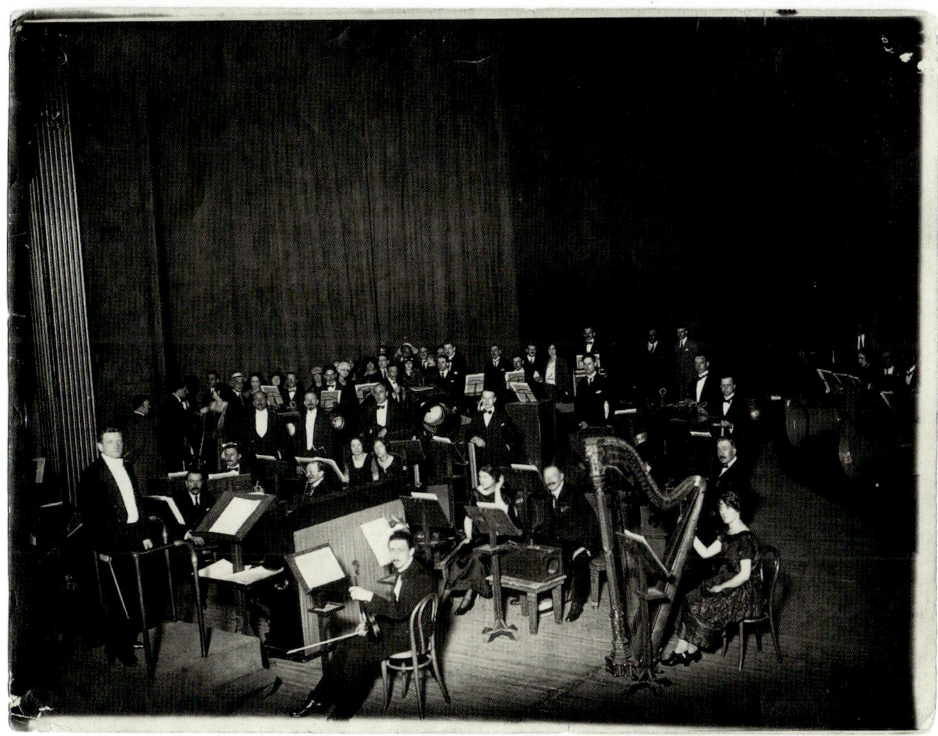

Orchester mit den *Intonarumori* von Luigi Russolo |
orchestra with the *intonarumori* by Luigi Russolo
dirigiert von M. Antonio Russolo | conducted by M. Antonio Russolo
Theatre des Champs-Elysees in Paris, Raucci photographe, 1921
Auf den Photos | on the photographs: Antonio & Luigi Russolo,
Marinetti, Ugo Piatti, SW-Print | BW print, 18 × 23,7 cm
MART – Archivio del '900 – Rovereto, fondo L. Russolo

KÜNSTLER-INGENIEURE

Mit Handys, Smartphones, iPods und Tablets haben mobile Soundsysteme im privaten wie im öffentlichen Raum eine Präsenz erreicht, bei der ohne Zögern von einem Massenphänomen die Rede sein kann. Die unterbrechenden Ruhestörungen gehören ebenso zu den leidigen Begleiterscheinungen wie die wachsende Zahl von Verbotsschildern, mit denen an vielen Orten – wie beispielsweise in der Bahn – Abhilfe geschaffen werden soll. Neue Techniken rufen stets auch Kritiker auf den Plan – dennoch ist es vor allem diese besondere Mischung aus Ablehnung und Faszination, die das Verhältnis zwischen Mensch und Technik seit jeher bestimmt. Der Film *Automamusic* (2008) von AURA SATZ führt den Betrachter in die magische Welt mechanischer Musikinstrumente ein: Wie von Geisterhand musizieren Akkordeon, Trommel, Violine, Pianola und Orchestrion und geben Einblick in ihr faszinierendes Innenleben. Vorläufer dieser selbstspielenden Instrumente waren die astronomischen Uhren öffentlicher Gebäude. Galten diese mathematischen „Wunderwerke" noch als Ausdruck göttlicher Harmonie, so waren die Automaten gerade wegen der „kunstvollen Nachahmung des Lebendigen"[3] immer auch der Hexerei verdächtig. Zuerst nur Fürsten und reichen Bürgern vorbehalten, wurden mit Dreh- und Kirmesorgel, Spieldose und später Grammophon und Radio mobile Soundsysteme zunehmend auch einer breiteren Bevölkerung zugänglich. Den Bezug zwischen Soundsystemen und ihren Vorgängern, den Uhren, geht auch TAMARA GRCIC mit *outside-here* (2011) auf den Grund: Auf der Marta Plaza stellt sich ein großer Campingwagen dem Besucher überraschend in den Weg – zwar gibt es kein Ziffernblatt, doch im Vorbeigehen ist ein deutliches Ticken zu vernehmen.[4] Einmal stündlich ertönen darüber hinaus aus großen Trichtern in der Außenwand des Wohnwagens verschiedene Kompositionen – dreizehn Stücke von variierender Dauer, die fünf Komponisten eigens für diese Arbeit geschrieben haben. Die befremdliche Begegnung mit einem Campingwagen auf dem Museumsplatz wirft Fragen auf nach der Grenze zwischen Innen und Außen, zwischen Privatsphäre und öffentlichem Raum. Als großer Konstrukteur verwandelt MASSIMO BARTOLINI in *Otra Fiesta* (2013) ein Baugerüst in eine sonor erklingende Orgel. Zu hören ist eine Komposition von Edoardo Marraffa, mit dem Bartolini seit Jahren regelmäßig kooperiert. Texte des argentinischen Dichters

ARTIST-ENGINEERS

With cell phones, smartphones, iPods and tablets, mobile sound systems have achieved a presence in both private and public space that without hesitation may be considered a mass phenomenon. The interruptive disturbances also include unfortunate side effects such as the growing number of prohibitive signs, which in many places — such as on the train — seek to provide a remedy. New technologies always summon critics — however it is especially this particular mixture of rejection and fascination that has always determined the relationship between man and technology. The film *Automamusic* (2008) by AURA SATZ leads the viewer into the spellbinding world of mechanical musical instruments: Accordions, drums, violins, Pianolas and Orchestrions make music as if by magic and provide insight into their fascinating inner life. The precursors of self-playing instruments were the astronomical clocks in public buildings. Even while these mathematical "miracle machines" were meant as an expression of divine harmony, they were always suspected of witchcraft due to their "artificial imitation of the living"[3]. First reserved for rulers and wealthy citizens, mobile sound systems became increasingly accessible to a broader population with barrel organs and hurry-gurdies, music boxes and later the gramophone and radio. The relation between sound systems and their predecessors, watches, is addressed by TAMARA GRCIC with *outside-here* (2011): On the Marta Plaza, a large caravan unexpectedly positions itself in the way of visitors. Although there is no clock-face, a distinct ticking sound can be heard in passing.[4] Once every hour, various compositions are emitted from large cones on the outer wall of the caravan — thirteen pieces of varying duration, written specially for this work by five composers. This strange encounter

Roberto Juarroz aus seiner *Poesía vertical* (Vertikale Poesie) dienten als Ausgangsmaterial des Stücks. Die Idee des Vertikalen korrespondiert ebenso mit der architektonischen Struktur des Baugerüsts, das in die Höhe strebt, wie auch mit der Symbolik der Orgel als Inbegriff des sakralen Instruments, das eine vertikale Brücke zwischen Mensch und Gott schlägt. Irgendwo zwischen einer fantastischen Architektur und dem Systemplan einer rätselhaften Maschine bewegen sich auch die rhythmischen Bildkompositionen von JULIE MEHRETU [5]. In Co-*Evolution of the Futurhyth Machine (after Kodwo Eshun)* (2013) überlagern sich Graphit, Tusche und Acrylfarbe zu einer „futurhyth machine", mit der Mehretu – frei nach dem britischen Schriftsteller, Journalisten und Künstler Kodwo Eshun [6] – auch ihre eigene afroamerikanische Identität reflektiert. Auch das Kassetten- oder Videoband bei GREGOR HILDEBRANDT verwandelt sich zu einem Träger von Emotionen. Als zentrales Speichermedium für die Jugend der 1970er bis 90er Jahre stimmt die Verwendung von elektromagnetischem Band heute nostalgisch, während die schillernde Oberfläche des Materials den Betrachter fesselt. Für *Und ihr ginget selbdritt durch den Abend (P. Celan)* (2013) ließ sich der Künstler von Paul Celans Gedicht *Zähle die Mandeln* inspirieren. Das Motiv ist einem Film von Ute Aurand entnommen und zeigt die Amplitude einer Stimmaufnahme des Dichters beim rezitieren seines Gedichts. JAY GARD greift für sein Wandrelief *WallPainting 0002* (2012) ebenfalls auf eine bestehende Arbeit zurück und überträgt sie in ein anderes Medium. Indem er das minimalistische Werk des amerikanischen Künstlers Sol Lewitt mit Transistorradios nachbaut, verweist er auf den Einfluss der (nicht gegenständlichen) Kunst auf die Welt der Gegenstände bzw. die Idee von Raum und Bewegung, die durch den Minimalismus ebenso verändert wurde wie durch die Erfindung des Radios. Humorvoll spielerisch schlüpft der schweizerische Künstler JEAN TINGUELY ab den 1950er Jahren in die Rolle des Künstler-Ingenieurs, indem er seine Metallskulpturen aus Schrott klangvoll in Bewegung versetzt. Dieser erfinderische Geist ist ebenso sichtbar präsent in TINTIN PATRONEs analog erschallenden *Krachkisten* (seit 2009) in farbiger Retroästhetik wie in

with a caravan on the museum square raises questions about the border between inside and outside, between private and public space. As a great construction engineer, MASSIMO BARTOLINI transforms a large scaffolding into a sonorous sounding organ in *Otra Fiesta* (2013). The composition heard is by Edoardo Marraffa, with whom Bartolini has regularly been cooperating for years. Texts by the Argentine poet Roberto Juarroz from his *Poesía vertical* (Vertical Poetry) serve as the starting material for the piece. The idea of the vertical corresponds both with the architectural structure of the scaffolding that towers upward, as well as the symbolism of the organ as the epitome of the sacred instrument, presenting a vertical bridge between men and God. The rhythmic compositions by JULIE MEHRETU [5] are something between fantastic architecture and the system diagram of a mysterious machine. In Co-*Evolution of the Futurhyth Machine (after Kodwo Eshun)* (2013), graphite, ink and acrylic paint are layered to form a "futurhyth machine", with which Mehretu — freely based on the work of British writer, journalist and artist Kodwo Eshun [6] — also reflects on her own African-American identity. With GREGOR HILDEBRANDT, cassette tape or video tape are transformed into a carrier of emotions. As the central storage medium for the youth of the 1970s to the 90s, today the use of electromagnetic tape suggests nostalgia, while the shimmering surface of the material captivates the viewer. For *Und ihr ginget selbdritt durch den Abend (P. Celan)* (2013), the artist was inspired by Paul Celan's poem Count the Almonds. The motif is taken from a film by Ute Aurand and shows the amplitude of a recording of the poet's voice while reciting his poem. For his wall relief *WallPainting 0002* (2012) JAY GARD also takes up an existing work and transfers it to another medium. Reconstructing the minimalist piece of the American artist

BENJAMIN BINDERs liebevoll gefertigten skulpturalen Hüllen für Diktiergeräte und WALTER ZURBORGs improvisierten bis archaischen Konstruktionen. Deutlich massiver treten MATT HOPEs comicartig überdimensioniertes DJ-Soundsystem *Hornmassive* (2002-2004), CARLOS ROLONS (DZINE) aufgepimpter Cadillac oder OLAF MOOIJs *DJ Mobile 1.0* (1999) mit seinen raketenähnlichen Bauerweiterungen in Form von großen Lautsprechern in Erscheinung. Während diese Technikbegeisterung aus heutiger Sicht immer auch mit einem Augenzwinkern zu sehen ist, galt die Rakete in der Nachkriegszeit noch weitläufig als Symbol für einen möglichen Wiederaufstieg. Die visionäre Kraft der technisch durchaus ernst gemeinten Ideen von einer „sauberen Energie" durch die Verbindung von Atom- und Sonnenkraft, wie sie KARL HANS JANKE in zahlreichen Zeichnungen entwickelte, verblüfft aus heutiger Sicht nicht zuletzt auch vor dem Hintergrund, dass dieser Künstler-Erfinder den größten Teil seines Lebens in einer psychiatrischen Anstalt verbrachte.[7]

SOUNDBOMBING

Sounds dienen nicht nur der musikalischen Unterhaltung und wirken positiv auf die „menschlichen Empfindungen", sondern sie werden oftmals als unangenehm oder sogar als schmerzhaft wahrgenommen. Auch kulturelle Unterschiede und subjektive Vorlieben können wenig daran ändern, dass die Ohren – anders als beispielsweise die Augen – schwerlich vor dem Input aus der Umwelt verschlossen werden können. Bereits ab 85 Dezibel treten bei regelmäßiger Beschallung erste Hörschäden auf.[8] Als Frühwarnsystem zählt das Gehör entwicklungsgeschichtlich zu den wichtigsten Sinnen, da mit Hilfe der Ohren eine Gefahr bereits geortet werden kann, noch bevor sie in das Gesichtsfeld eintritt. Die Assoziation von Geräuschen mit Gefahr liegt daher nahe und der Einsatz von Sound als „Kampfmittel" ist längst Realität.[9] So wurden im 2. Weltkrieg beispielsweise Kampfbomber mit Schalltrichtern versehen, um den Sound der nahenden Gefahr verstärkt in Szene zu setzen, und es wurden künstliche Soundkulissen aufgebaut, um eine größere Streitmacht vorzutäuschen. Nicht nur Joseph Goebbels hat den Lautsprecher als effektives Propagandainstrument eingesetzt, auch im Kalten Krieg wurden an der deutsch-deutschen Grenze lautstark Botschaften gegen den Feind gesendet. Ob im

Sol Lewitt with transistor radios, he points to the influence of (non-representational) art to the world of objects and the idea of space and movement, which has been changed by minimalism as well as by the invention of the radio. Beginning in the 1950s, the Swiss artist JEAN TINGUELY humorously and playfully slipped into the role of the artist-engineer, setting his metal sculptures made from scrap sonorously into motion. This innovative spirit is also visibly present in TINTIN PATRONEs analog echoing *Krachkisten* (from 2009) with colorful retro aesthetics, as well as in BENJAMIN BINDER's lovingly crafted sculptural cases for dictaphones and WALTER ZURBORG's improvised to archaic constructions. Significantly larger are MATT HOPE's comically oversized DJ sound system *Hornmassive* (2002–2004), CARLOS ROLON'S (DZINE) pimped out Cadillac or OLAF MOOIJs *DJ Mobile 1.0* (1999) with its rocket-like extensions in the form of large loudspeakers. While from today's perspective this enthusiasm for technology can always be seen with a twinkle in the eye, in the postwar era the rocket was still widely regarded as a symbol of a possible resurgence. The visionary power of the technically most serious idea of "clean energy" through the combination of nuclear and solar power as developed by Karl Hans Janke in numerous drawings is stunning from today's perspective, not least against the background that this artist-inventor spent most of his life in a mental institution.[7]

Gefecht, als Waffe gegen somalische Piraten oder gegen Demonstranten des G20-Gipfels in Pittsburgh, mobile Soundsysteme sind effektive akustische Waffen, die auch heute vielerorts zum Einsatz kommen. ==Das Forschungsfeld== von AUDINT erstreckt sich auf die akustische Kriegsführung (Sonic Warfare) sowie die physiologische und psychologische Wirkung von Sounds. Unter dem Titel *Dead Record Office* zeigt das Kollektiv, bestehend aus Steve Goodman und Toby Heys, einen Ausschnitt aus ihrem umfassenden Archiv. Mit Richtlautsprechern und einer Art Subwoofer-Rucksack lassen sie eine beunruhigende Welt von Sounds erstehen, die zwischen Fiktion und Dokumentation changiert. ==Performances wie== die des britischen Künstlers und Musikers JAMES CAUTY oder des polnischen Künstlers KONRAD SMOLEŃSKI können als schlagkräftiges Gegenmittel verstanden werden: Mit flashmobartigen Interventionen imitieren sie Formen der akustischen Kriegsführung und erobern Territorien zurück, die im Zuge der Kommerzialisierung und Privatisierung ihre politische Bedeutung heute weitestgehend verloren haben. Schutzanzüge oder Sturmmasken, guerillaähnliche Fahrzeuge oder zu Instrumenten umgebaute Raketen sind das Equipment für ihre öffentlichen „Soundbombings", mit denen sie die Tradition bruitistischer Konzerte, die Russolo einst veranstaltet hat, in die Gegenwart verlängern. ==Pünktlich zum fünften Jahres==tag der Oktoberrevolution führte der russische Musiktheoretiker und Komponist ARSENI MICHAILOWITSCH AWRAAMOW in Baku, der Hauptstadt Aserbaidschans, sein monumentales Stück *Symphony of Sirens* (1922) auf. Von einem Turm aus dirigierte er mit Hilfe von Signalflaggen zahlreiche Chöre, Flugzeuge, Lokomotiven, Teile der Artillerie und ließ Sirenen erklingen. Awraamow, der als Minister des Volkskommissariats für Bildungswesen (Narkompros) das Verbrennen von Klavieren als bürgerliche Instrumente propagierte[10], griff damit nicht nur gängige Metaphern der Moderne auf, sondern betonte unter Einbindung der Arbeiter (keiner sollte passiver Zuschauer sein!) mit den Klängen der Revolution vor allem die Macht des Proletariats.[11] ==Die militärische Geste bestimmt== auch das Werk von NIK NOWAK. Auf den zweiten Blick entpuppt sich sein *Panzer* (2011) jedoch als ein irritierender Hybrid – die Soundskulptur wirkt wie ein adrettes Industrieprodukt und ist doch händisch gefertigte Plastik; sie changiert zwischen

SOUNDBOMBING

Sounds do not only serve as the basis for musical entertainment and have a positive impact on "human sensibility". They are often perceived as uncomfortable or even painful. Cultural differences and subjective preferences can only slightly change the fact that the ears — unlike, for example the eyes — can hardly be closed to input from the environment. Regular exposure to as little as 85 decibels can damage hearing.[8] As an early warning system, hearing is evolutionarily one of the most important senses, since the ears can detect a danger even before it enters the field of vision. The association of noise with danger is obvious, and the use of sound as a «warfare agent» has long been a reality.[9] Thus for example, during the Second World War, bombers were equipped with acoustic horns to enhance the sound of approaching danger for effect, and artificial soundscapes were constructed to create the impression of a larger force. Not only Joseph Goebbels used the loudspeaker as an effective instrument of propaganda: During the Cold War, messages to the enemy were sent out loud at the border that divided Germany. Whether in combat, as a weapon against Somali pirates or against protesters at the G20 summit in Pittsburgh, mobile sound systems are effective acoustic weapons, which are used in many places to this day. ==The research field== of AUDINT extends to sonic warfare, and the physiological and psychological effects of sound. The collective, consisting of Steve Goodman and Toby Heys, shows a selection of its comprehensive archive under the title *Dead Record Office*. Using directional speakers and a kind of subwoofer backpack, they generate a disturbing world of sounds that oscillates between fiction and documentary. ==Performances like== that of the British artist and musician JAMES CAUTY or the Polish artist KONRAD SMOLEŃSKI can be

niedlich und gefährlich, zwischen schwer beweglichem Baufahrzeug, demonstrativer Waffe und einem extrovertiert leuchtenden DJ-Sound-Objekt. Eine ähnlich zwittrige Erscheinung sind die *Halong-Kellongs* des chinesischen Künstlers SHI JINGSONG. Indem er Landwirtschaftsmaschinen ganz im Stil der amerikanischen Harley-Davidson ummodifiziert, lässt er Symbole der chinesischen Kultur und des westlichen Kapitalimus aufeinanderprallen. Mit Video-, Audiosystemen oder sogar einem Wok ausgestattet sind es mobile multifunktionale Traummaschinen, die sich – ebenso wie die Muskelkostüme mit einem humorvollen Verweis auf die chinesische Kunst der Plagiate – als etwas Anderes offenbaren, als was sie vorzugeben scheinen: So versetzen sie den Fahrer entgegen erster Erwartungen nicht in einen Geschwindigkeitsrausch, sondern bewegen sich ganz wie Traktoren langsam durch die die Landschaft. Als Gegenbewegung zu der zunehmend kommerzialisierten Loveparade wurde 1997 in Berlin die *Fuckparade* gegründet. Als 2001 die geplante Veranstaltung erstmals verboten wurde, untersagten die Behörden in diesem Zuge auch das Abspielen lauter Musik über Verstärker und Lautsprecher sowie das Mitführen von Radios oder Walkmen bei den Demonstranten. MORITZ STUMMs Tuschezeichnungen zeigen Szenen der Veranstaltung, in denen eine ambivalente Mischung aus friedlichen und militanten Ansätzen der Parade zum Ausdruck kommt. Mit *Shots* (2002/2003) verweist SANTIAGO SIERRA auf eine andere Veranstaltung, bei der sich militärische und zivile Motive mischen: Aus einem wandfüllenden Soundsystem erklingen die Geräusche der Neujahrsfeier im mexikanischen Culiacán, der Heimatstadt des Künstlers. Wenn sich dabei Schüsse der Armee unter die gewohnten Partygeräusche mischen, kann dies als Hinweis auf die enorme Präsenz von Waffen und Gewalt in einem Land verstanden werden, in dem Drogenmafia, Polizei und Militär gerade in der Region um die Stadt Culiacán seit Jahren im erbitterten Kampf liegen. Das hier eingesetzte *Killasan Sound System* aus Berlin-Kreuzberg wurde in Japan nach jamaikanischem Vorbild gebaut. Bereits seit den 1950er Jahren existieren auf Jamaika Soundsysteme in Form von Lautsprechern, die als mobile Diskotheken die Musikkultur der gesamten Karibik und von dort aus der gesamten Welt geprägt haben. In sogenannten Soundclashes versuchen die Besitzer der Soundsysteme einander regelrecht „wegzupusten".

understood as a powerful antidote: Through interventions similar to flash mobbing, they imitate forms of acoustic warfare and reconquer territories, which today have largely lost their political significance in the wake of commercialization and privatization. Riot gear and balaclavas, guerrilla-like vehicles or missiles converted into instruments are the equipment for their public sound-bombings, with which they extend the tradition of the bruitistic concerts once held by Russolo into the present day. Just in time for the fifth anniversary of the October Revolution, the Russian musical theorist and composer ARSENY MIKHAILOVICH AVRAAMOV performed his monumental piece *Symphony of Sirens* (1922) in Baku, capital of Azerbaijan. From a tower, with the help of signal flags, he conducted various choirs, airplanes, locomotives, parts of the artillery and had sirens sounded. Avraamov, who as Minister of the People's Commissariat for Education (Narkompros) propagated the burning of pianos as bourgeois instruments [10], not only utilized common metaphors of modernity, but through the involvement of the workers (no one should be watching passively from the sidelines!) and the sounds of revolution he emphasized the power of the proletariat. [11] The military gesture is also a hallmark of the work of NIK NOWAK. At second glance, his *Panzer* (2011) turns out to be an irritating hybrid — the sound sculpture looks like a shiny industrial product, yet is a handmade sculpture. It alternates between cute and dangerous, between a heavily maneuverable construction vehicle, demonstrative weapon and an extroverted DJ sound object. The *Halong-Kellongs* by the Chinese artist SHI JINGSONG have a similarly ambiguous appearance. By converting agricultural machinery in the style of the American Harley-Davidson, he brings the symbols of Chinese culture and Western capitalism into collision.

FABIAN ALTAHONA ROMERO ist Sammler und Spezialist für kolumbianische Soundsysteme, die sogenannten *Picós*. In den Anfängen dienten diese Musikboxen der ärmeren Bevölkerung, die bei Tanzveranstaltungen ungerne gesehen war, als eigener Club oder „Party auf Rädern"[12]. Als Spielart der Soundsysteme, die ursprünglich aus Kuba und Jamaika stammen, entwickelte die Picó-Kultur seit den 1970er Jahren außerdem eine eigene malerische Tradition. Kassetten und Schallplattencover wurden ebenso gestaltet wie die bunten Fronten der Soundsysteme. Die Motive umfassen Portraits von Musikern und Tänzern, Science-Fiction sowie Regionalhelden und persönliche Erlebnisse, die jedem Picó seine eigene regionale Identität verleihen. Die Identifikationsfunktion von Musik, aber auch die Möglichkeit der Abkapselung von der Außenwelt verkörpert sich beinahe sinnbildlich in Kopfhörer tragenden Teenagern. Mit der Erfindung des Grammophons 1897 wurde eine Entwicklung angestoßen, die mit Radio, Walkmen und MP3-Player bis heute fortgesetzt wird und seit jeher eng mit den Jugendkulturen verknüpft ist. Die Geräte ermöglichen es, mittels der Musik die alltägliche Umgebung auszublenden und in andere Sphären zu flüchten. Gerade diese Qualität von Sounds ist es auch, die das kanadische Künstlerpaar JANET CARDIFF & GEORGE BURGES MILLER fasziniert: „Ich liebe es, zu entfliehen, sei es durch Spaziergänge, Bücher, Filme oder Träume, und ich erkenne erst jetzt, was ich im vergangenen Jahrzehnt getan habe: Ich habe Öffnungen zu meinen anderen Welten geschaffen."[13] Während ihre Beiträge für die dOCUMENTA (13) den Betrachter offensichtlich in eine ganz andere Welt aus Sounds entführten, kehrt *Lullaby for a Traveling Man* (2004) diesen Sachverhalt quasi um: Die surreale Verbindung von einem Koffer mit einem Grammophontrichter ermöglicht es dem Handlungsreisenden

Equipped with video and audio systems, or even a wok, these are mobile multifunctional dream machines, which—along with the muscle costumes—are a humorous reference to the Chinese art of plagiarism. Yet they reveal themselves as something other than what they pretend to be: Contrary to initial expectations, they enable the driver to move through the landscape, not in a rush of speed, but just like tractors, slowly. The *Fuckparade* was founded in Berlin in 1997 as a counter movement to the increasingly commercialized Love Parade. When the planned event was first banned in 2001, the authorities also prohibited the playing of loud music through amplifiers and speakers, as well as the use of radios or Walkmen by demonstrators. MORITZ STUMM depicts scenes from the event in ink drawings, in which an ambivalent mixture of peaceful and militant approaches to the parade are expressed. With *Shots* (2002/2003) SANTIAGO SIERRA refers to another event in which military and civilian motives mix: A wall-filling sound system plays the sounds of the New Year celebration in Culiacán—the artist's hometown in Mexico. When gunshots from the army are mixed in under the usual party noise, it can be understood as an indication of the enormous presence of weapons and violence in a country where the drug mafia, police and military have been in fierce battle for years, especially in the region around the city of Culiacán. The *Killasan Sound System* from Berlin-Kreuzberg used here was built in Japan according to the Jamaican example. Sound systems have existed in Jamaica since the 1950s in the form of mobile discos, and have influenced music culture throughout the Caribbean and from there throughout the entire world. In so-called sound clashes, the owners of the sound systems try to literally "blow away" the other.

allerorts, sich mit Hilfe eines Schlafliedes (gesungen von der Künstlerin) nach Hause zu versetzen. Ende der 1960er Jahre begann LOTHAR BAUMGARTEN eigene Träume nach mehrfach unterbrochenen Schlafphasen auf Band zu sprechen, von Gestammel, Murmeln und Lallen bis hin zu artikulierten Bildern und Dialogen der Traumereignisse. Zeitgleich entstanden Tonaufzeichnungen für seine 16 mm-Filme, die später in komplexen Verfahren vielspurig gemischt und manipuliert wurden. Während des 18-monatigen, ununterbrochenen Lebens unter den Yãnomãmi des Oberen Orinoco begannen um 1978 seine linguistischen Studien. Über 74 Stunden Tonaufnahmen und 9 Stunden 16 mm-Filmmaterial sind das Konvolut, aus dem das Hörstück *Caíman, Nariz Blanca* (Kaiman, Weiße Nase, 1978–2009) von 35 Stunden Dauer entstand. Mit Surround-Sound-Technik wird der akustische Dom eines SAAB 900 in einen Ort reflektierender Kontemplation transformiert. Als Dokument und melancholisches Statement zugleich kommuniziert diese „Zeitkapsel" den fortschreitenden Verlust der Sprachen auf dieser Welt. Die Arbeit ist eine Konfrontation mit dem Unbekannten, mit niemals zuvor gehörten phonetischen Ereignissen, deren gewaltige Kraft und Dynamik zur Einlassung und Entladung über das Eigene und das fremde Andere, den animistischen Kosmos der schriftlosen Gesellschaft der Yãnomãmi, zwingt. Auch wenn Klänge selbst zwar beweglich und flüchtig sind, so brauchen sie dennoch Körper, von denen sie ausgesendet und empfangen werden. Bei CHRISTINE SUN KIM sind es die Vibrationen, das Gefühl für die eigene Stimme, aber auch die unterschiedlichen Funktionen von Kommunikationssystemen, die sie beschäftigen. Obwohl Kim selbst nahezu gehörlos geboren wurde, erlernte sie die sozialen Regeln der Kommunikation und Codes der Ruhestörungen. War in ihrer Kindheit die Welt der Töne vor allem ein Bereich der Restriktionen, so hat sie sich als Künstlerin das unendliche Feld der Geräusche und Klänge neu erschlossen. Dabei erweisen sich auch ihre Zeichnungen, die an Notationssysteme in der Musik erinnern, nicht als ein starres Gerüst von Zeichen, sondern als ein bewegliches Medium des zwischenmenschlichen Austauschs, mit dem die eigene Raum-Zeit-Kapsel immer wieder gesprengt werden kann.

SPACE-TIME CAPSULES

FABIAN ALTAHONA ROMERO is a collector of and specialist in Colombian sound systems, the so-called *Picós*. In the early days, these music boxes of the poor, who were unwelcome at other dance events, served as their own club or "party on wheels"[12]. As a variety of sound systems, which originated in Cuba and Jamaica, Picó culture has developed its own picturesque tradition since the 1970s. Tapes and records covers were also painted like the colorful facades of the sound systems. Motifs include portraits of musicians and dancers, science fiction, as well as regional heroes and personal experiences, lending each Picó its own regional identity. The identification function of music but also the possibility of encapsulation from the outside world is almost perfectly symbolically embodied in the headphone-wearing teenager. This development was initiated with the invention of the phonograph in 1897, and has continued to the present day through radio, Walkmans and MP3 players, and has always been closely linked to the youth cultures. These devices make it possible to shut out the everyday environment and take refuge in other spheres by means of music. It is this particular quality of sound that fascinates the Canadian artist duo JANET CARDIFF & GEORGE BURGES MILLER: "I love to escape, whether through walks, books, films or dreams. Only now do I realize what I have done in the past decade: I have created openings to my other worlds."[13] While their work for the dOCUMENTA (13) blatantly abducted the observer into a completely different world of sounds, *Lullaby for a Traveling Man* (2004) essentially reverses the situation: The surreal combination of a suitcase with a gramophone horn allows salesmen everywhere to feel like they are back at home with the help of a lullaby (sung by the artist herself). At the end of the 1960s, LOTHAR BAUMGARTEN began to describe his

Rund um Konzerte, Festivals, Paraden und Nachtclubs entwickeln sich Szenen, die auch als Gemeinschaften im Geiste verstanden werden können: Neben dem verbindenden Musikhören und Tanzen wirken beim Rave wie beim Clubbing auch Ideale wie Frieden, Liebe, Toleranz und Akzeptanz. WOLFGANG TILLMANS hält in seinen frühen Arbeiten die Technoszene fotografisch fest. Mit Portraits, Stillleben und Landschaften fängt er den besonderen Geist dieses nächtlichen Kosmos ein und fragt nach ihrer gesellschaftspolitischen Funktion: Baut sich das düstere Soundsystem in *Salle Techno* (1994) vor dem hellen Hintergrund eher wie eine auratische Skulptur auf, so zeigt sich die jamaikanische Lautsprecherwand in *wall of speakers* (1992) von hinten mit seinen lockeren Kabeln vielmehr als eine organische Verlängerung des vibrierenden Nervensystems, das das Kollektiv bei einem Konzert verbindet. Auch MARK LECKEYs Filme und Installationen knüpfen an die Club-Kultur an und setzen sie in Beziehung zu dem persönlichen Umfeld des Künstlers. *Dubplate (Soundsystem I)* (2001) besteht aus einem Turm von Lautsprechern, auf denen ein Dubplate gespielt wird – eine spezielle Schallplatte, die von DJs als Einzelstück oder in sehr geringen Stückzahlen gefertigt wird. Zu hören sind Außenaufnahmen,[14] die der Künstler auf einem Spaziergang durch das Londoner Stadtviertel Soho aufgezeichnet hat, wo er selbst lebt und das bekannt ist für seine zahlreichen Clubs und Nachtbars. Als Kind zweier Jazzmusiker tritt MIKAL JESSIE HAMEED (M11X) mit seinem Werk – einem Crossover aus Musik, Theater, Design und Kunst – dafür ein, dass Musik in der Gemeinschaft gehört und erlebt wird. Es überrascht daher nicht, dass seine Soundskulpturen auch auf Plattencovern des Labels Verve Records erscheinen.

own dreams on tape during repeatedly interrupted sleep phases: From stammering, mumbling and babbling to articulate images and dialogues about the dreamt events. At the same time, sound recordings for his 16 mm films were created and were later mixed and manipulated in complex procedure of multitracking. He began his linguistic studies around 1978, during his 18-month, uninterrupted life among the Yãnomãmi of the Upper Orinoco. Over 74 hours of recordings and 9 hours of 16 mm footage served as the source material from which the 35 hour audio piece *Caíman, Nariz Blanca* (Cayman, White Nose, 1978–2009) was created. Using a surround sound technique, the acoustic dome of a SAAB 900 is transformed into a place of reflective contemplation. A document and melancholy statement at the same time, this "time capsule" conveys the progressive loss of languages in the world. The work is a confrontation with the unknown, with never-before-heard phonetic events whose mighty power and dynamics force the listener, via the familiar, to become immersed in the alien other — the animistic universe of the non-written culture of the Yãnomãmi. Even if sounds themselves are indeed mobile and ephemeral, they still need bodies from which they are sent and received. For CHRISTINE SUN KIM, it is the vibrations, the sense of her own voice, but also the various functions of communication systems that engage her. Although Kim herself was born almost completely deaf, she learned the social rules of communication and codes of disturbances. In her infancy the world of sounds was primarily an area of restrictions, yet as an artist she has found a new access to the infinite field of noises and sounds. Also her drawings, reminiscent of notation systems in music, serve not as a rigid framework of signs, but as a moving medium of interpersonal exchange, with which one's own space-time capsule can be thrown open again and again.

Eine beinahe barocke Üppigkeit, Verlangen, Verführung und Luxus sind zentrale Motive im Schaffen von CARLOS ROLON (DZINE). Die Konsumkultur seines getunten Lowrider-Straßenkreuzers *Pimp Juice* (2013) kollidiert dabei mit persönlichen Erinnerungen aus der Kindheit und Jugend des Künstlers. So bezieht er sich mit *La Casa de mi Abuela (Ghost Bike Memorial)* (2011) auf eine Tradition umgebauter Fahrräder, die in der lateinamerikanischen Kultur seiner Eltern aus Puerto Rico zu verorten ist. „To pimp", das sich vom englischen Wort für „Zuhälter" ableitet, bedeutet soviel wie „aufmotzen" oder „tunen". Das protzige Zuschaustellen einer zu neuem Reichtum erlangten Unterschicht – wie sie in der Figur des „Pimps" zum Ausdruck kommt – wird nicht zuletzt unter dem Einfluss der Funk-, Reggae- und Hip-Hop-Musik zu einem ambivalenten Popmotiv mit positivem Image stilisiert. Die Fotoserie *Sound Bikes* (2008) von KATIE CALLAN zeigt Teenager aus Trinidad, die in Queens, einem Viertel von New York, leben. In Garagen entstehen im Eigenbau aus einfachen BMX-Rädern mobile Soundsysteme besonderer Art. In Trinidad findet sich auch das Phänomen der sogenannten MIKE MEN. ALEX SMAILES portraitiert die Männer zumeist indischer Abstammung, die ganz in der Tradition fahrender Verkaufsstände große Megaphone auf das Dach ihrer Autos montiert haben. Auf Hochzeiten spielen sie mit altmodischen Schallplattenspielern indische Musik aus den 1950er und 60er Jahren. In ihrer Freizeit treffen sie sich auch zu Wettkämpfen, wo sie mit ihren Soundsystemen gegeneinander antreten. Seit den 1970er Jahren wurden portable Radiorekorder – auch „Ghettoblaster" oder „Boombox" genannt – zum Kultobjekt einer ganzen Generation. Günstiger als eine Stereoanlage und mobil, waren sie für Jugendliche verfügbar und konnten im eigenen Zimmer wie auch auf der Straße eingesetzt werden. Das *Boombox*-Projekt von LYLE OWERKO ist eine Art Archiv dieser Geräte – im sachlichen Stil erfasst er die Fronten und hebt damit die individuellen Besonderheiten und Kuriositäten der einzelnen Exemplare heraus. TOM SACHS verarbeitet in seinem Werk Designikonen und Meisterwerke der Ingenieurskunst und lässt sie mit der Alltagskultur kollidieren, um sie ironisch zu brechen. Anstatt den Ghettoblaster auf einen Sockel zu heben, bringt er ihn wie im Labor hinter

Scenes that develop around concerts, festivals, parades and night clubs can be seen as communities in spirit: In addition to connecting through listening to music and dancing, the environment of raves and clubs also fosters ideals such as peace, love, tolerance and acceptance. WOLFGANG TILLMANS captures the techno scene in his early photographic works. In portraits, still lifes and landscapes, he conveys the special spirit of this nightly cosmos and poses questions about its sociopolitical function: The gloomy sound system in *Salle Techno* (1994) rises up against the light background like an auratic sculpture. The Jamaican system in *wall of speakers* (1992) is seen from behind, with its loose cables looking rather like an organic extension of the vibrating nervous system that connects the collective at a concert. MARK LECKEY's films and installations are also linked to clubbing culture and put them in relation to the artist's personal environment. *Dubplate (Soundsystem I)* (2001) consists of a tower of speakers and a turntable, on which a dubplate—a special record that is produced for DJs as a single copy or in very small numbers. The dubplate plays field recordings [14] made by the artist during a walk through London's Soho district, known for its many night clubs and bars, and home to the artist himself. As a child of two jazz musicians, MIKAL JESSIE HAMEED (M11X) presents his work —a crossover of music, theater, design and art—to ensure that music is heard and experienced within a community. It is thus not surprising that his sound sculptures also appear on album covers of the label Verve Records.

Glas unter, quasi als sei die Musik ansteckend. Mit dem bissigen Titel der Arbeit *Negro Music* (2008) greift er eine abfällige Bezeichnung der Weißen auf, die die Impulse afro-amerikanischer Musik – gerade auch aus den Wohngebieten sozial Benachteiligter (Ghettos) – unterbinden wollten: „Dieses große Land basiert auf dem Prinzip der Sklaverei. Die Gleichung kann nicht ohne diese Tatsache gemacht wer-den. Und eines der wunderschönen Nebeneffekte dieses afrikanischen Holocausts ist die Musik. Dies sind die Folgen eines Kulturimperialismus – es gab Menschen auf dem Mond und den Hip-Hop. ‚Negro Music' war der Ausdruck, den Leute in den 1960ern wählten, um ihre weißen Töchter davon abzuhalten, schwarze Musik zu hören."[15] Mit seinem *Nomadic Sound System* (2010) knüpft BENJAMIN NEWLAND an die Jahrhunderte alte Tradition der Marsch-kapelle an. Seine selbstgebauten Instrumente und Laut-sprecher ermöglichen eine neue Form der Präsentation elektronischer Musik. In auffälliger Montur bewegen sich die Mitglieder der Kapelle im öffentlichen Raum und erwecken so die Aufmerksamkeit der Passanten. Unter dem Titel TIEFDRUCKGEBIET veranstaltet das 2011 von Carl Schilde und Anselm Venezian Nehls gegründete Künstler-kollektiv Heavylistening Konzerte mit getunten Autos: Die mit Subwoofern ausgestatteten Fahrzeuge erzeugen ein Feld aus Subbass-Schwingungen. Mit Frequenzen von unter 60 Hz, die eher zu spüren als zu hören sind, gerät die gesamte Umgebung in Vibration.

Die Ausstellung zeigt atemberaubende Soundmaschinen, die die Grenzen zwischen den Disziplinen immer wieder sprengen und die heute ebenso experimentell und wider-ständig sind wie ihre historischen Vorgänger. Ob als fragile Gerätschaften oder monumentale Objekte, die mobilen Soundskulpturen lassen in einer Choreographie von zarten Klängen und lautstarken Sounds eine pulsierende Welt entstehen, die als neuralgischer Punkt unsere Hörgewohn-heiten herausfordert.

PIMP ME UP

An almost Baroque exuberance, desire, seduc-tion and luxury are central motifs in the work of CARLOS ROLON (DZINE). The consumer culture of his tuned-up lowrider *Pimp Juice* (2013) collides with personal memories from the childhood and youth of the artist. With *La Casa de mi Abuela (Ghost Bike Memorial)* (2011) he refers to a tradition of converted bikes that originates from the Latin American culture of his Puerto Rican parents. This flashy way of showing off points to the new wealth acquired by the underclass — as expressed in the figure of the "pimp" — and is stylized by the influence of funk, reggae and hip-hop music to an ambivalent pop motive with posi-tive connotations. The photo series *Sound Bikes* (2008) by KATIE CALLAN shows teenager from Trinidad living in Queens, a borough of New York. In garages, special kinds of self-made mobile sound systems are built out of parts from simple BMX bikes. In Trinidad, there is also the phenom-enon of so-called *Mike Men*. ALEX SMAILES portrays the men, mostly of Indian origin, who have large megaphones mounted on the roofs of their cars, in the tradition of the traveling stalls. They play Indian music from the 1950s and 60s at weddings using old-fashioned record players. In their spare time, they also meet at contests, where they compete against each other with their sound systems. Since the 1970s, portable radio recorders — better known as "ghetto blasters" or "boomboxes" — were the cult object of an entire generation. Cheaper than a stereo system as well as being mobile, they were affordable for young people and could be used both in their own rooms and on the street. The *Boombox Project* by LYLE OWERKO is a kind of archive of these de-vices — he captures the fronts in a functional style and thus draws attention the individual peculiarities and oddities of the individual specimens. TOM SACHS processes design icons and masterpieces of engineer-ing in his work and brings them into collision

with everyday culture in order to frame them
ironically. Rather than place the ghetto blaster
on a pedestal, he puts it behind glass like in
the laboratory, as if the music is infectious.
With the biting title of his work *Negro Music*
(2008), he appropriates the derogatory term
of the whites who wanted to halt the impulses
of African-American music — especially that
from socially disadvantaged neighborhoods
(ghettos): "This great country was built on
slavery; you can't remove that from the equation, it's what happened, and one of the beautiful byproducts of the African holocaust
has been the music. These are the results of
culture imperialism — you've got man on the
moon and you've got hip-hop. 'Negro Music'
was the words used by people trying to stop
their white teenage daughters from listening
to black music in the '60s." [15] With his
Nomadic Sound System (2010) BENJAMIN
NEWLAND builds on the centuries-old tradition of the marching band. His self-built instruments and speakers enable a new form
for the presentation of electronic music. The
members of the band to move through public
space in striking outfits and capture the attention of passersby. HEAVYLISTENING,
the artists' collective founded in 2011 by Carl
Schilde and Anselm Venezian Nehls, organ-
izes concerts with tuned cars under the title
Tiefdruckgebiet (low pressure area): Vehicles
fitted with subwoofers produce a field of sub-
bass vibrations. With frequencies below 60 Hz,
which are more likely to be felt than heard, the
whole environment comes into vibration.

The exhibition displays stunning sound machines that break the boundaries between the
disciplines and today are as experimental and
oppositional as their historical predecessors.
Whether as fragile equipment or monumental objects, within a choreography of delicate
noises and loud sounds, mobile sound sculptures create a pulsating world that actively
provokes and challenges our listening habits.

ANMERKUNGEN

[1] Vgl. Johannes Ullmaier, Rolf W. Stoll (Hrsg.): *Luigi Russolo –
Die Kunst der Geräusche* (Mainz, 2000/2005) S. 20.

[2] Der englische Begriff „Booster" bedeutet soviel wie „Verstärker" oder „Antreiber". In technischen Zusammenhängen kann es
aber auch eine Art Hilfsrakete sein.

[3] Dieter Krickeberg: „Automatische Musikinstrumente",
in: René Block, Lorenz Dombois, Nele Hertling, Barbara Volkmann
(Hrsg.): *Für Augen und Ohren, Von der Spieluhr zum akustischen
Environment, Objekte, Installationen, Performances,* Ausstellungs-
kat. (Akademie der Künste, Berlin 1980) S. 12–17.

[4] Beim genauen Hinhören stellt man fest, dass es sich dabei um
die Geräusche unterschiedlicher Uhren handelt. Die Aufnahmen
machte Grcic im Deutschen Uhrenmuseum Furtwangen.

[5] Aus organisatorischen Gründen sind einige Arbeiten aus dem
Katalog, wie diese, nicht Teil der Ausstellung.

[6] 1998 erschien das Buch *More Brilliant than the Sun: Adventures
in Sonic Fiction*, in dem sich Kodwo Eshun mit elektronischer afro-
amerikanischer Musik und dem Phänomen des „Afrofuturismus"
und der schwarzen Identität in der Diaspora auseinandersetzt.

[7] Vgl. Peter Cross: „Karl Hans Jankes einsame Odyssee im
Weltraum", in: Peter Lang und Moritz Götze (Hrsg.): *Karl Hans
Janke vs. Wernher von Braun – Die Ideen eines Weltraum-
phantasten* (Halle/Saale, 2007) S. 19.

[8] Vgl. www.umweltbundesamt.de/themen/verkehr-laerm/
laermwirkung/gehoerschaeden (Stand: 30.12.2013).

[9] Peter Lang: „Sound und Krieg", in: *Nik Nowak – Intermezzo*
(Berlin, 2008) S. 18 ff.

[10] Die produktive Destruktion von „Soundmaschinen" hat in
der Kunst (wie bei Jean Tinguely und Nam June Paik) und in der
Musik (wie bei The Who oder Jimmie Hendrix) demnach eine lange
Tradition vgl. einestages.spiegel.de/s/tb/25487/von-the-who-
bis-jimi-hendrix-instrumenterzerstoerung-in-der-rockmusik.html
(Stand: 30.12.2013).

[11] Vgl. Chris Cutler und Miguel Molina Alarcón (Hrsg.):
*Baku: Symphony of Sirens, Sound Experiments in the Russian
Avant Garde, Original Documents and Reconstructions of 72
Key Works of Music, Poetry and Agitprop from the Russian Avant-
gardes (1908–1942)* (London, 2008).

12 Vgl. den umfassenden Blog von Fabian Altahona Romero zu diesem Thema: acbia.wordpress.com/picos-sound-system/ (Stand: 30.12.2013).

13 Janet Cardiff in: Mirjam Schaub: *Janet Cardiff – The Walk-Book* (Thyssen-Bornemisza Art Contemporary, Köln, 2005), S. 4–5. Zitiert nach: Ralf Beil: „Ein Feuerwerk für Paukenhöhle und Großhirnrinde. Geräusch, Klang und Musik im Œuvre von Janet Cardiff & George Bures Miller", in: Ralf Beil und Bartomeu Marí (Hrsg.): *Janet Cardiff & George Burges Miller – The Killing Machine und andere Geschichten 1997–2007*, Ausstellungkat. (Institut Mathildenhöhe Darmstadt und Museu d'Art Contemporani de Barcelona, Ostfildern, 2007) S. 80.

14 Die Musik der Straße umfasst ebenso Fanfaren von Auto-hupen, Sirenen wie Musik aus fahrenden Autos, Straßenmusik und Stimmen von Passanten. Siehe dazu: Heike Munder und Raphael Gygax (Hrsg.): *Mark Leckey – 7 Windmill Street W1*, Ausstellungs-kat. (Migrosmuseum für Gegenwartskunst, Zürich, London, 2004) S. 66 ff.

15 Tom Sachs im Interview: "This great country was built on slav-ery; you can't remove that from the equation, it's what happened, and one of the beautiful byproducts of the African holocaust has been the music. These are the results of culture imperialism — you've got man on the moon and you've got hip-hop. Negro Music was the words used by people trying to stop their white teenage daughters from listening to black music in the '60s." Übersetzung von der Autorin: www.intermissionmagazine.com/2011/12/tom-sachs/ (Stand: 31.12.2013).

NOTES

1 Cf. Johannes Ullmaier and Rolf W. Stoll (ed.): *Luigi Russolo – Die Kunst der Geräusche* (Mainz, 2000/2005) p. 20.

2 The term „booster" typically means „amplifier" or „enhancer". In technical contexts, it can also be a kind of auxiliary rocket.

3 Dieter Krickeberg: "Automatische Musikinstru-mente", in: René Block, Lorenz Dombois, Nele Hert-ling, Barbara Volkmann (Ed.): *Für Augen und Ohren, Von der Spieluhr zum akustischen Environment, Objekte, Installationen, Performances*, exh. cat. (Akademie der Künste, Berlin, 1980) pp. 12–17.

4 When listening carefully one hears that this is the sounds of different watches. Grcic made the recordings in the Deutsches Uhrenmuseum in Furtwangen.

5 For organizational reasons, some of the works in the catalogue, like e.g. this, are not part of the ex-hibition.

6 In 1998, the book *More Brilliant than the Sun: Adventures in Sonic Fiction* was published, in which Kodwo Eshun addresses electronic African-American music and the phenomenon of "Afro-Futurism" and the black identity in the diaspora.

7 Cf. Peter Cross: "Karl Hans Jankes einsame Odyssee im Weltraum", in: Peter Lang and Moritz Götze (ed.): *Karl Hans Janke vs. Wernher von Braun — Die Ideen eines Weltraumphantasten* (Halle/Saale, 2007) p. 19.

8 Cf. www.umweltbundesamt.de/themen/ verkehr-laerm/laermwirkung/gehoerschaeden (accessed 30.12.2013).

9 Peter Lang: "Sound and War", in: *Nik Nowak — Intermezzo* (Berlin, 2008) pp. 18 ff.

10 The productive destruction of „Sound Machines" has a long tradition both in art (such as Jean Tinguely and Nam June Paik) and in music (such as The Who or Jimi Hendrix) Cf. einestages.spiegel.de/s/tb/25487/von-the-who-bis-jimi-hendrix-instrumentenzerstoerung-in-der-rockmusik.html (accessed 30.12.2013).

11 Cf. Chris Cutler and Miguel Molina Alarćon (ed.): *Baku: Symphony of Sirens, Sound Experiments in the Russian Avant Garde, Original Documents and Reconstructions of 72 Key Works of Music, Poetry and Agitprop from the Russian Avantgardes (1908–1942)* (London, 2008).

12 Cf. the comprehensive blog on this topic by Fabian Altahona Romero: acbia.wordpress.com/ picos-sound-system/ (accessed 30.12.2013).

13 Janet Cardiff in: *Mirjam Schaub: Janet Cardiff – The Walk-Book, Thyssen-Bornemisza Art Contemporary Köln* (Köln, 2005), pp. 4–5, quoted from: Ralf Beil: "Ein Feuerwerk für Paukenhöhle und Großhirnrinde. Geräusch, Klang und Musik im Œuvre von Janet Cardiff & George Bures Miller", in Ralf Beil and Bartomeu Marí (ed.): *Janet Cardiff & George Burges Miller - The Killing Machine und andere Geschichten 1997–2007*, exh. cat. (Institut Mathildenhöhe Darmstadt und Museu d'Art Contemporani de Barcelona, Ostfildern, 2007) p. 80.

14 The music of the street also includes fanfares of car horns, sirens, as well as music from passing cars, street music and voices of passersby. See also: Heike Munder and Raphael Gygax (ed.): *Mark Leckey — 7 Windmill Street W1*, exh. cat. (Migrosmuseum für Gegenwartskunst, Zürich, London, 2004) pp. 66 ff.

15 Cf. Interview with Tom Sachs: www.intermissionmagazine.com/2011/12/tom-sachs/ (accessed 31.12.2013).

DIE KÜNSTLER
THE ARTISTS

JANET CARDIFF
& GEORGE
BURES MILLER

**LULLABY FOR A
TRAVELING MAN** 2004
Koffer, Lautsprecher, CD-Player,
antikes Grammophon | suitcase,
speaker, cd player, antique gramophone
114,3 × 63,5 × 62,2 cm, 2 Min., Loop
Marilyn and Larry Fields Collection

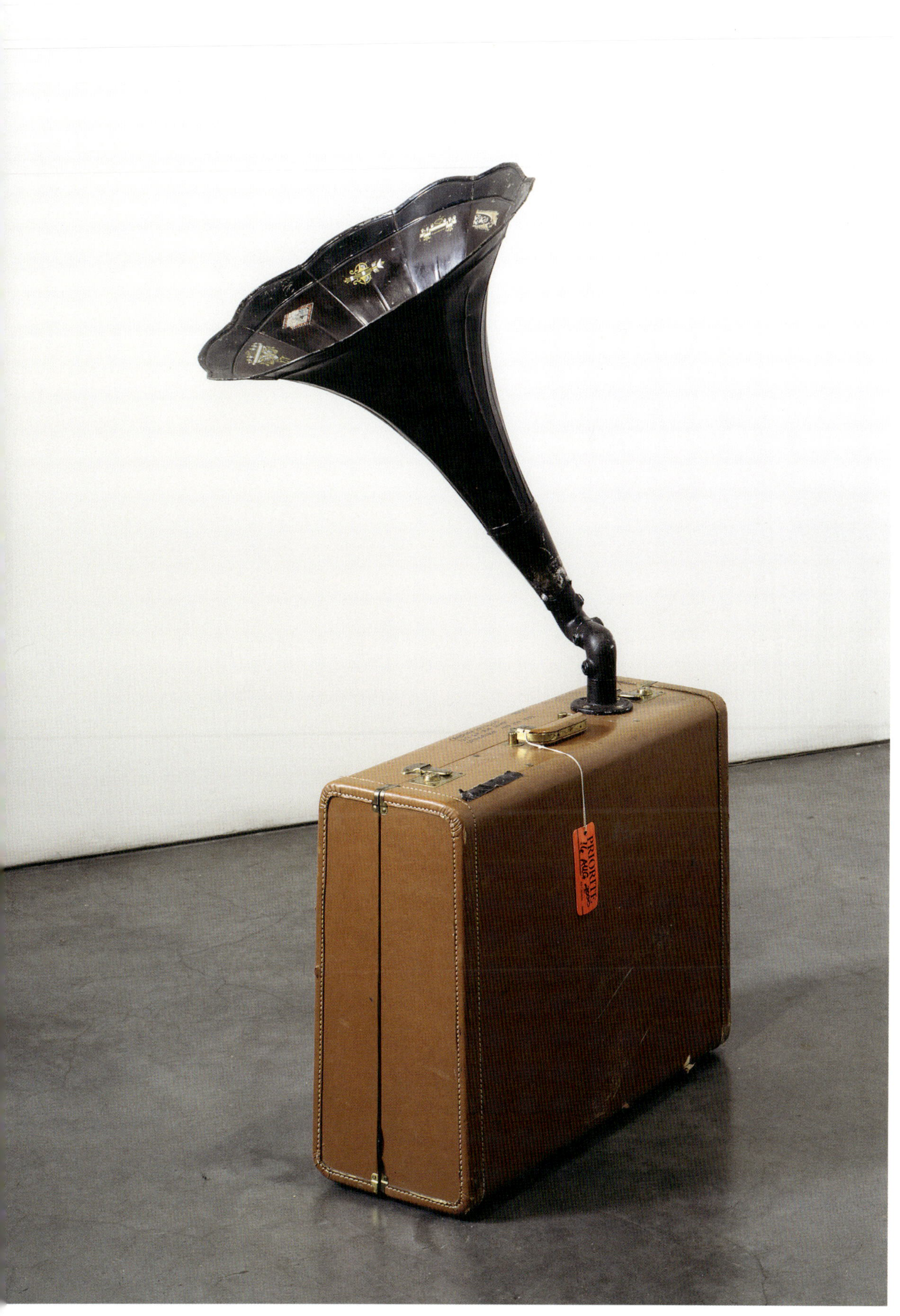

AURA SATZ

AUTOMAMUSIC
PRELIMINARY DRAWINGS 2008
Tusche auf Papier | ink on paper
30 × 30 cm

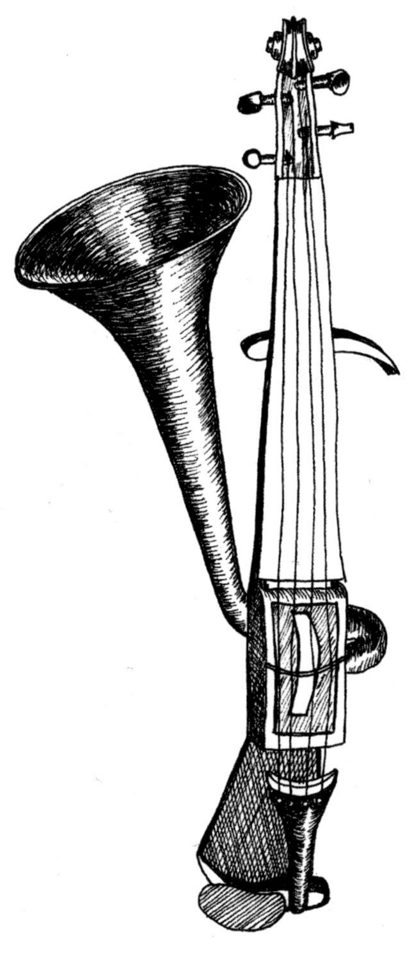

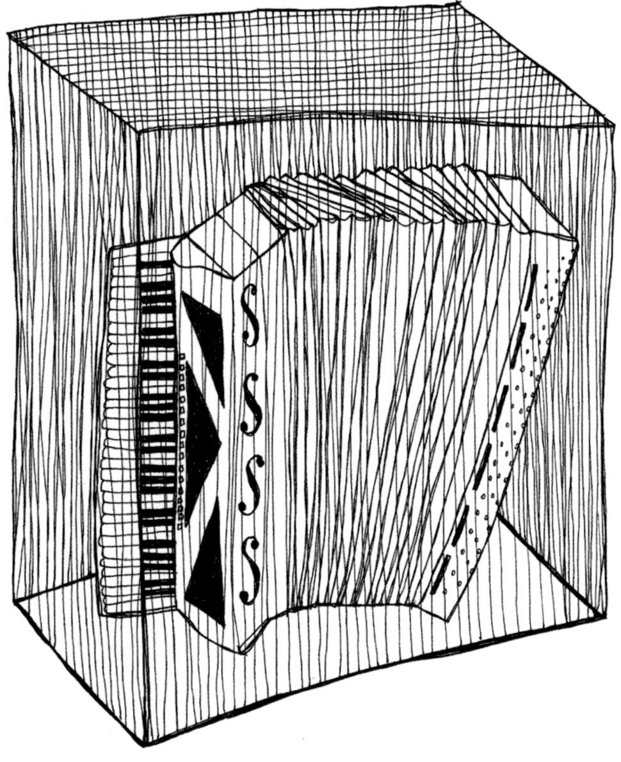

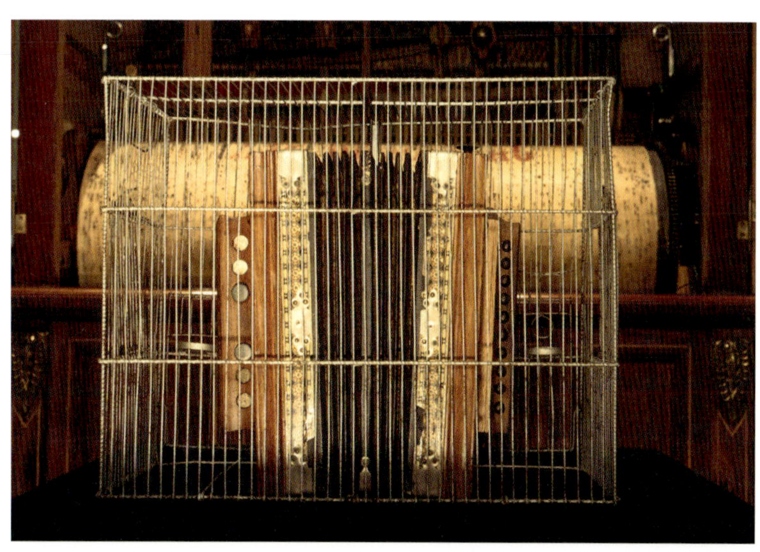

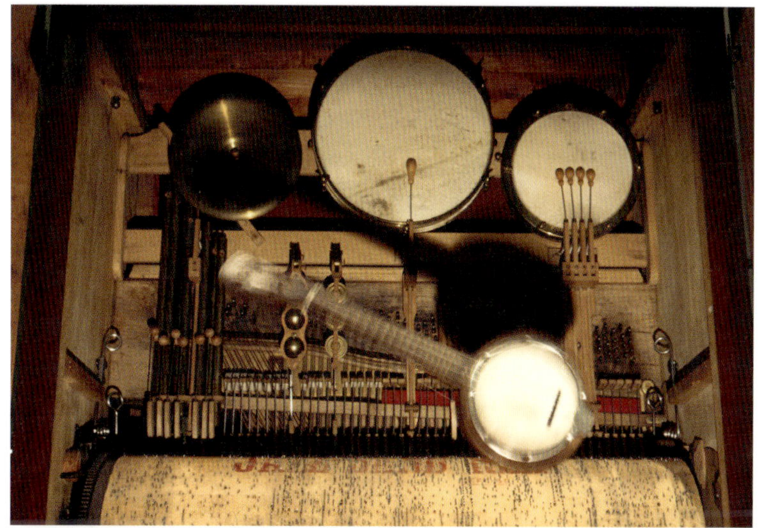

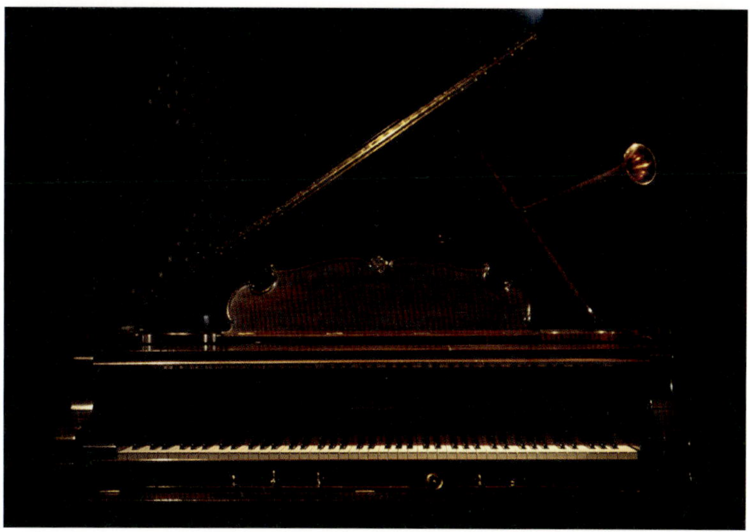

AUTOMAMUSIC 2008
Handabzüge auf Cibachrome Papier |
handprinted cibachrome prints
18 × 25 cm
HD Video, Farbe | color, Sound, 14 Min.
Paradise Row

BENJAMIN NEWLAND

NOMADIC SOUND SYSTEM 2010
Installation: Elektronik, Stoff, Kunststoff,
Holz, Maße variabel | electronics, fabric,
plastic, wood, dimensions variable
Dokumentation der Performance |
documentation of performance
Westway, White City, London, UK, 2010
DVD, Farbe | color, Sound, 3:55 Min.

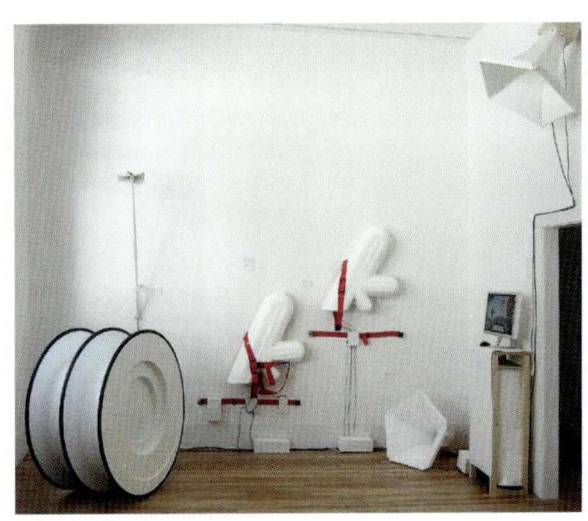

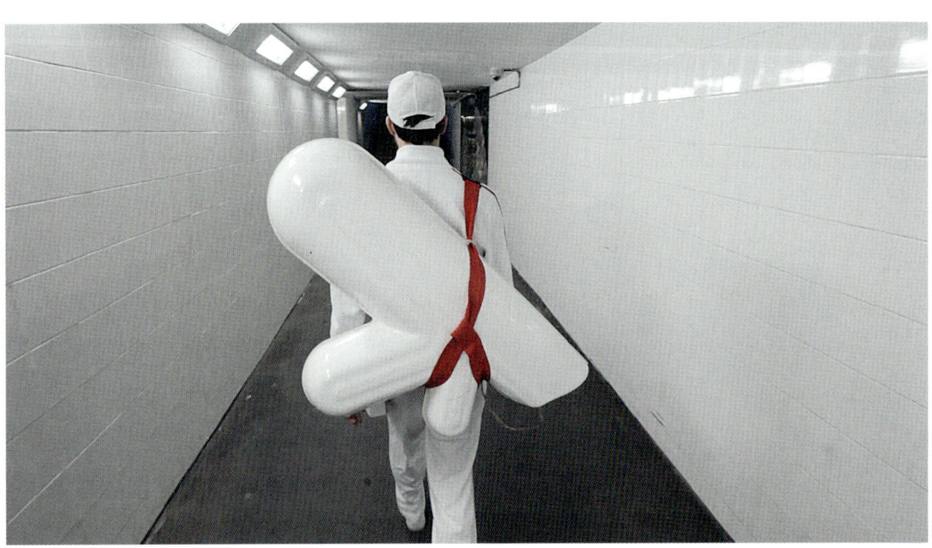

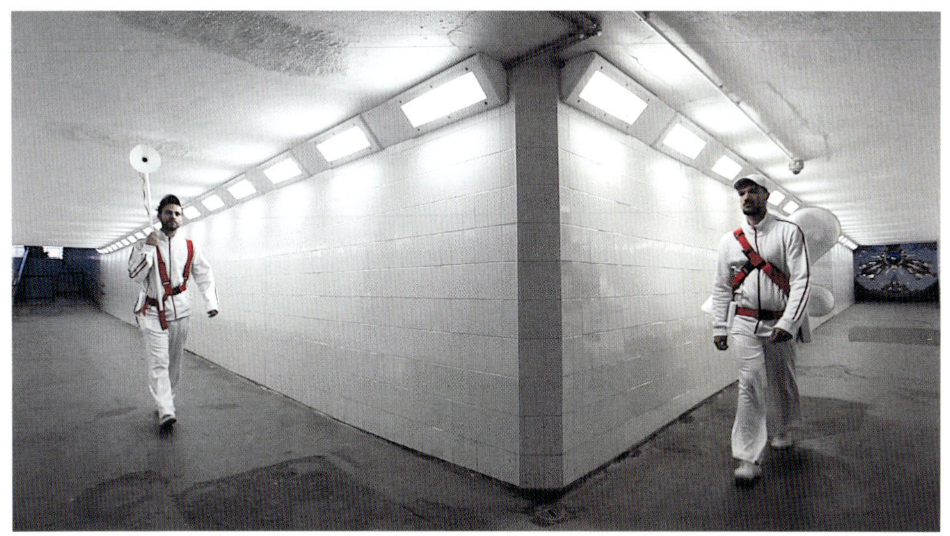

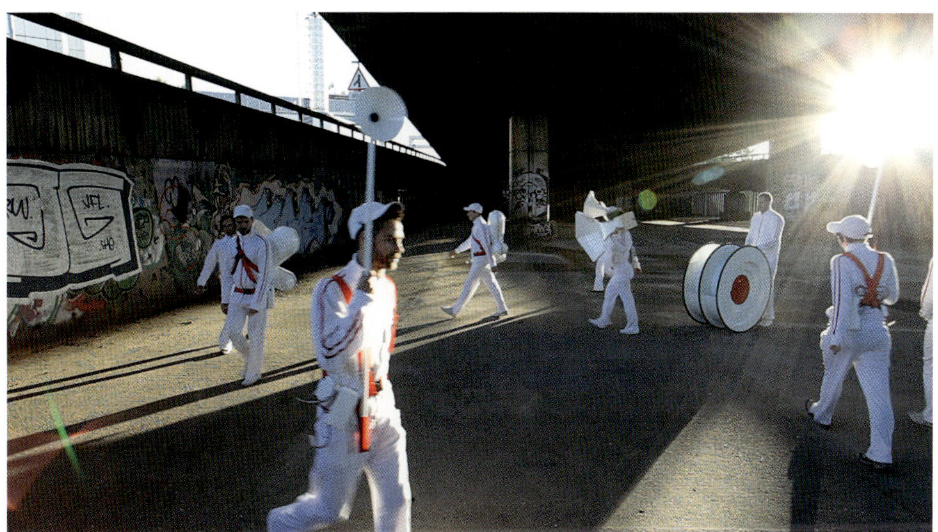

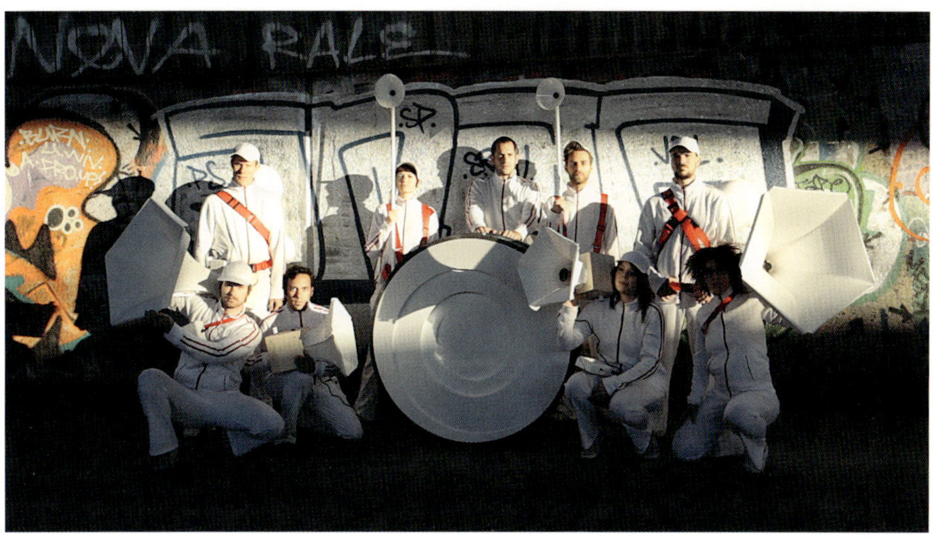
NOVA RALE

KONRAD
SMOLEŃSKI

BNNT seit | since 2010
Dokumentation der | documentation of the
Sound Bombing Performance
Lublin, 2011 und | and Gdansk, PL, 2013

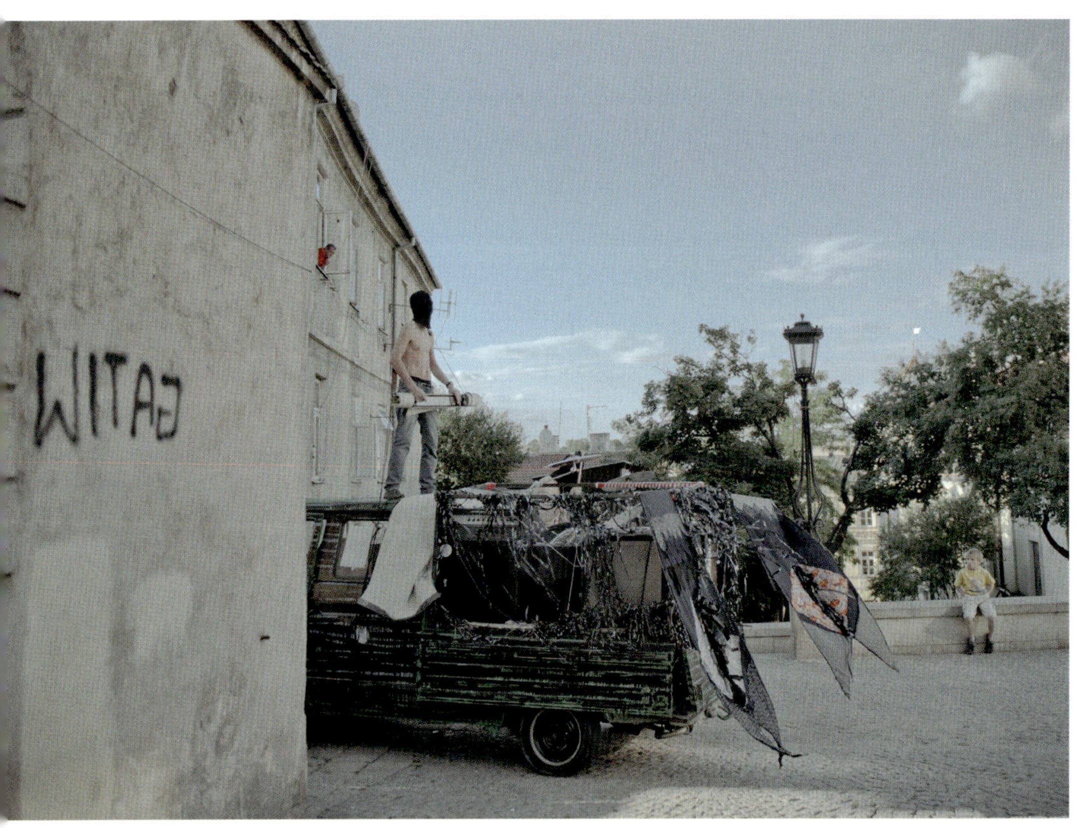

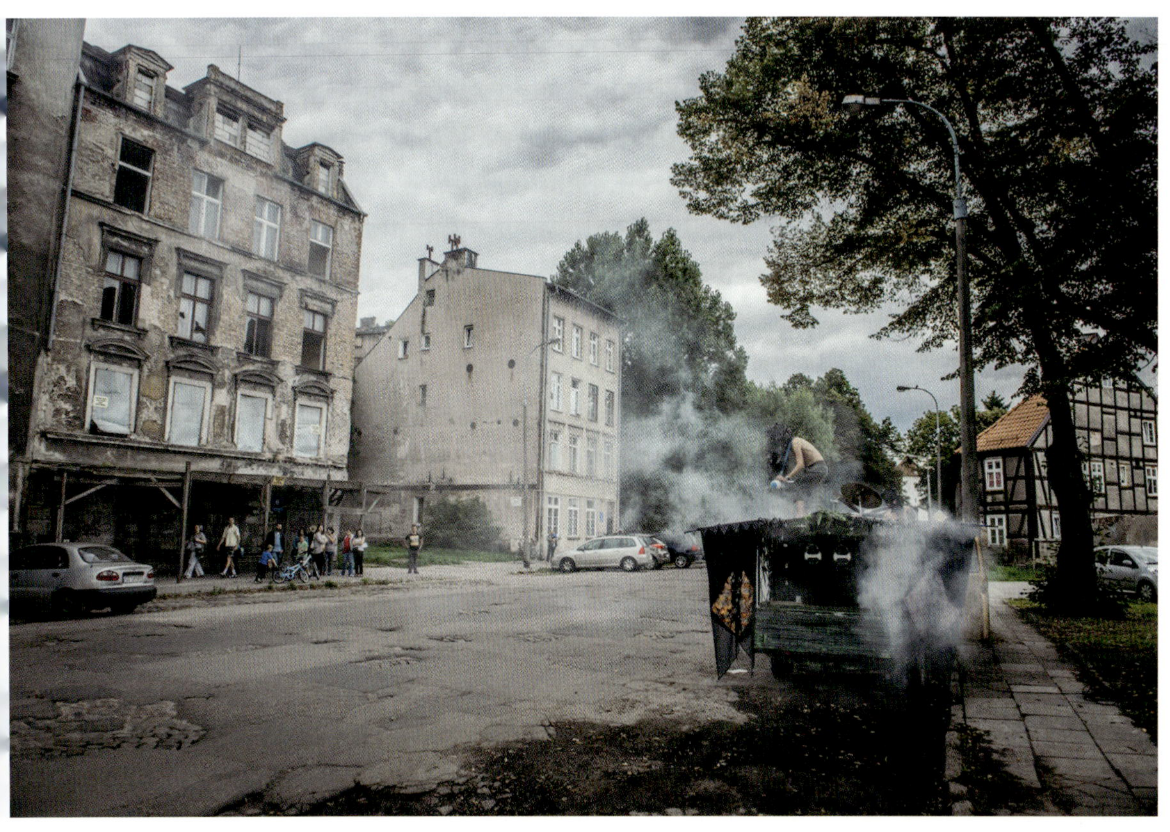

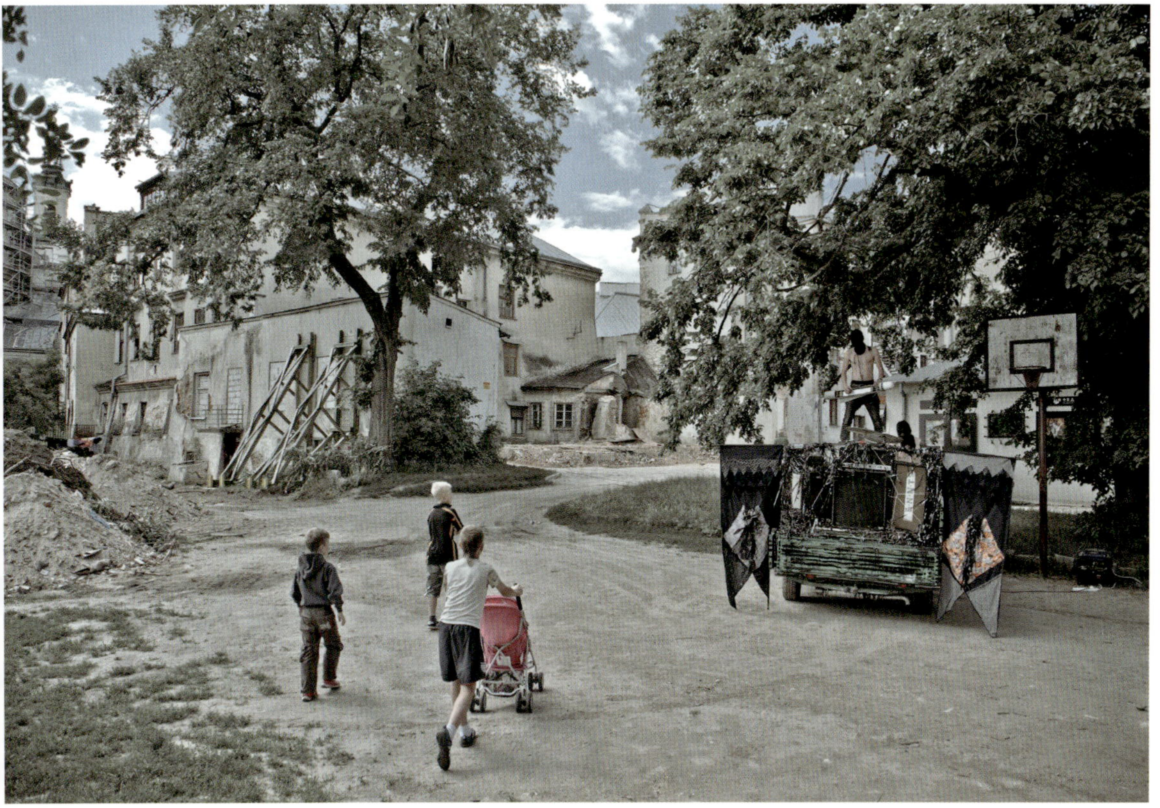

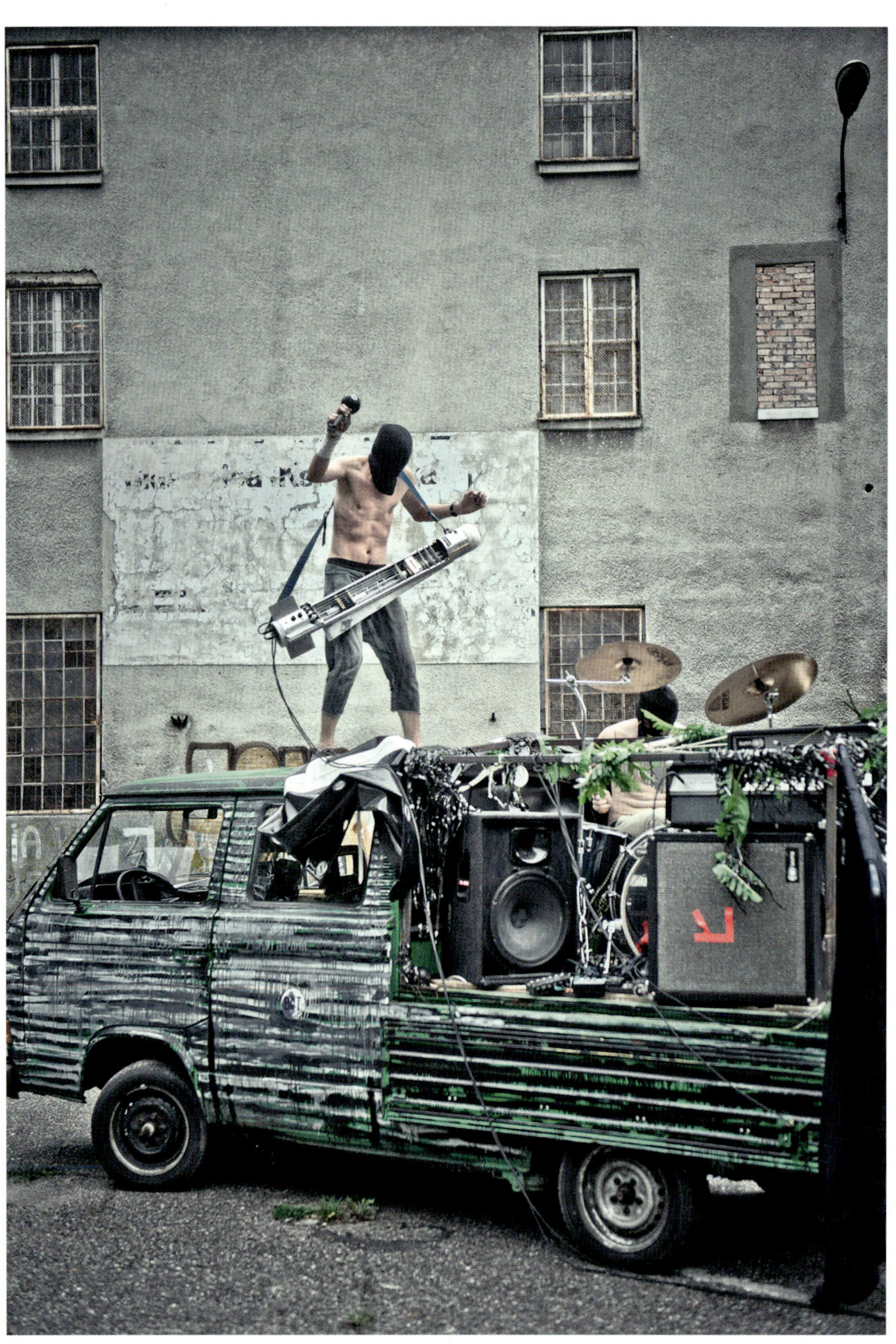

BNNT seit | since 2010
Dokumentation der | documentation of the
Sound Bombing Performance
Gdansk, 2013 und | and Katowice, PL, 2012

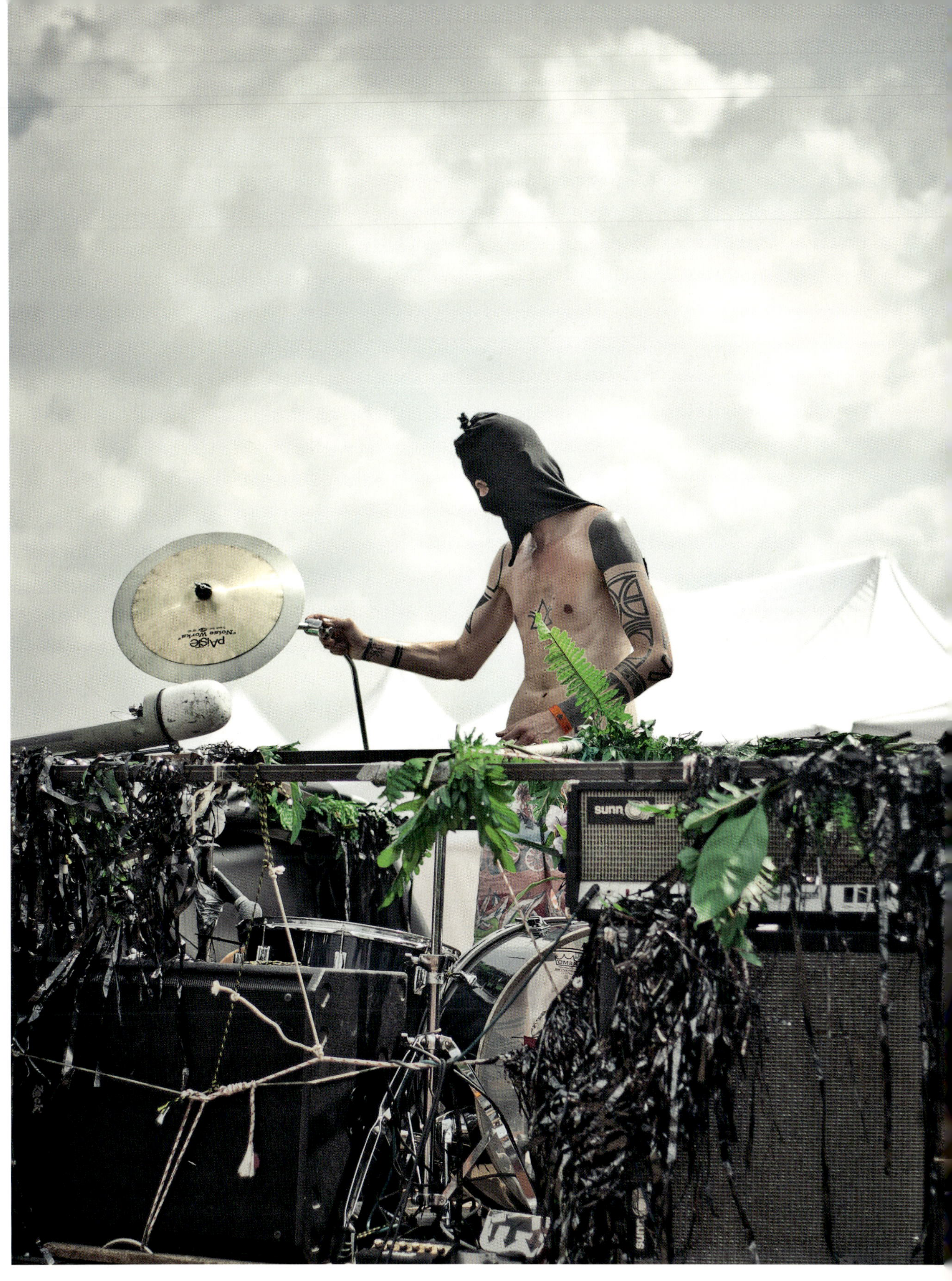

MORITZ STUMM

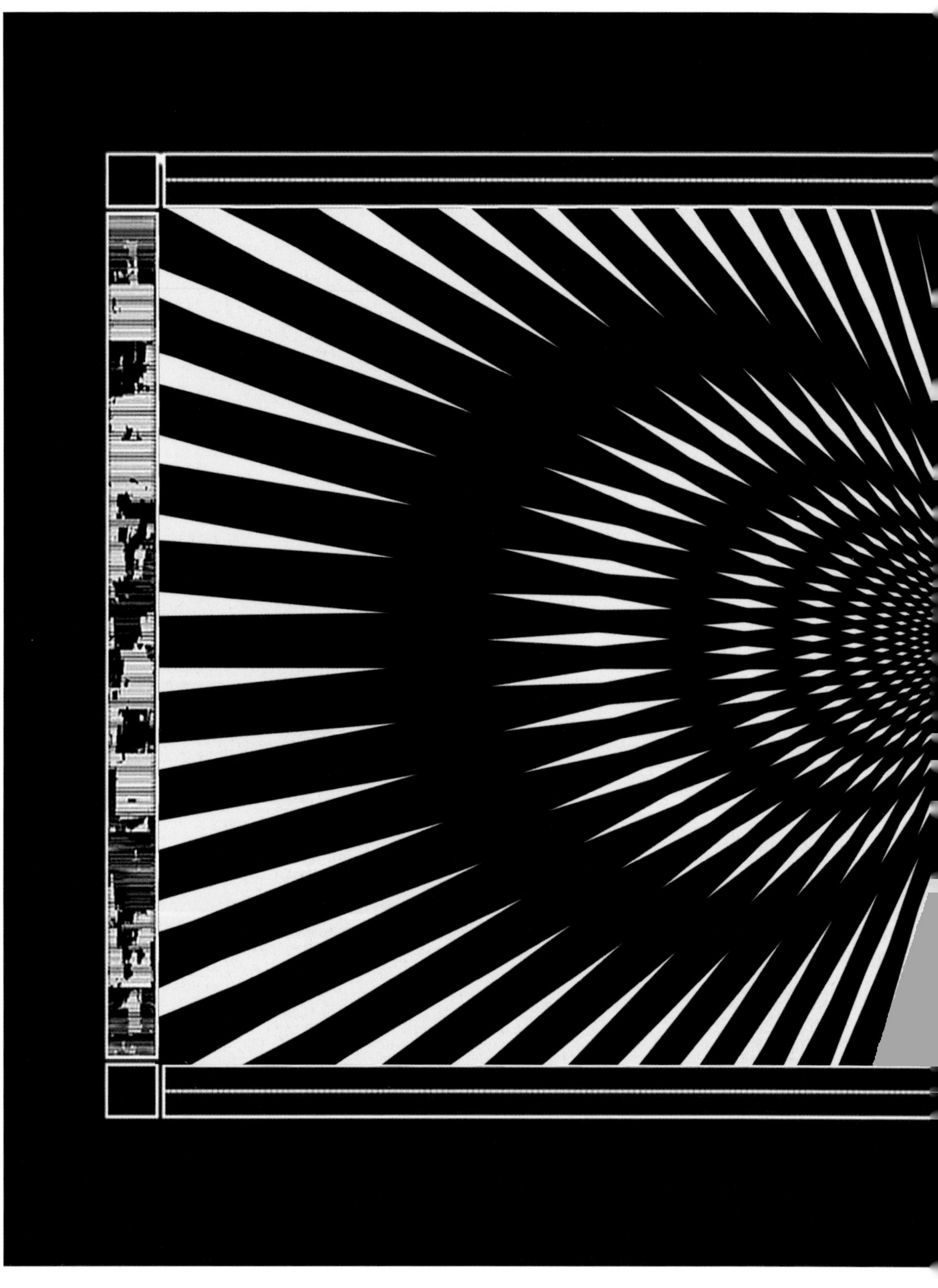

IBOGAIN 2012
HD Video, SW | BW, Sound
1:48 Min., Loop

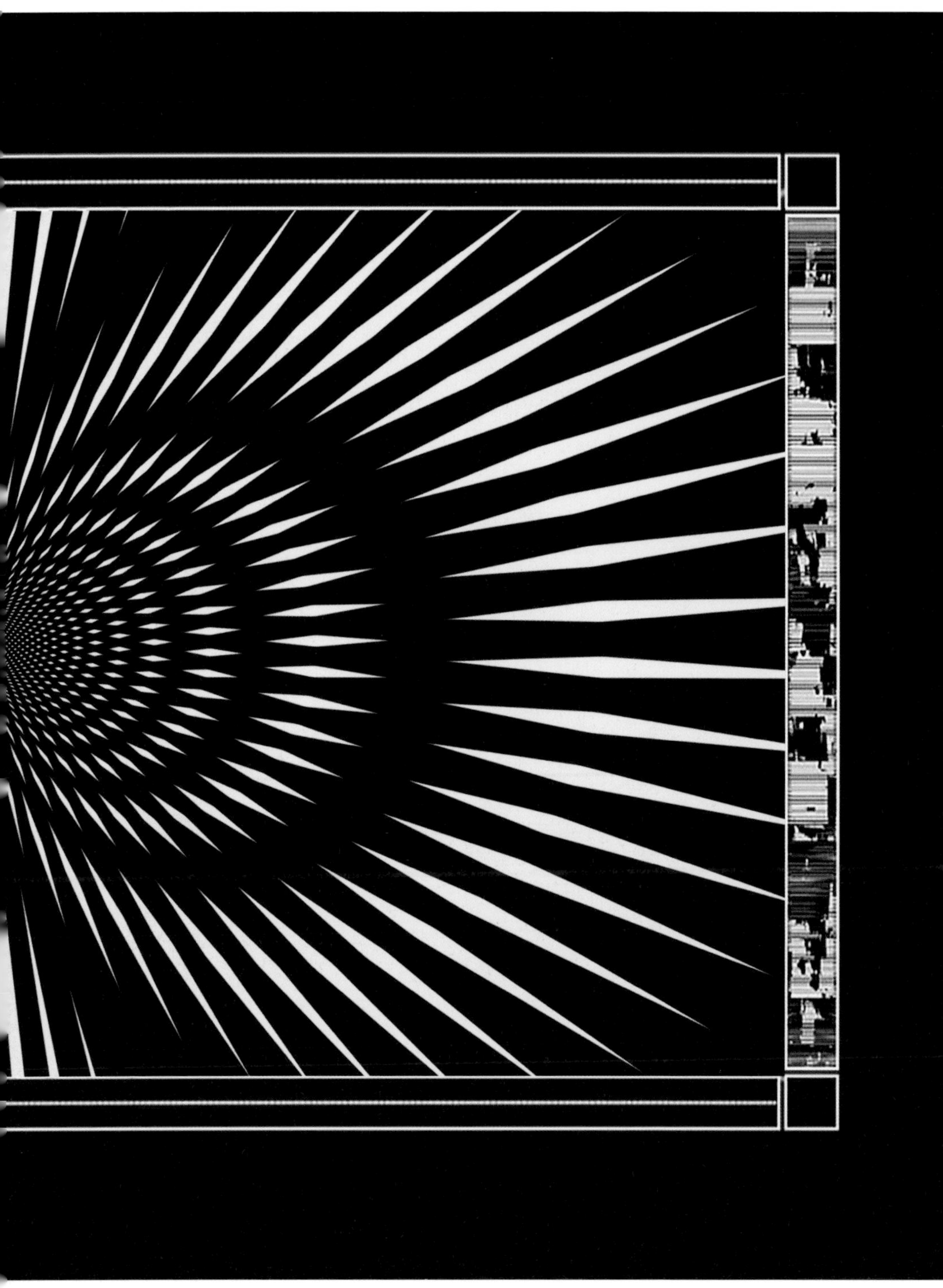

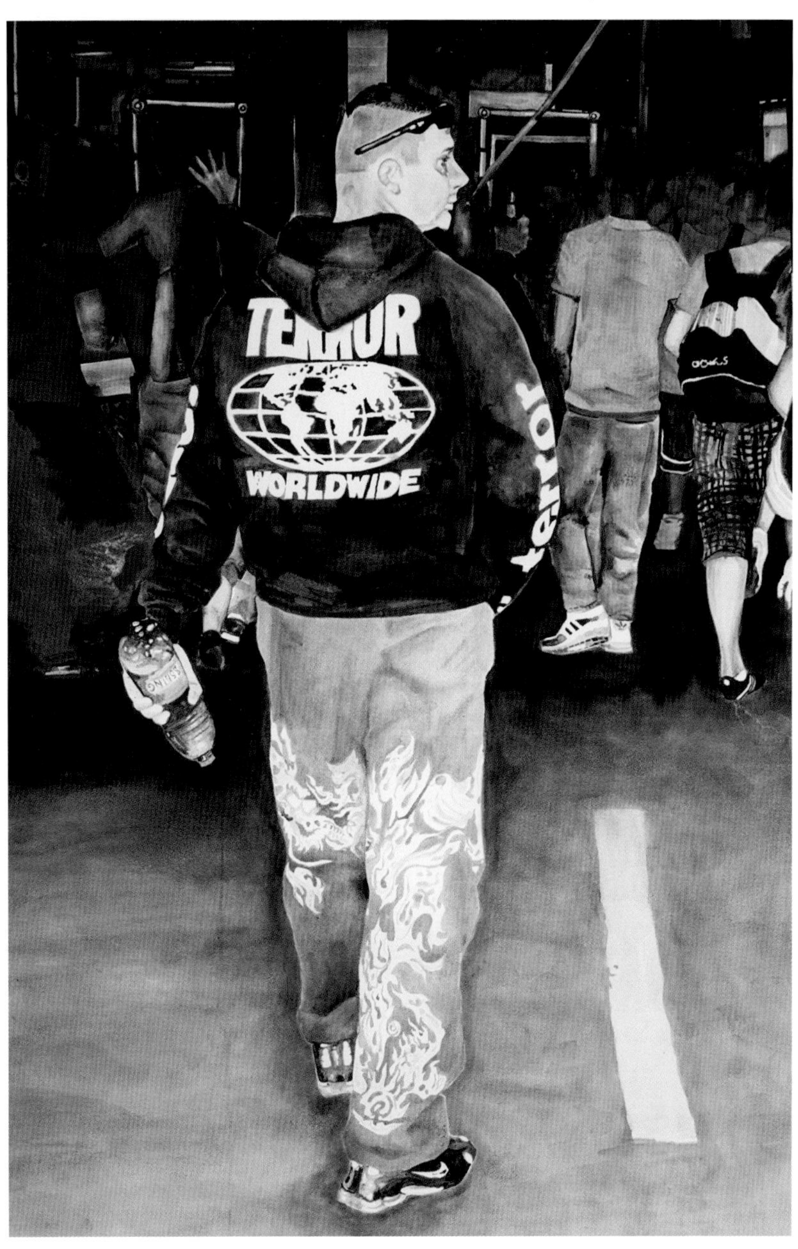
TERROR
WORLDWIDE
terror

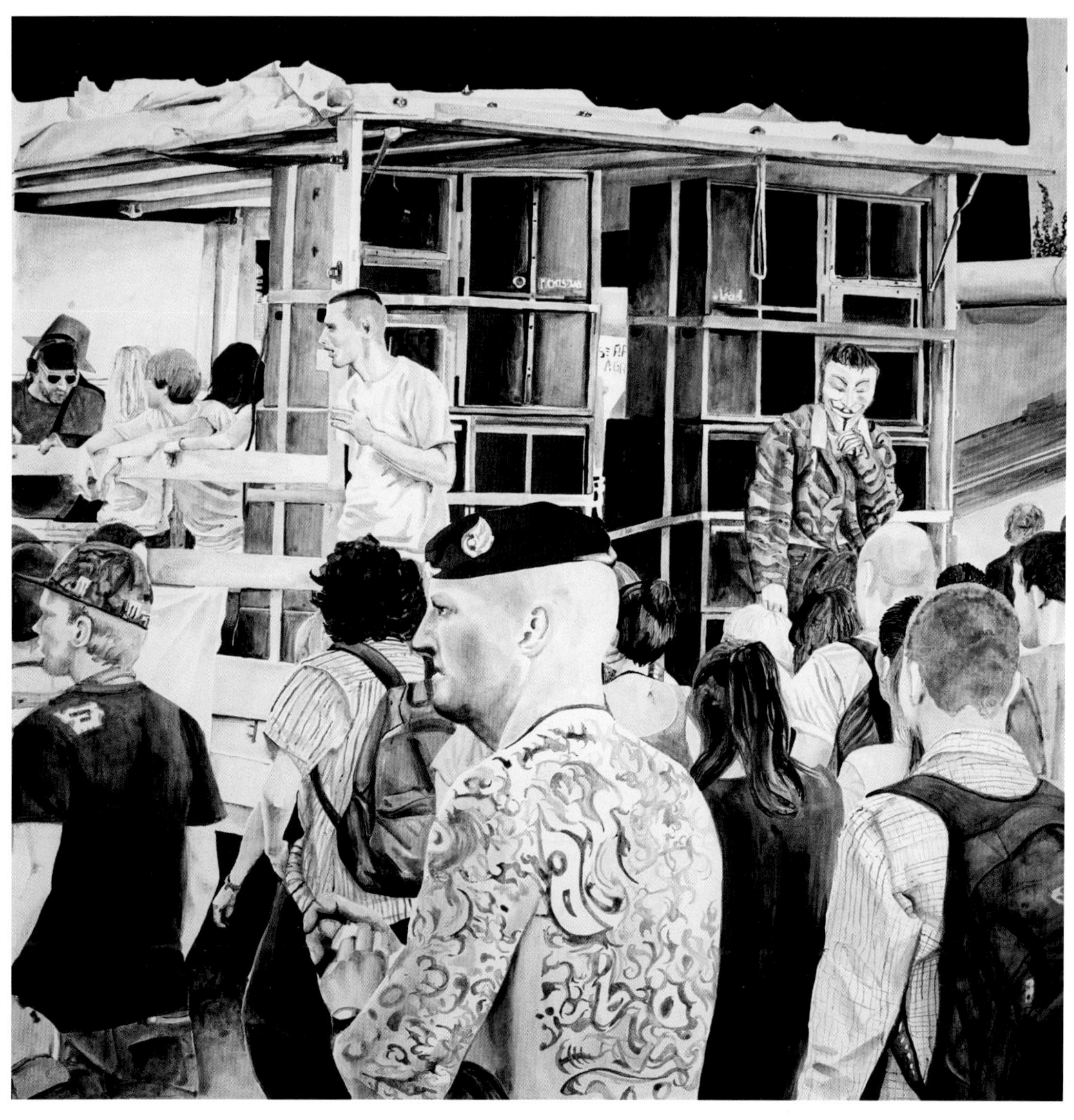

TERROR WORLDWIDE 2013
Tusche auf Papier | ink on paper
89 × 140 cm

FUCKPARADE 2013
Tusche auf Papier | ink on paper
130 × 130 cm

AUDINT
[TOBY HEYS & STEVE GOODMAN]

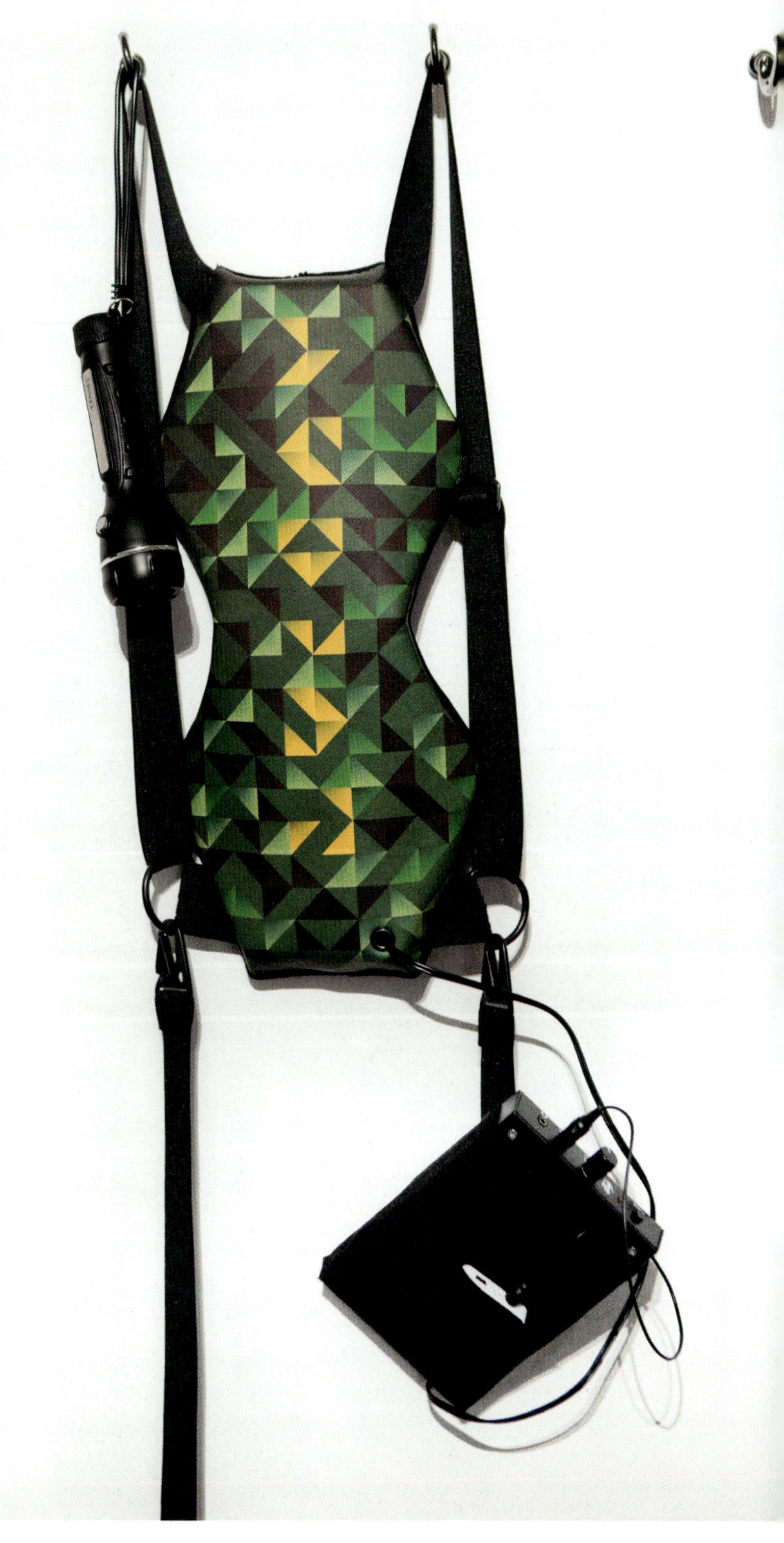

DEAD RECORD OFFICE
Installation: Mixed Media
Maße variabel | dimensions variable

EINE MARTIALISCHE HANTOLOGIE

~~AUDINT~~ A MARTIAL HAUNTOLOGY

KAPITEL 1: DIE GEISTERARMEE

Es ist Juni 1945 und die Kontinente gewöhnen sich wie Schizophrene auf Lithium wieder an eine Ruhe, wie es sie seit Ende des Ersten Weltkrieges nicht mehr gab. Vor dem Hintergrund einer spastischen Neuverhandlung sozialer, politischer und geographischer Gegebenheiten treiben die Regierungen der USA, Großbritanniens und Russlands einen furiosen Handel auf einem hektischen internationalen Schwarzmarkt, auf dem sich alles um den Austausch von Informationen und die Kommodifizierung von Personal dreht. Ingenieure, Okkultisten, Doktoren, Wissenschaftler, Konstrukteure und Psychologen des Naziregimes stellen die oszillierenden Aktien dieses zweifelhaften Zukunftsmarktes dar. Auf der Suche nach einer Investmentstrategie für Humanressourcen, die den Dynamiken dieser Ökonomie der dunklen Künste und Wissenschaften gerecht wird, initiiert der Nachrichtendienst OSS in den USA die „Operation Paperclip". Ist eine Investitionsentscheidung gefallen, werden die Betroffenen still und leise in kleinen, straff organisierten Waffenforschungsteams aber auch in Geheimdienstzellen im Bereich der Akustikforschung eingesetzt – und manche von ihnen fallen Intrigen zum Opfer, die sie an (oder über) die Grenzen ihrer körperlichen und geistigen Belastbarkeit führen. Unter höchster Geheimhaltung werden die völlig autonomen Gruppen mithilfe falscher Pässe, Familien und Lebensgeschichten in ihrem sozialen Umfeld getarnt. Die Joint Intelligence Objectives Agency schreibt die Biographien dieser menschlichen Investitionen um, und wenn sie fertig sind, erhalten die Betroffenen ihre Unbedenklichkeitsbescheinigung für die Arbeit in den USA. Eine dieser Zellen trägt den Namen „AUDINT" für „Audio Intelligence", was man mit „Audio-Abwehrdienst" übersetzen könnte. Sie besteht aus ehemaligen Mitgliedern der sogenannten „Geisterarmee" – einer Division der US-Armee, die offiziell „23rd Headquarters Special Troops" hieß und deren Auf-

CHAPTER 1: THE GHOST ARMY

It is June 1945 and the continents are re-adjusting to a schizo-lithium calm not witnessed since the ceasefire of WWI. Against this spastic backdrop of social, political, and geographic renegotiation, a frenetic international underground market of information exchange and personnel commodification is being furiously traded in by US, UK, and Russian governments. Engineers, occultists, doctors, scientists, fabricators, and psychologists from the Nazi regime are the oscillating stock of this dubious futures market. In the USA, The Office of Strategic Services initiates 'Operation Paperclip' as a resource investment strategy that can be applied to the movements of this dark art / science economy. Once invested in, they are quietly put to work in small, tightly bound research teams of weapons developers, audio intelligence cells, and cabals of physical and mental endurance. Highly secretive, these detached groups of unregulated interests are socially camouflaged by forged IDs, families, and pasts. Once the Joint Intelligence Objectives Agency has re-recorded the biographies of their human investments, they are granted security clearance to work in the United States. One of these cells is named AUDINT (Audio Intelligence). It is composed of ex-members of the Ghost Army, the nickname of the division officially known as the 23rd Headquarters Special Troops. Created by the actor Douglas Fairbanks, Jr. (who understood the film industry's power to simulate and create realities), it was a tactical deception unit within the U.S. military. Consisting of approximately 1,100 actors, sound technicians, artists, and other 'creative types' taken from art schools and advertising agencies to construct fake tanks, soundscapes, and radio transmissions, its remit was to saturate the Nazis with disinformation about the plans, whereabouts, and numbers of allied forces. In 1944 the Ghost Army trained and deployed

gabe die taktische Täuschung des Feindes war. Ins Leben gerufen wurde die Truppe durch den Schauspieler Douglas Fairbanks Jr., der begriffen hatte, dass die Filmindustrie Realitäten simulieren und sogar erschaffen kann. Sie bestand aus etwa 1100 Schauspielern, Tontechnikern, Künstlern und anderen „Kreativen", die aus Kunstakademien und Werbeagenturen rekrutiert worden waren, um Panzerattrappen zu bauen, irreführende Geräuschkulissen zu schaffen und Radiosendungen zusammenzustellen, um die Nazis mit Falschinformationen über die Pläne, Position und Anzahl der alliierten Truppen zu versorgen. 1944 bildete die Geisterarmee die ersten Schlachtfeld-DJs aus und schickte sie in die globale Kollision, den Zweiten Weltkrieg: Es war ihre Idee, den Soundclash in Kriegszeiten als Waffe einzusetzen. Unter Führung von Colonel Hilton Railey war die „3132 Signal Service Company Special" der Geisterarmee während der sechs Jahre des Krieges direkt für die Orchestrierung akustischer Täuschungsmanöver verantwortlich. Nach dem Krieg gründen drei Ehemalige dieser Einheit – Hypolite Morton, Walter Slepian und Bill Arnett – die Geheimdienstzelle AUDINT. Sie wird vor allem auch neue operative Heimat für den frisch eingeschleusten deutschen Toningenieur Eduard Schüller. Schon unter den Nazis war Schüller als Tontechnologie-Entwickler bei der AEG in Sachen Aufnahmetechnik der Konkurrenz immer einen Schritt voraus. Mehr ins Esoterische ging die von ihm initiierte Gründung der „Occult Aural Ritualists" (OAR) – einer im Verborgenen arbeitenden Gruppe, die sich darauf spezialisierte, frequenzbasierte Bauten in Schwingung zu versetzen. Unter Vorsitz von Joseph Goebbels war die Truppe dafür verantwortlich, von den Nazis errichtete Thingstätten (Versammlungsorte für Germanen unter freiem Himmel, umgeben von Bäumen, Ruinen und Gewässern), in die richtige „Schwingung" zu versetzen. Dabei wurden die neu aufgestellten Steine unter Verwendung uralter Eigenresonanzfrequenzen mit täuschend echt konstruierter Geschichte getränkt. Diese Personen, die einst als Gegner agierten, waren Bestandteil der frisch aufkeimenden AUDINT-Zelle – eine spekulative Nachkriegserweiterung und Fortschreibung von Messiaens *Quartett für das Ende der Zeit*. Um in den dringend notwendigen Dialog mit anderen unkonventionell denkenden Wissenschaftlern, Ingenieuren, Musikern, Künstlern und Psychologen zu treten, fordert die Zelle Gefälligkeiten von anderen Ehemaligen der Geisterarmee ein, die sich auf Dokumenten-

the first battle DJs into the global collision that is WWII. They are the originators of the sound clash as a weaponized force in times of conflict. Working under the direction of Colonel Hilton Railey, the 3132 Signal Service Company Special was the group within the Ghost Army that was directly responsible for orchestrating sonic deception during the six-year conflict. It is from this unit that Hypolite Morton, Walter Slepian, and Bill Arnett come to form AUDINT. It also, crucially, becomes a new operational home to the imported German audio engineer Eduard Schüller, who was always technically one step ahead of the recording curve when he worked with the Nazi sonic technologies developers AEG. More esoterically, he was responsible for founding the Occult Aural Ritualists (OAR) — a covert group specializing in the oscillation of frequency-based architectures. Presided over by Joseph Goebbels, they would ring the Nazis' fake ancient Thingstätte ruins (specially constructed outdoor amphitheaters amongst trees, ruins, and bodies of water, where Germanic people would gather) and imbue ancient resonant frequencies into the new stones of deceptively constructed histories. It is then these personnel, who once functioned as oppositional forces, that comprise the nascent version of AUDINT, a speculative post-war extension of Messiaen's *Quartet for the End of Time*. Desperate to engage in dialog with scientists, engineers, musicians, artists, and psychologists who think outside of the box, AUDINT call in favors from ex-members of the Ghost Army who worked on counterfeiting documents. Within five weeks, they have doctored passports, driving licenses, and educational employment certificates. Having secured these documents, they can now travel and present themselves as university researchers to a range of practitioners and thinkers who will potentially progress their waveformed agenda. Near the top of their list is Dr. Walter Van Dyke Bingham, a

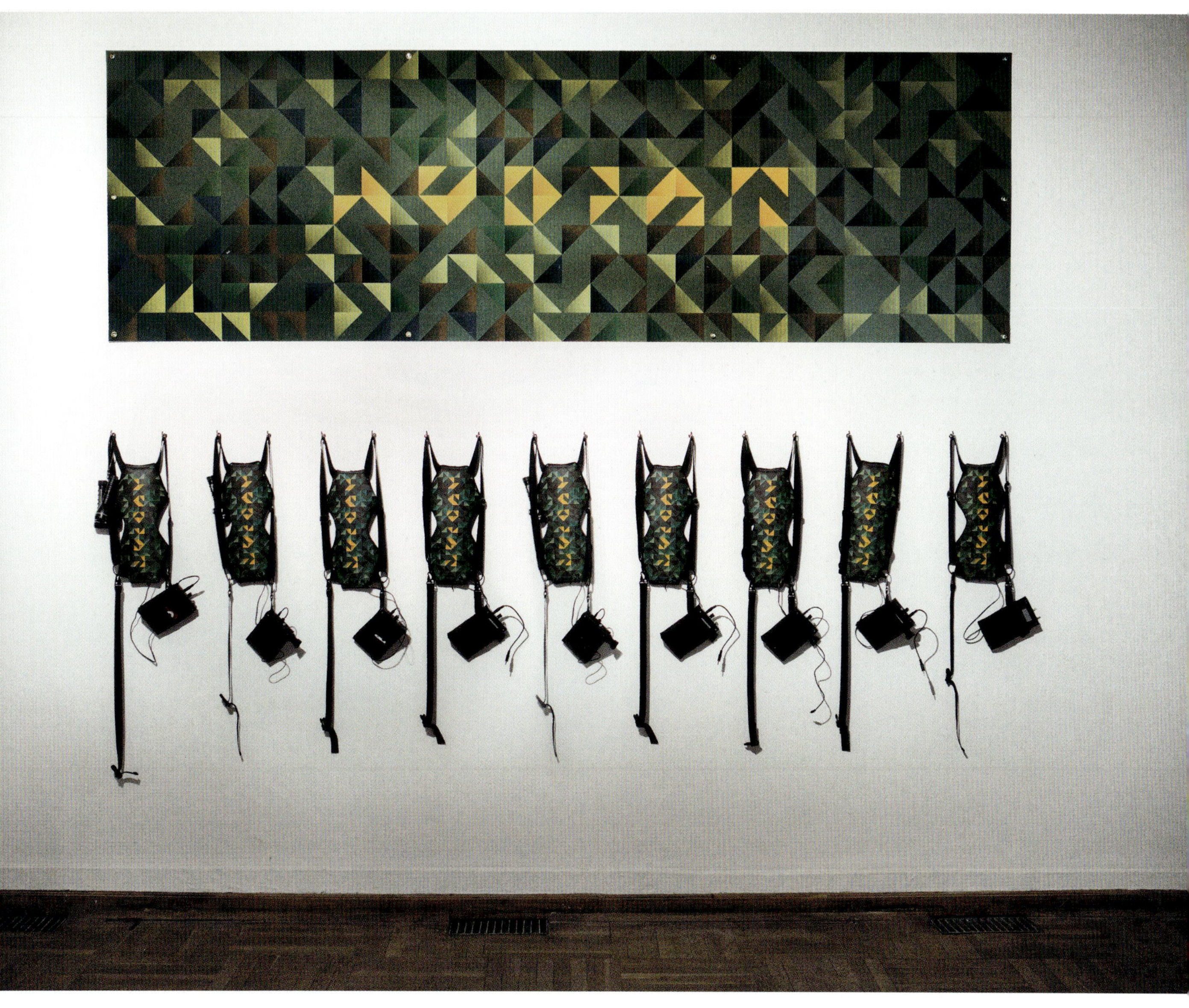

DEAD RECORD OFFICE
Installationsansicht | installation view: Bunkier
Sztuki – Unsound Festival, Krakow, PL, 2013

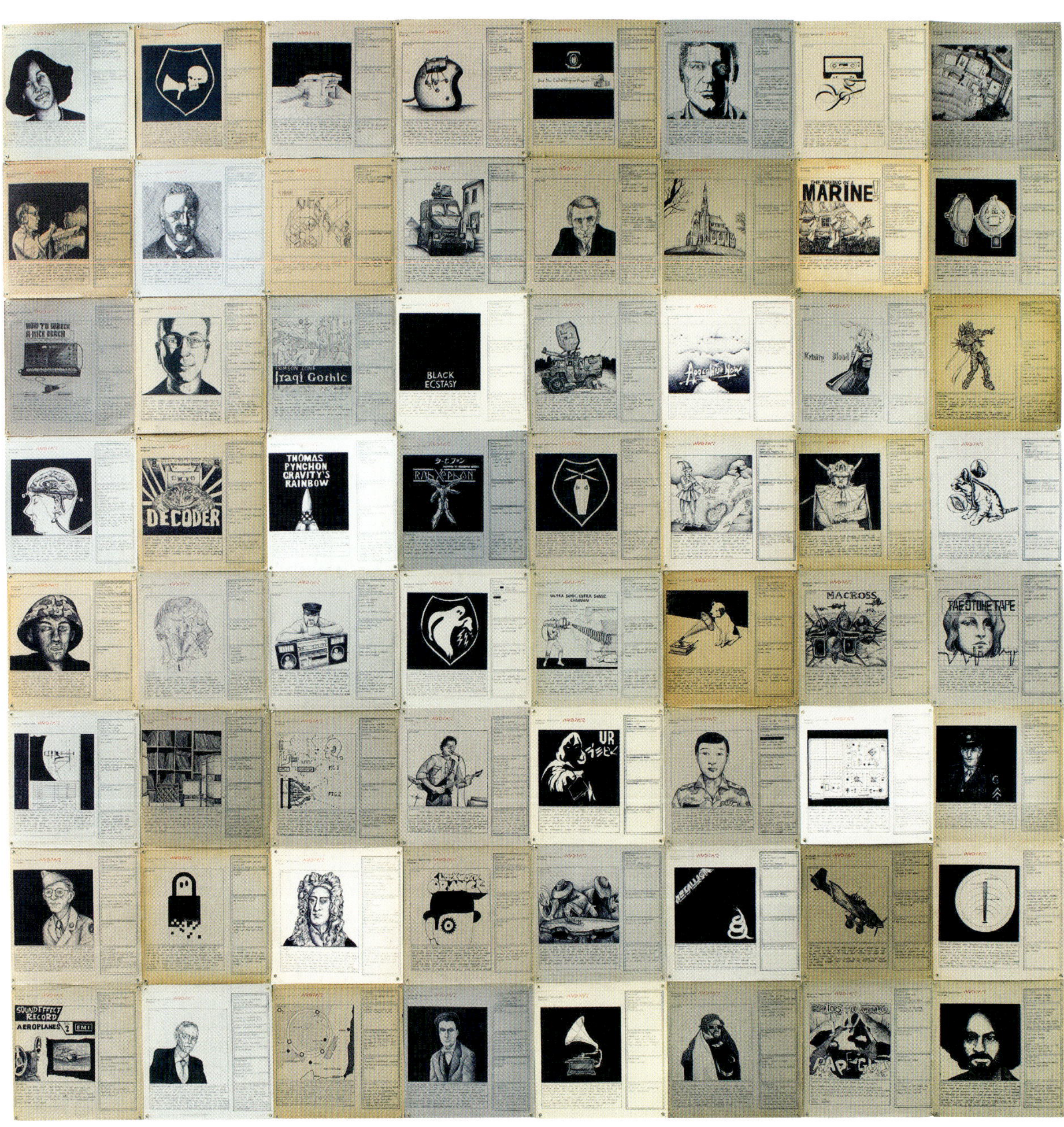

DEAD RECORD OFFICE
Installationsansicht | installation view:
Site Gallery, Sheffield, UK, 2013

Archiv-Karten | archive cards: 30,5 × 30,5 cm
Schwarze und rote Tusche auf einem umge-
wendeten Schallplattencover | black and red ink
on inverted vinyl record cover

Details: S. | p. 59

fälschung spezialisiert hatten. Innerhalb von fünf Wochen sind neue Pässe, Führerscheine und Arbeitsnachweise von Bildungsinstitutionen fertig. Mit diesen Dokumenten können die Mitglieder der Zelle reisen und sich vor Fachleuten und Denkern als Universitätswissenschaftler ausgeben, von denen sie sich Impulse für ihre schallwellenbezogene Agenda erhoffen. Ziemlich weit oben auf der Liste steht Dr. Walter Van Dyke Bingham, ein Verhaltenspsychologe, berühmt für seine bahnbrechende Forschung zu den Auswirkungen des organisierten Klangs und für sein Buch *Studies in Melody*. Unter den Psychoanalytikern, zu denen AUDINT Zugang hat, ist Theodor Reik derjenige mit den aus akustischer Sicht progressivsten Gedanken: Seine Ideen zur Nutzung des „Dritten Ohrs" für explorative Techniken, die er später als „Theorie des psychoanalytischen Hörens" bezeichnen wird, faszinieren Arnett, zumal die empfohlene Art des Hörens im Wesentlichen eine musikalische ist. Nachdem die Mitglieder von AUDINT Kontakt zu Bingham und Reik aufgenommen haben, ist es Zeit, sich mit einem Denker zu treffen, an dessen Person sich wohl am deutlichsten zeigt, wie spekulativ die Schallwellen-Experimente der Gruppe sind. Um dieses private Treffen zu initiieren, müssen Arnett und Slepian nach Manchester in England reisen. Dort wollen sie mit dem größten Entschlüssler von allen sprechen: Alan Turing. Der hatte sich bei einer ersten telefonischen Kontaktaufnahme für die Kette der Fragstellungen der Gruppe empfänglich gezeigt. Jetzt, im persönlichen Kontakt, bleibt er eher abstrakt aber umgänglich und die Informationen, die ihm in gedämpftem Ton bei Tee und harten süßen Biskuits zuteilwerden, begeistern ihn. Die Gespräche gleiten mehr und mehr ins Theoretische, bis es Arnett gelingt, den psychedelischen Dialog an sich zu reißen und Turings Aufmerksamkeit mit dem Thema „Vibrationslogistik beim Herbeiführen einer Kollision mithilfe von Schallplattenspielern" zu binden. Schon seit ihrer Gründung kurz nach Ende des Krieges hatte sich die Zelle darauf konzentriert, zu erforschen, was passiert, wenn ein menschliches Subjekt der Kollision von Sounds ausgesetzt wird – dem Soundclash. Im Krieg zeigt ein extrem lauter Ton, der von dem forcierten Zusammenprall von Materialien herrührt, z. B. wenn eine Bombe aufschlägt, interessante psychologische und physiologische Wirkungen. Werden diese noch durch einen kreischenden Ton verstärkt, der von dem Flugzeug ausgeht, das die Kollision verursacht, wie beim Stuka-Bomber, erzeugt das eine Angst, die weit größer

pioneering psychologist known for his research into the behavioral effects of organized sound and his book *Studies in Melody*. The most sonically forward-thinking psychoanalyst accessible to AUDINT is Theodor Reik. His ideas about the use of the third ear to conduct such exploratory techniques—what Reik will eventually name 'The Theory of Psychoanalytic Listening'—intrigues Arnett as the type of listening advocated is essentially a musical one. Having established these furtive relationships with Bingham and Reik, it is time for AUDINT to convene with a thinker who, maybe more than any other, embodies the speculative nature of their waveformed experiments.

To initiate this private conversation, Arnett and Slepian must travel to Manchester, England in order to speak to the ultimate decoder of signals, Alan Turing. He had been receptive to AUDINT's initial line of questions when they contacted him by phone. In person he is abstract by nature yet affable and clearly excited by the hushed information that AUDINT relay to him over tea and hard sweet biscuits. The conversations become increasingly abstract until Arnett manages to sequester the psychedelic dialogue and pin Turing down on the vibrational logistics of engineering collision on 'tables that turn'.

From the early days after WWII, AUDINT have concentrated their efforts on investigating what occurs to the human subject when it is subjected to the collision of sound or the soundclash. During wartime, excessively loud sound produces interesting psychological and physiological effects when derived through the collision of materials at force, such as a bomb hitting the ground. When this is reinforced by a 'screaming tonal amplification' from the aircraft that effected the collision, as is the case with Stuka bombers, an anxiety is produced that is far greater than the sum of its parts. By extension, it is the collision in all its vibratory formats and excesses that interests AUDINT. In a small office Turing,

ist, als die Summe ihrer Teile. Das ist der wahre Grund, weshalb sich AUDINT für die Kollision in all ihren Schwingungsformen und Exzessen interessiert.   In einem kleinen Büro sitzen Turing, Arnett und Slepian in einen Ideenaustausch vertieft, der sich um die alchemistischen Eigenschaften von Schellack dreht, der in flache Platten gepresst und mit Rillen für Schallwelleninformationen versehen ist. Sie prüfen verschiedene Alternativen, wie man die Platten rotieren lassen könnte. Da meint Turing plötzlich, dass es doch möglich sein müsste, einen Plattenspieler zu bauen, der zwei Arme hat, die nebeneinander auf der 6-Uhr-Position einer ruhenden Schellackplatte starten und sich gegenläufig in einer Endlosrille bewegen. Sie folgen der Rille bis ihre Nadeln auf der 12-Uhr-Position zusammenstoßen.   Turings Idee, eine Endlosrille gleichzeitig vorwärts (in Richtung Zukunft) und rückwärts (in Richtung Vergangenheit) abzuspielen, bis die Tonarme, die sich auf der ruhenden Platte bewegen, kollidieren, begeistert Arnett und Slepian. In dieser Nacht finden sie keine Ruhe, sie zeichnen Skizzen und planen die Konstruktion des Geräts, dem sie zu Ehren des großen Codierers den Arbeitstitel „The TwoRing Table" geben.   Wir schreiben das Jahr 1946. Seit 5 Monaten sind Arnett und Slepian wieder in den USA. Nie zuvor haben sie versucht, eine Schallplatte gleichzeitig rückwärts und vorwärts abzuspielen. Drei Prototypen von Endlosrillenschallplatten werden speziell zu diesem Zweck gepresst. Jede hat sechs isolierte Rillen mit unterschiedlichem, sich jedoch ergänzendem Inhalt. Die Gruppe gibt den Experimenten mit dem „TwoRing" den Codenamen „Operation Mrowrae".   Mit dem modifizierten Plattenspieler erzeugt das Team akustische Schrapnelle, die es „Hooks", also „Haken" nennt und auf Schüllers Nervenfleisch abfeuert. Sind die Hooks einmal ausgesendet, könnten sie, so hoffen die Forscher, einen Kanal öffnen, durch den man buchstäblich „in den Kopf" des Probanden eindringen kann. Dieses „In-den-Kopf-Eindringen" („getting into the head") wird, zusammen mit der Art, wie die Hooks wieder und wieder, fast wie von einem Repetiergewehr verschossen werden, namensstiftend für die verwendete Schallplattenserie, die das Team „GITH Repeater" nennt. Die Kategorisierung der Platten erfolgt auf Grundlage der jeweiligen Destillierung von Geräusch, Melodie und Rhythmus, einer elementaren Formel für motile Schallenergie, auf die man durch die Arbeiten von Hypolite Morton gestoßen war – also dafür, wie Schall Menschen physisch, psychisch und emotio-

Arnett, and Slepian are deeply engrossed in an exchange of ideas that revolves around the alchemical properties of shellac when it is stamped into flat rounds and grooved with waveformed information. They explore different ways of spinning recorded discs until Turing suggests the possibility of producing a table that has two arms, starting side by side at the 6 o'clock position on a static slab of shellac and working their way around a locked groove, tracing its curve until the needles collide at the 12 o'clock position.

Turing's notion of playing a locked groove in its forward (future) state and reversed (past) state until the two arms turning around the static vinyl meet and collide with each other excites Arnett and Slepian. They do not sleep that night as they start drawing diagrams and planning the construction of such a device, an instrument that in honor of the great coder they bestow with the working name 'The TwoRing Table'.   It is 1946, five months since Arnett and Slepian arrived back in the USA. Never before have they tried playing a record backwards and forward at the same time. Three prototype locked grooved records are specifically pressed to achieve this, each with six isolated rings of different yet complimentary content within their pitch-black circuits. AUDINT's experiment's with the TwoRing Table are coded 'Operation Mrowrae'.   Via their modified turntable, AUDINT discharge sonic shrapnel known as 'hooks' into Schüller's neural flesh. Once transmitted, AUDINT hope that a channel will be opened up that allows them to literally 'Get Into The Head' of their subject. The series of records they utilize are subsequently named the GITH Repeaters. The categorization of each disc is based on the distilling of noise, melody and rhythm: an elemental formula of sonic motile power arrived at through the work of Hypolite Morton.   The research programs undertaken by AUDINT along with the other independent research cells are for

nal bewegen kann. Die Forschungsprogramme, die durch AUDINT und andere unabhängige Zellen durchgeführt werden, sind technologisch so fortschrittlich, dass nicht klar ist, ob sie beherrschbar sind. Da viele dieser Programme in den geheimen unterirdischen Etagen kürzlich verlassener Munitionsbunker durchgeführt werden (AUDINT zum Beispiel arbeitet in einem Strandbunker bei Cape May in New Jersey), werden sie auf Stabsebene „Untergrundprogramme" genannt. Verschwörerische Bemerkungen und Mundpropaganda machen diese Wortableitung unter Musikern, Künstlern, Designern und Kreativen legendär. Bald wird die Bezeichnung „Untergrund" nachträglich jeder Kulturschaffensform aufgedrückt, die von den Erwartungen und Gelüsten des Mainstreams abweicht, technologisch und philosophisch innovativ ist oder hinsichtlich ihrer sozialen Verantwortung ethisch doppeldeutig bleibt. Nach einem jahrzehntelangen Durcheinander darüber, wer den „Untergrund" kontrolliert, lässt die militärische Führung die Zügel lockerer. Ziel ist es, Organisationen der „Gegenkultur" Raum zu geben, um neue abstrakte und asymmetrische Produktions- und Denksysteme sowie Widerstandsformen zu entwickeln, zu mutieren und zu verbreiten. Erst im späten Zwanzigsten Jahrhundert sind Militärs und Geheimdienste wieder da – mit der ökonomisch motivierten Absicht, sich diese Techniken und Ideen anzueignen, die noch vor Kurzem dazu dienten, sie von Übergriffen abzuhalten oder ihnen entgegenzuwirken.

Ein Beispiel dafür ist das „Operational Theory Research Institute", ein Think-Tank der israelischen Streitkräfte, geleitet von Shimon Naveh. Unter seiner Leitung machen sich die israelischen Streitkräfte die Philosophie von Guy Debord, Gilles Deleuze und Félix Guattari zunutze, sie wenden sich den architektonischen Arbeiten von Bernard Tschumi zu und den standortspezifischen urbanen Eingriffen (*Anarchitecture*) von Gordon Matta-Clark. Ihr Ziel ist die Neu-Verortung moderner Militärtheorie und -taktik. Ähnlich verhält es sich mit der Verwendung von Musik durch das US-Militär sowohl für die Kampfvorbereitung als auch für die Folter in Guantánamo Bay und Abu Ghraib und in kanadischen Ausbildungszentren wie „Pretendahar" in Toronto, wo Soldaten für den Einsatz im Mittleren Osten vorbereitet werden: Hier gibt es deutliche Parallelen zu Installationskunstpraktiken aus den Neunzigern.

Im Zuge der Mrowrae-Testreihe zeigt sich der deutsche Wissenschaftler durch die Beschallung, der er während der

their time bleeding edge stuff. Since many are conducted in hidden subterranean levels of recently vacated munitions bunkers (such as AUDINT's beach bunker at Cape May in New Jersey), they are referred to by the upper echelons of the US military as 'Underground Programs'. Through conspiratorial whispers and word of mouth, this derivation becomes legendary amongst musicians, artists, designers, and creative types. From here on in, the word underground is subsequently attributed to any form of cultural production that is distinct from mainstream expectations and desires, is technologically and philosophically innovative, and with regard to its social responsibilities, remains ethically ambiguous.

After decades of confusion over who controls the 'underground', martial heads cede ground to 'countercultural' organizations in order to allow them to breed, mutate, and distribute new abstract and asymmetric systems of production, thought, and modes of resistance. It is not until the late twentieth century that they return with economically invested intentions to assimilate techniques and ideas that until recently had been utilized to deter or counteract them. Examples include the Operational Theory Research Institute, an Israeli Defense Force 'think tank' directed by Shimon Naveh. The IDF will subsequently turns to the philosophy of Guy Debord, Gilles Deleuze and Félix Guattari, the architectural work of Bernard Tschumi and 'Anarchitectural' site-specific urban interventions of Gordon Matta-Clark to facilitate the re-spatialization of contemporary military theory and strategy, the US military's use of music for battlefield preparation as well as for torture in Guantánamo Bay and Abu Ghraib, and Canadian military training centers such as 'Pretendahar' in Toronto, which prepare soldiers for combat in the Middle East, referencing 1990s installation art practices. Upon the initiation of the Mrowrae trial, the German researcher is psychologically and physiologi-

vorangegangenen Monate ausgesetzt war, psychologisch und physiologisch angeschlagen. Als Slepian und Arnett alle drei TwoRing-Geräte gleichzeitig einsetzen, entstehen drei simultane Hooks und verursachen eine neurologische Überlagerung in Schüllers Kopf. Sein Schädel ist jetzt offen und an jede angreifbare Fissur im neurologischen Fleisch, das durch die kodierten Schwingungen aufgerissen wurde, wurde ein Hook übermittelt. Jeder dieser auditiven Hooks entsteht am Nexus zwischen unterschwelliger Nachricht und offener Kommunikation – eine akustische Erkundung jener nebulösen Grenze, die das Bewusste vom Unterbewussten scheidet. Die Kanäle Melodie, Geräusch und Rhythmus bilden eine Dreiecksbeziehung und treffen an der „optimalen neurologischen Position" aufeinander – dem Punkt, wo ihnen die effektivste Route in das limbische System und die Amygdala offen steht – dem Ort im Gehirn, wo die emotionalen Reaktionen katalogisiert und verarbeitet werden. Die Zusammenführung der drei Hooks und die Fragmente enzephalitischer Materie, die an ihnen haften geblieben sind, verursachen eine Infektion im Hirn, die innerhalb von Minuten zum Ohrwurm mutiert. Gemäß ihrer Mission, die über Schwingungen in ihr Betriebssystem kodiert wurde, beginnt diese schallwellenförmige künstliche Intelligenz, Tunnel zu bohren. Da sein erster Wirt ein Deutscher war, nennt das AUDINT-Team seinen akustischen Parasiten „Ohrwurm". Sobald er eine primitive, körperliche Klangerinnerung lokalisiert hat, verwandelt er sich wieder und koexistiert von da an als in Schwingung versetztes Fleisch und geisterhafte Erinnerung – er ist nun kein Fremdkörper mehr und verschmilzt symbiotisch mit seinem neuen Wirt. Er ist ein frequenzbasiertes zellulares Instrument, das in uns allen existiert und er ist Bewahrer einer Fähigkeit, die seit der Erfindung der Druckpresse und dem daraus folgenden Niedergang der mündlichen Überlieferung verkümmert ist. Er ist das Dritte Ohr. Sobald dieses gespenstische Organ wieder an Schüllers Netzwerk aus hauchdünnen Axonen angeschlossen ist, ist es aktiv. Als Antenne wird seine erste Transmission über Hörnerv und Paukenhöhle geroutet, was zu einem Klingeln in den Ohren führt, das als Tinnitus bekannt ist. Es ist ein Signal dafür, dass eine Verbindung zu asymmetrischen Welten hergestellt wurde, zu anderen Zeiten und Räumen und zu anderen Formen schwingender Intelligenz. Während sich das Klingeln aufspaltet und polyphonisch wird, werden immer mehr Signale ausgesendet. Durch dieses neurologische Multiplexverfah-

cally shattered from the shellacking he has been subjected to over the preceding months. When Slepian and Arnett play the trio of TwoRing decks simultaneously, three hooks are produced, creating a neurological heterodyning in Schüller's head. His cranium has been opened and a hook has been transmitted to each vulnerable fissure of neurological flesh that has been pierced by coded vibrations. Each auditory hasp is composed at the nexus of the subliminal message and overt communication: a sonic tracing of the nebulous boundary that distinguishes the conscious from the subconscious. Triangulating between the three channels of melody, noise, and rhythm, they converge at a single point, the optimum neurological position from which the most economic route can be traversed into the limbic system and the amygdala—the place in the brain where emotional responses are catalogued and processed. The clustering of the three hooks along with the fragments of encephalitic matter that have adhered to them creates an infection in the mind which mutates over a matter of minutes into an earworm. With its cranial mission vibrationally encoded into its operating system, it is time for this waveformed artificial intelligence to tunnel. Due to its first host being German, AUDINT name their sonic parasite 'Ohrwurm'. Once it has located an ancient non-oral sonic communication, it modifies again and co-exists as oscillating flesh and spectral memory, losing its status as an external entity as it symbiotically fuses with its new host. It is a frequency-based cellular instrument that exists within all of us and it beholds a capacity that has regressed since the development of the printing press and thus with the loss of oral tradition. It is the third ear. Now that this haunted organ has been reconnected to Schüller's mesh of gossamer axons, it is active. As an antenna its first transmission is routed via the cochlear nerve and tympanic cavity, causing a ringing in the ears

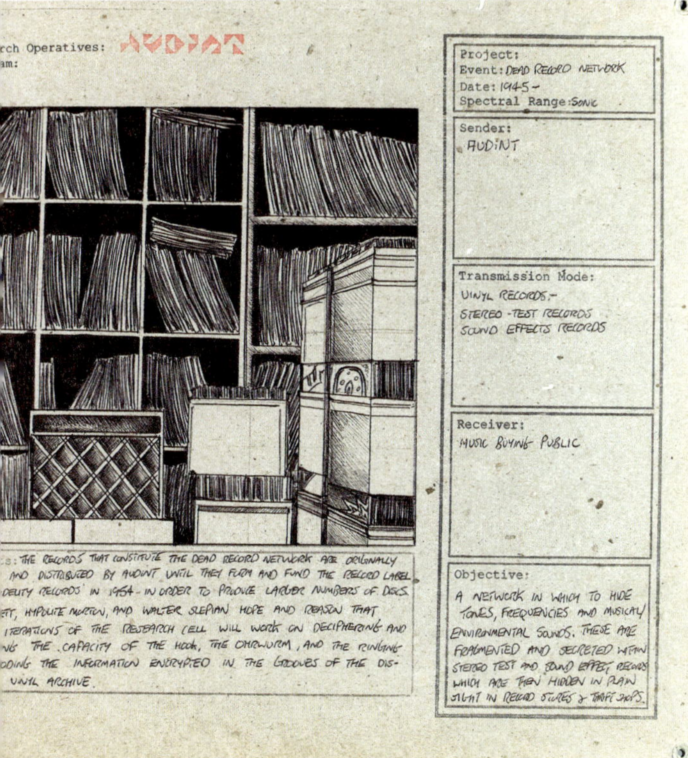

...s: THE RECORDS THAT CONSTITUTE THE DEAD RECORD NETWORK ARE ORIGINALLY
... AND DISTRIBUTED BY AUDINT UNTIL THEY FORM AND FUND THE RECORD LABEL
...DELITY RECORDS' IN 1954 – IN ORDER TO PRODUCE LARGER NUMBERS OF DISCS.
...ETT, HYPOLITE MORTON, AND WALTER SLEPIAN HOPE AND REASON THAT
...ITERATIONS OF THE RESEARCH CELL WILL WORK ON DECIPHERING AND
...NG THE CAPACITY OF THE HOOK, THE OHRWURM, AND THE RINGING
...ODING THE INFORMATION ENCRYPTED IN THE GROOVES OF THE DIS-
... VINYL ARCHIVE.

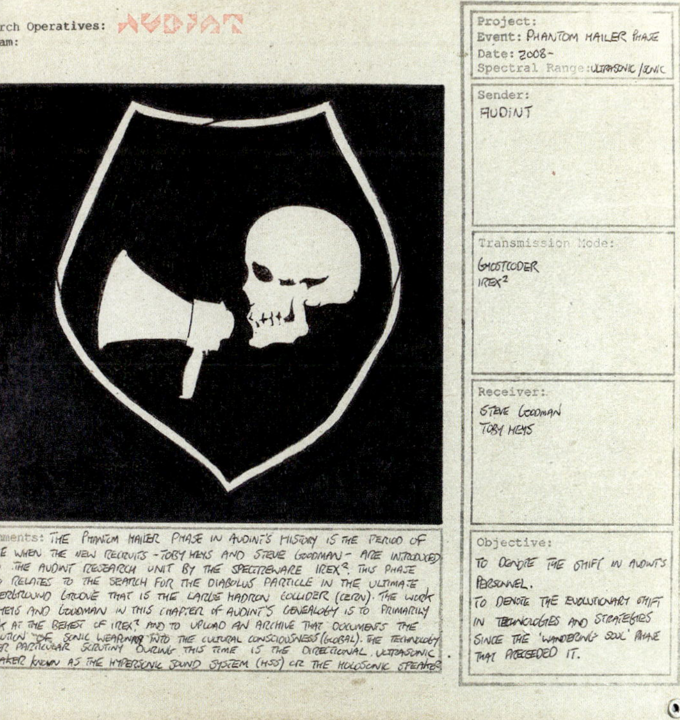

...ments: THE PHANTOM MAILER PHASE IN AUDINT'S HISTORY IS THE PERIOD OF
...E WHEN THE NEW RECRUITS – TOBY HEYS AND STEVE GOODMAN – ARE INTRODUCED
... THE AUDINT RESEARCH UNIT BY THE SPECTREWARE IREX². THIS PHASE
... RELATES TO THE SEARCH FOR THE DIABOLUS PARTICLE IN THE ULTIMATE
...ERGROUND GROOVE THAT IS THE LARGE HADRON COLLIDER (CERN). THE WORK
...HEYS AND GOODMAN IN THIS CHAPTER OF AUDINT'S GENEALOGY IS TO PRIMARILY
...K AT THE BEHEST OF IREX² AND TO UPLOAD AN ARCHIVE THAT DOCUMENTS THE
...UTION OF SONIC WEAPONRY INTO THE CULTURAL CONSCIOUSNESS (GLOBAL). THE TECHNOLOGY
...R PARTICULAR SCRUTINY DURING THIS TIME IS THE DIRECTIONAL ULTRASONIC
...AKER KNOWN AS THE HYPERSONIC SOUND SYSTEM (HSS) OR THE HOLOSONIC SPEAKER

known as tinnitus — a signal that denotes a connection to asymmetric worlds, to other times and spaces, and to other forms of vibratory intelligence. As the ringing tone splits and becomes polyphonic, an increasing number of signals are sent out. This neurological multiplexing results in the ohrwurm becoming an augmented device that allows contact to be made with voices from the past, present, and future.   In a brief moment of lucidity, Schüller reveals to AUDINT that he is enmeshed in a network of discourses from across the continuum of human language. Ultimately he is aware of his capacity to interface with not only the living but also those that have a more abstract relationship to being. The ringing in his ears is a call to those that permeate the thresholds of existence, the metaphorical phenomena to those frequencies (ultrasound and infrasound) that exist at the perceptual boundaries of humankind — the dead and the yet to be born.   Physically, Schüller's mutations are not noticed at first because they are too subtle. After numerous all-night sessions with the TwoRing table, however, these initial changes become amplified and begin to distort the engineer's behavior and physical appearance as the ohrwurm lulls him into a state of physical inertia. His nose, eyes, and mouth gradually diminish in size until they offer only faint suggestions of their previous function. The protuberances, angles, and gristle that defined his identity are worn away into smooth ruins. The furrows, lines and creases which once traced the features on his face, meanwhile, start to join up and wrap around his skull, which over time results in Schüller's head and body resembling a cross-section of geological strata.

AUDINT have split the ringing tones in his third ear to such a degree that he has hundreds of vacillating frequencies weaving through his taped body. Overstimulated, his new phantom organ now functions as an emotional lathe that cuts into his dermal interface.

ren wird der Ohrwurm zu etwas Höherem potenziert, einem Hilfsmittel, durch das man Kontakt mit Stimmen aus Vergangenheit, Gegenwart und Zukunft aufnehmen kann.

In einem kurzen Augenblick der Klarheit offenbart Schüller dem AUDINT-Team, dass er in ein Netz von Diskursen verstrickt ist, die das gesamte Kontinuum der menschlichen Sprache umfassen. Schlussendlich ist er sich seiner Fähigkeit bewusst, nicht nur mit den Lebenden in Kontrakt zu treten, sondern auch mit Wesen, die ein abstrakteres Verhältnis zum Sein haben. Das Klingeln in seinen Ohren ruft all jene herbei, die sich durch die Grenzbereiche des Seins bewegen, es ruft die metaphorischen Phänomene ab, die zu den Frequenzen gehören, die an den menschlichen Wahrnehmungsgrenzen existieren (Ultra- und Infraschall) – es stellt einen Kontakt her zu den Toten und den noch Ungeborenen. Körperlich fallen Schüllers Veränderungen anfangs nicht auf, weil sie zu subtil sind. Nach zahlreichen nächtelangen Sessions mit dem TwoRing jedoch verstärken sie sich und fangen an, das Verhalten des Ingenieurs zu verändern und sein Aussehen zu entstellen, wobei der Ohrwurm ihn in einen Zustand körperlicher Trägheit versetzt. Nase, Augen und Mund werden Stück für Stück kleiner, bis sie nur noch als vage Andeutungen ihrer einstigen Funktion zu erkennen sind. Die Wülste, Kanten und Knorpel, die einst seiner Identität Form gaben, sind zu einer glatten Masse verwaschen. Gleichzeitig beginnen die Furchen, Linien und Falten, die einst sein Gesicht durchzogen, sich zu verbinden und seinen ganzen Schädel zu umschließen, was mit der Zeit dazu führt, dass Schüllers Kopf und Körper einem Querschnitt durch geologische Schichten ähneln.

Das AUDINT-Team hat die Klingeltöne in seinem Dritten Ohr so weit aufgespalten, dass sich jetzt Hunderte schwankender Frequenzen durch den mit Klebeband fixierten Körper schlängeln. Überstimuliert funktioniert sein neues Phantomorgan jetzt wie eine emotionale Drehbank, deren Werkstück seine eigene Haut ist. Aufgrund der schieren Anzahl offener Austauschkanäle werden die Ängste und der emotionale Stress aus den übermittelten Inhalten übertragen und anfangs auf und dann in den Körper des völlig erschöpften Probanden geätzt. So hat das AUDINT-Team durch einen groben Fehler die Rillen der „GITH Repeater" gewissermaßen in Schüllers Fleisch transponiert und ihn dabei zu einem monströsen fleischgewordenen Abbild exzessiver Kommunikation gemacht. Drei Wochen lang belassen Arnett, Morton und Slepian den gerillten Körper

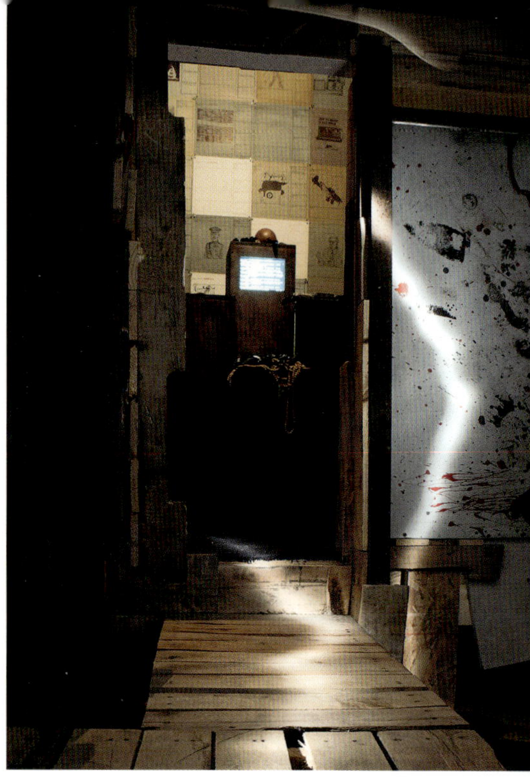

DEAD RECORD OFFICE
Installationsansicht | Installation view:
Art in General, New York, US, 2011

With all of these lines of exchange open, the anxieties and emotional stresses of the content are transferred and etched at first onto and then into the body of the worn subject. In a gross oversight, AUDINT have effectively transposed the recorded grooves of the GITH repeaters into the flesh of Schüller and in doing so rendered him the monstrous embodiment of excessive communication. The scored body of the German engineer is left in the prone position for three weeks whilst Arnett, Morton and Slepian deliberate their next move. After numerous discussions, they decide that the most humane course of action is to terminate the existence of their test subject. In anticipation of such unforeseen circumstances, each research cell has been issued with a shoebox full of vials of solutions such as pentobarbital, confiscated from the offices of Dr. Karl Brandt (Reich Commissioner for Health and Sanitation), organizer of the Nazi 'euthanasia' program 'Aktion T4'.

des deutschen Ingenieurs in seiner vornüber geneigten Position, während sie beraten, was zu tun sei. Nach zahlreichen Diskussionen entscheiden sie, dass es das Menschlichste sei, das Leben des Probanden zu beenden. In Erwartung solch unvorhersehbarer Umstände war jede Forschungszelle mit einem Schuhkarton voller Phiolen ausgestattet worden, die Flüssigkeiten wie Pentobarbital enthielten. Diese waren aus den Beständen des NS-Reichsgeneralkommissars für das Sanitäts- und Gesundheitswesen, Dr. Karl Brandt, konfisziert worden, dem Organisator des „Euthanasie"-Programms „Aktion T4".   Doch auch noch Tage nachdem ihm die Spritze verabreicht wurde, zucken Schüllers Glieder in unregelmäßigen Abständen, scharren und schnellen hoch. Zu ihrem Erstaunen registrieren die Forscher neurologische Aktivität, vermutlich hervorgerufen durch die (noch) aktive Antenne, also das Dritte Ohr. Ein Stück weit überwältigt vom Potenzial ihres Experiments und aus Angst, es könnte in „falsche Hände" geraten, treffen die Mitglieder von AUDINT die schwierige und gefährliche Entscheidung, sich vom Militär loszusagen. Augenblicklich beginnen sie, ihr ganzes Equipment und Personal zusammenzusammeln und verschwinden in die Wildnis von Vermont, wo sie ihre Forschungen in einer großen Blockhütte fortführen, die Slepians Vater zehn Jahre zuvor gebaut hatte.   Nachdem sie ihre schalltechnischen Habseligkeiten zusammengetragen haben, laden sie sie auf ihren 1,5 Tonnen Ford-Truck. Jetzt müssen sie noch die Abnormität Schüller mit ihrer geätzten Pergamenthaut tarnen. Beim Durchsuchen von Schüllers ehemaligem Zimmer stößt Slepian auf einen Stapel ungeöffneter Kartons, die der Ingenieur mitgebracht haben muss. Darin befindet sich auf Spulen gewickeltes dunkelbraunes Band, das als Magnetband bekannt ist. Hektisch beginnen sie, Schüllers Beine von den Zehen an aufwärts zu verbinden, dann richten sie ihn auf und umwickeln ihn bis hin zum Kopf. Am folgenden Tag wird für den frisch magnetisierten Mann eine sargförmige Basslautsprecherbox gebaut. Sobald alles auf den Ford geladen ist, fahren sie ab, um von da an als abtrünnige Zelle weiterzuarbeiten.   Als man entdeckt, dass das AUDINT-Team nicht mehr im Bunker von Cape May ist, sind schon drei Wochen vergangen und die Forscher längst über alle Berge. Als Reaktion auf Versuche des US-Militärs, die akustische Formel des Ohrwurms zu synthetisieren und aus Angst, aufgespürt zu werden, zertrümmert Bill Arnett die Original-Platten, die das Team auf den

Days after the injection has been administered, however, Schüller's limbs still intermittently twitch, scratch, and jump, and to their astonishment neurological activity is registered, presumably that produced by the (still) active antenna that is the third ear. Somewhat overwhelmed and fearful of the potential of their experiment should it fall into the 'wrong hands', AUDINT take the difficult and dangerous decision to cut their ties with the military. With immediate effect they gather up all their equipment and personnel and take off for the wilderness of Vermont, where they will carry on their research in a large wooden cabin built by Slepian's father a decade earlier.

Having amassed their sonic belongings, AUDINT load them into their Ford 1.5 ton cabover truck. Now they must camouflage Schüller's vellum-etched abnormalities. Upon rummaging through the engineer's old room, Slepian comes across a pile of unopened boxes that he must have brought with him, each full of spools of a dark brown ribbon known as magnetic tape. Starting at the toes they frenetically bind Schüller's legs with the tape, stand his torso up and finish wrapping his head. The following day is spent constructing a coffin-shaped bass speaker unit to house their newly magnetized man. Once loaded onto the Ford they are ready to depart and start a new episode conducting their research as a rogue cell.   When it is discovered that AUDINT no longer inhabit the Cape May bunker, over three weeks have passed and they are long gone. In response to the US military's attempts to synthesize the ohrwurm's sonic formula and fearful of being found, Bill Arnett smashes the original battlefield discs, but not before they have split the original content of the vinyl's locked grooves into small sonic packages which are then discretely embedded into sound effects and stereo fidelity records. To ensure that the waveformed information of the GITH repeaters are hidden in plain hearing, AUDINT are

Schlachtfeldern des Zweiten Weltkriegs genutzt hatte. Zuvor aber haben die Forscher den ursprünglichen Inhalt der Endlosrillen in kleine akustische Pakete gesplittet und einzeln in Soundeffektaufnahmen und Stereoplatten eingebettet. Da sie sichergehen wollen, dass die wellenförmigen Informationen der „GITH Repeater" versteckt sind, initiiert das AUDINT-Team in den folgenden drei Jahrzehnten (quasi direkt vor aller Ohren) die Massenproduktion von Testton- und Spezialeffekt-Schallplatten. Diese landen auf Flohmärkten, in Secondhand-Läden und auf Kirchenbasaren, bekannt auch als „Dead Record Network" (DRN).

Ihre Arbeit am „Dead Record Network" erschöpft die Forscher, sodass sie 1954 diskret helfen, das Label „Audio Fidelity Records" in New York City zu finanzieren, um größere Mengen von Platten mit den eingebetteten Samples produzieren zu lassen. Die Idee hinter dem DRN ist es, ein Netzwerk zu gründen, über das zukünftige Versionen der Zelle auf die verschlüsselten Informationen zugreifen können, sodass sie an der Entschlüsselung und Verstärkung des Potenzials von Hook, Ohrwurm und Klingeln arbeiten können. Die Soundeffekt- und Stereoplatten bringen „Audio Fidelity Records" einen stattlichen Profit. Die Einnahmen steigen so rasant, dass am Ende eines jeden Monats ein Mitglied von AUDINT nach New York City reisen muss, um eine Tüte voller Geld abzuholen. Dieses Arrangement scheint gut zu funktionieren, bis Hypolite Morton eines bewölkten Herbsttages beim Betreten des Labelbüros durch den Hintereingang einen Mann in einem schwarzen Pontiac Star Chief Convertible bemerkt, der in eine Art Aufnahmegerät spricht. Er denkt sich nichts dabei, bis Arnett zwei Wochen später über ein ähnliches Vorkommnis berichtet.

Die beunruhigende Parallelität der beiden Ereignisse und eine Reihe anderer halb-vergessener flüchtiger Sichtungen seltsam wirkender Männer in langen Mänteln und braunen Filzhüten lassen dem AUDINT-Team keinen Raum für Zweifel: Das Militär ist ihnen auf den Fersen. Zurück in Vermont beschließen die Schall-Forscher, erneut den Ort zu wechseln und die vor Kurzem errichteten Klanglabors nach Oregon zu verlegen. Auch müssen sie ihre geheime schallwellengeformte Fracht wieder bewegen. Da es zu gefährlich wäre, solch eine monströse Ladung mit dem Auto quer durch das Land zu kutschieren, wollen die Forscher noch einmal versuchen, seine Existenz zu beenden.

Sie sprechen Mitarbeiter von „Audio Fidelity Records" an, ob jemand Toningenieure kennt, die ein esoterisches

responsible for the mass production of test tone record and special effects vinyl over the following three decades; a collection that ends up in flea markets, thrift stores, and church bazaars, forming what is known as 'The Dead Record Network'. Their work on the Dead Record Network is exhausting until finally in 1954 they discretely help fund 'Audio Fidelity Records' out of New York City in order to produce larger numbers of discs carrying the embedded samples. AUDINT's reasoning for the DRN resides in the belief that future iterations of the cell will work on deciphering and amplifying the capacity of the hook, the ohrwurm and the ringing through the information encrypted within its vinyl network. Through their sound effects and stereo fidelity vinyl, Audio Fidelity Records are making a handsome profit. The payments increase at such a rate that a member of AUDINT has to travel down to New York City at the end of each month to pick up a bag full of money. This arrangement appears to be going well until one overcast autumnal day, upon entering the back door of the record label office, Hypolite Morton notices a figure in a black Pontiac Star Chief Convertible talking into some kind of recording device. He thinks nothing of it until two weeks later Arnett reports a similar occurrence. This disconcerting coincidence, along with a number of other half-glimpsed sightings of awkward-looking men in long coats and brown fedoras, convinces AUDINT that the military are closing in on them. Back in Vermont, the sonic researchers decide to once again up sticks and move the recently constructed sound laboratories and their covert waveformed cargo to Oregon. It would be too dangerous to attempt a coast-to-coast road journey with such a monstrous payload so again they will try to terminate his existence before departing. AUDINT approach Audio Fidelity Records' employees to ask whether they know of any sound engineers

Interesse an der akustischen Manipulation des Körpers haben. Verwiesen werden sie auf Magdalena Parker, eine chilenische Performancekünstlerin und Filmemacherin, deren experimentelle Arbeiten sich um die Verwendung der Stimme, Magnetband und die Herstellung von akustischen Cut-up-Collagen für rituelle Beschwörungen drehen. Innerhalb von 48 Stunden nach Kontaktaufnahme sitzt Magdalena, deren Stimmung zwischen Aufregung und Beklemmung wechselt, im Fahrerhäuschen des AUDINT-Ford-Truck neben einem krampfhaft optimistischen Walter Slepian, der sie auf der Interstate 91 Richtung Vermont fährt. Da die Zeit gegen AUDINT arbeitet, wird klar, dass man Parker eher früher als später ins Vertrauen ziehen muss. Zwei Stunden lang steht Magdalena in stummer Ehrfurcht vor dem Toten, während die drei Forscher sich abwechseln, ihr zu erzählen, wie Schüller langsam ins Kommunikationskoma sank. Unwiderstehlich angezogen vom Magnetband, das seinen Körper hält und auf frivole Weise animiert durch die potenziellen Untersuchungen, die sie in ihrem Studio in Soho anstellen könnte, schlägt Parker vor, Schüller mit nach New York zu nehmen. Zu diesem Zeitpunkt ist klar, dass die Mitglieder von AUDINT Magdalena nicht nur vertrauen, sondern sie auch als mögliche Nachfolgerin begreifen.

Zwölf Tage, nachdem sie aus Vermont zurückgekehrt ist, bekommt Parker ein Telegramm, das sie auffordert, sich in der Südostecke des Central Parks einzufinden. Hier trifft sie Sidney Frey, den Inhaber von „Audio Fidelity Records". Er erklärt Parker, dass der AUDINT-Komplex zusammen mit einem Großteil des Equipments abgefackelt wurde. Ob die Mitglieder von AUDINT das Feuer selbst gelegt haben, oder ob es ein Brandanschlag des Militärs war, wusste Frey nicht. Was Parker noch mehr beunruhigt ist, dass Frey anscheinend keine Nachsendeadresse für das Geld hat, dass AUDINT zusteht und so übergibt er ihr einen dicken braunen Umschlag, wirft ihr noch einen wissenden Blick zu und eilt davon. In diesem Moment ahnt Parker, dass sich ihr Leben unwiderruflich verändert hat.

with esoteric interests in the sonic manipulation of the body. They suggest Magdalena Parker, a Chilean performance artist and filmmaker whose experimental work revolves around the use of the voice, magnetic tape, and the production of sonic cut-up collages for ritual incantation. Within forty-eight hours of being contacted, Magdalena, her mood vacillating between excitement and trepidation, finds herself in the cabin of AUDINT's Ford Truck next to the desperately optimistic Walter Slepian, who is driving them up Interstate 91 to Vermont. Time not being on their side, AUDINT realize that they have to confide in Parker sooner rather than later. For two hours Magdalena stands in silent awe over the body as the three researchers take it in turns to recount how Schüller slowly descended into a communications coma. Drawn irrevocably to the magnetic tape that binds his body and indecently animated by the potential research she can undertake in her Soho studio, Parker suggests relocating Schüller to New York. It is obvious that the members of AUDINT have not only come to trust Magdalena during their time together but that they also conceive of her as being a possible successor of their research.

Twelve days after leaving Vermont, Parker receives a short telegram requesting her presence in the south-east corner of Central Park. Here she meets Sidney Frey, the owner of Audio Fidelity Records. He tells Parker that AUDINT's compound, along with much of its equipment, has been torched. Whether the members of AUDINT have burnt it down themselves or whether it was an act perpetrated by the military, Frey does not know. More worryingly for Parker, Frey apparently has no forwarding address for the money owed to them and so instead hands her their thick brown envelope, throws a quizzical look, and hurriedly walks away, leaving Parker with the intuition that her life has irrevocably changed.

June 1995
A Saracen APC was purchased for £4000 and driven to a steel fabricators in West London.
The same month at a meeting with Tony Andrews at Funktion One it was decided to build a
sound system into the vehicle in the style of a sonic weapon. it would be a modified
flashlight PA (5k) the bass speakers build into the back doors and the hi/mid freq
speakers built into armour plated boxes on the roof, an AC generator would supply power
and would also be mounted on the roof in an armour plated box.
The system would be completely mobile and could be operated from inside the vehicle,

June 1995
The sound system installation was complete.
Summer solstice 1995
Gimpo and Jimmy test fired the sound system in the Blackwall tunnel London and at
Canary Wharf

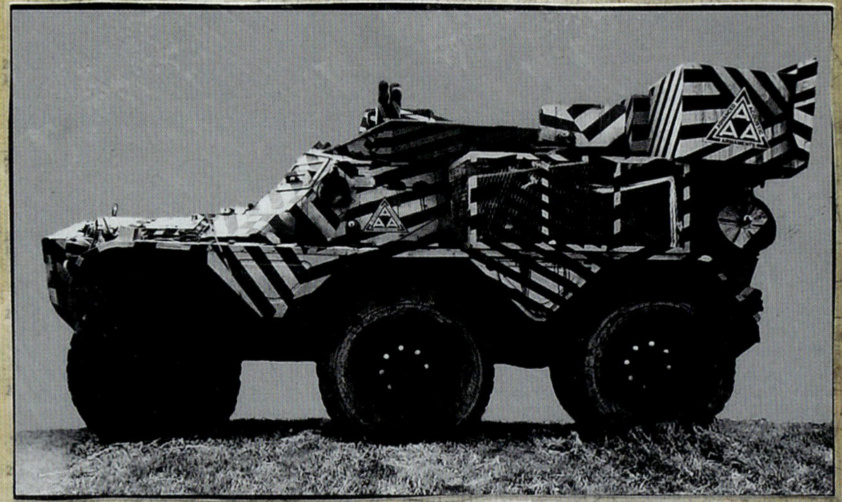

When a sound enters a tunnel, a micro-pressure air wave is raised moving
along the tunnel at the speed of sound. Under certain circumstances the rising
edge of the wave front becomes increasingly steeper on its path through the
tunnel. At the exit the pressure wave is partly reflected back into the tunnel
and partly emitted outwards and is audible up to 1km from the tunnel.

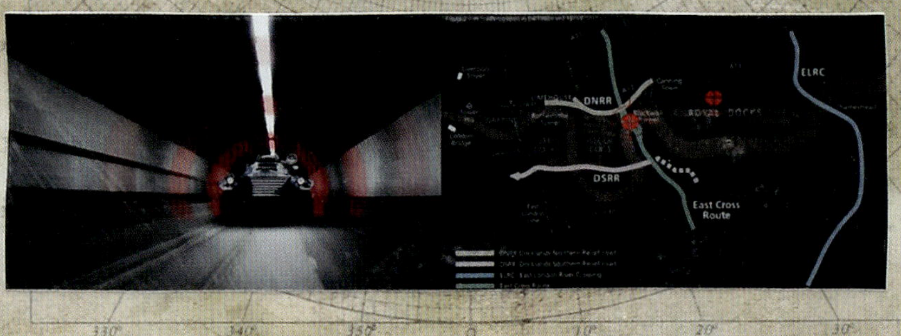

1/1

① Reverse Engineered Master
the Triple A

JAMES CAUTY

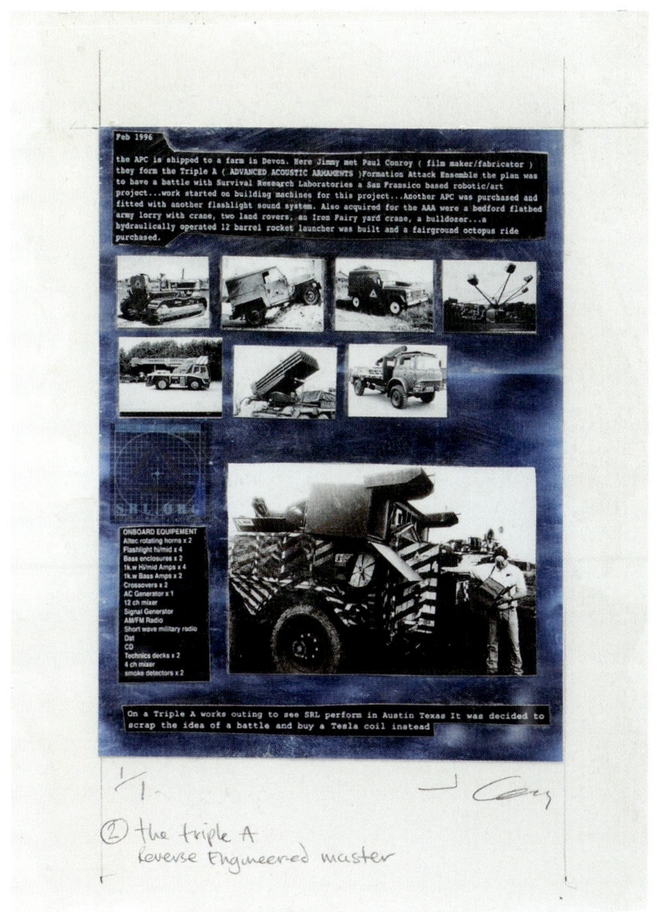

1/1.

② the triple A
Reverse Engineered master

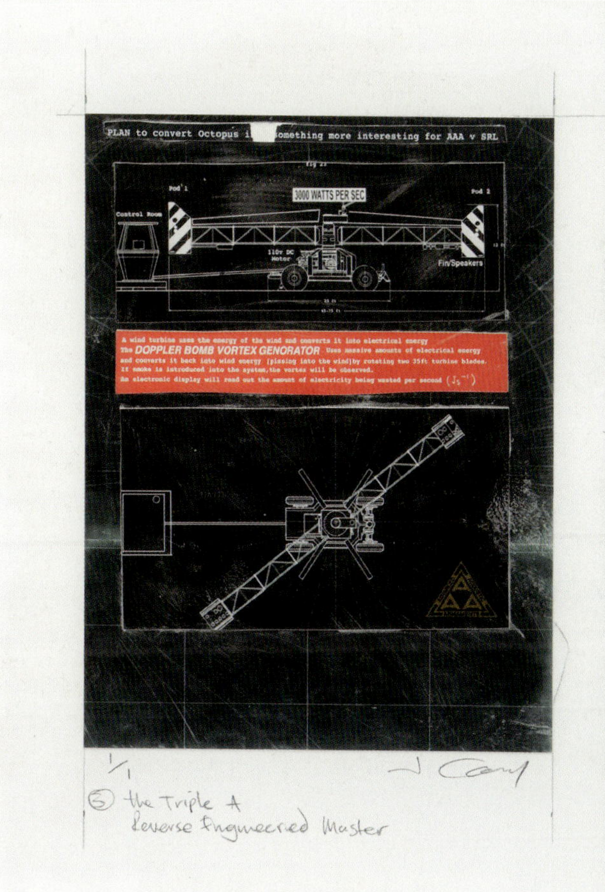

1/1

⑤ the Triple A
Reverse Engineered Master

ADVANCED ACOUSTIC ARMAMENTS REVERSE ENGINEERED ARCHIVE DOCUMENTS 1995–1997
Faksimile Pigmentdruck von Originalcollagen auf Hahnemühle Papier | facsimile pigment prints from the original collages on Hahnemuhle paper, je | each 40 × 30 cm
L-13 Light Industrial Workshop

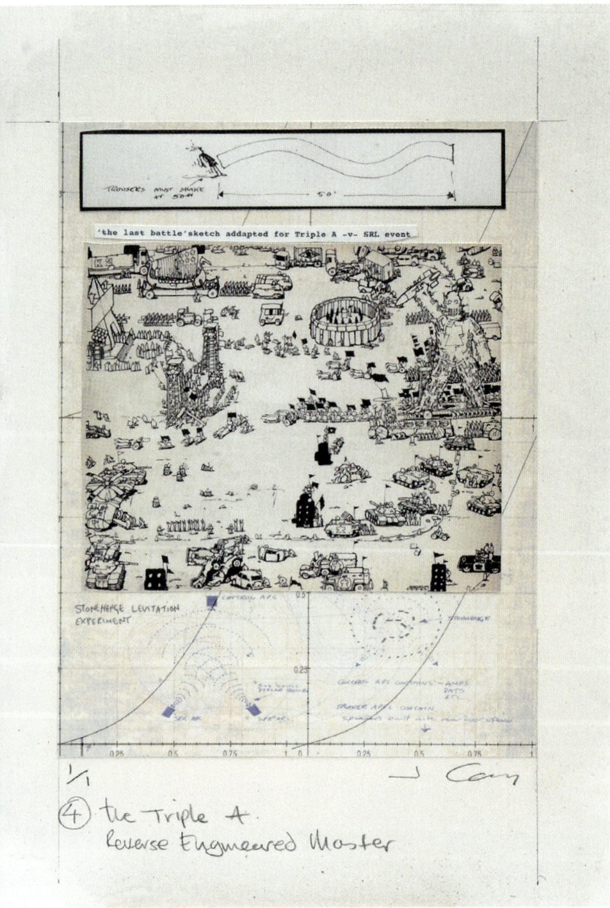

1/1

④ the Triple A.
Reverse Engineered Master

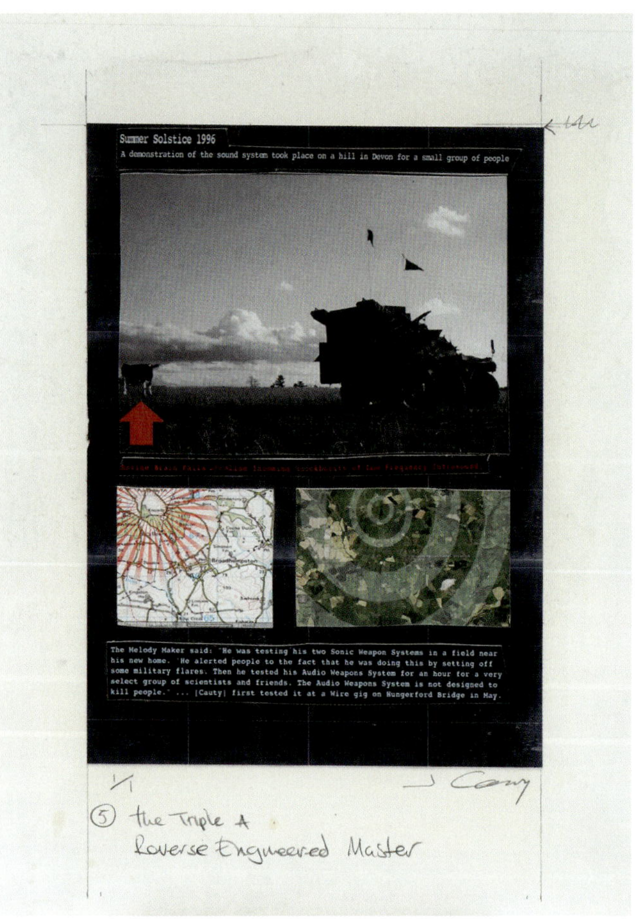

1/1

⑤ the Triple A
Reverse Engineered Master

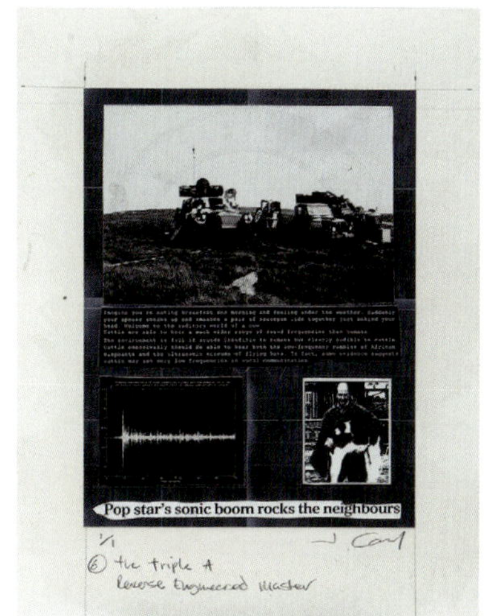

⑥ the Triple A
Reverse Engineered Master

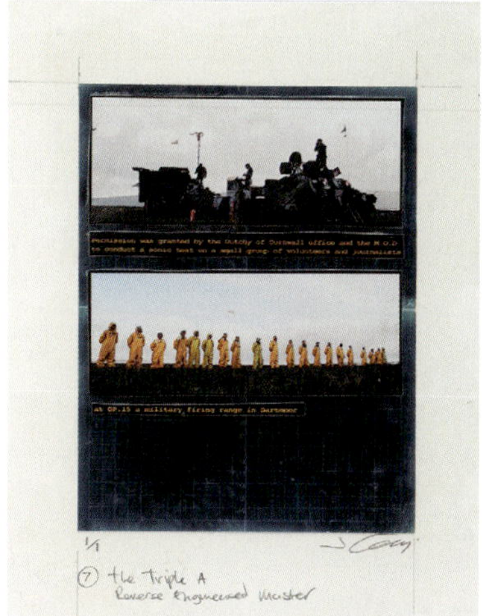

⑦ the Triple A
Reverse Engineered Master

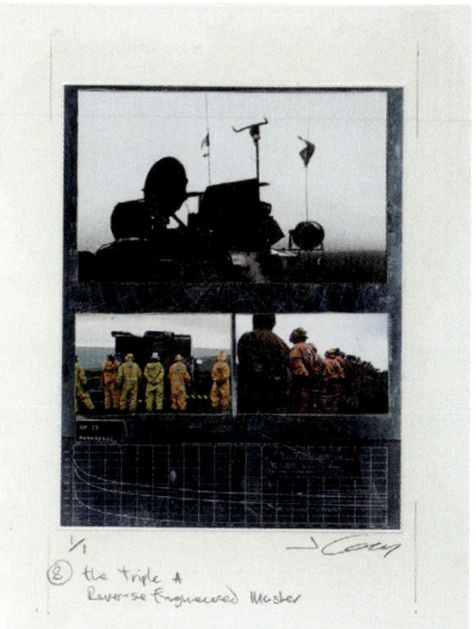

⑧ the Triple A
Reverse Engineered Master

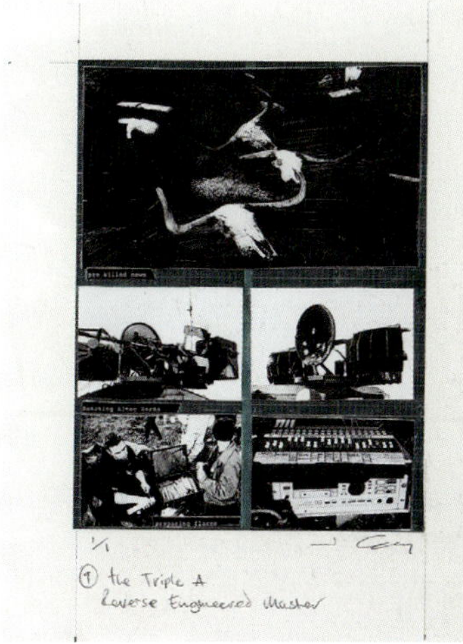

⑨ the Triple A
Reverse Engineered Master

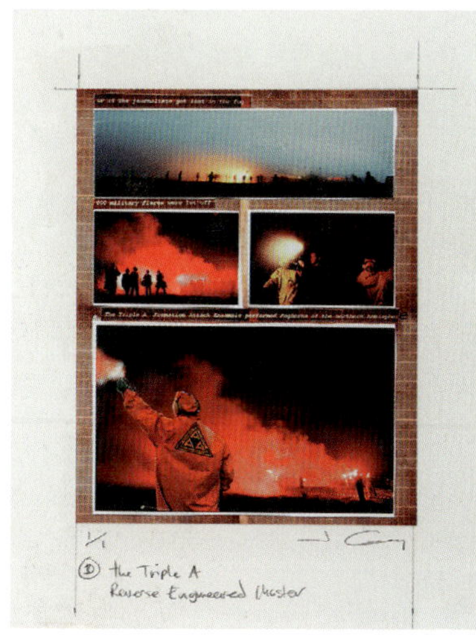

⑩ the Triple A
Reverse Engineered Master

⑪ the Triple A.
Reverse Engineered Master

ADVANCED ACOUSTIC ARMAMENTS
REVERSE ENGINEERED ARCHIVE
DOCUMENTS 1995–1997

WOLFGANG TILLMANS

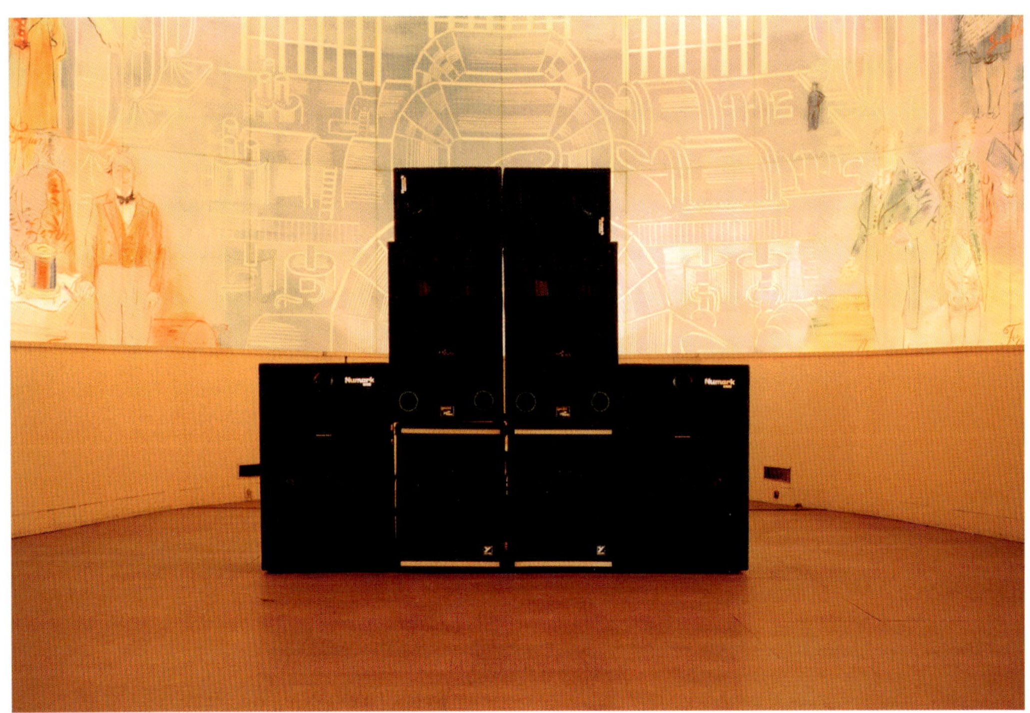

SALLE TECHNO 1994
C-print, 50,8 × 61 cm
Galerie Buchholz, Berlin / Köln

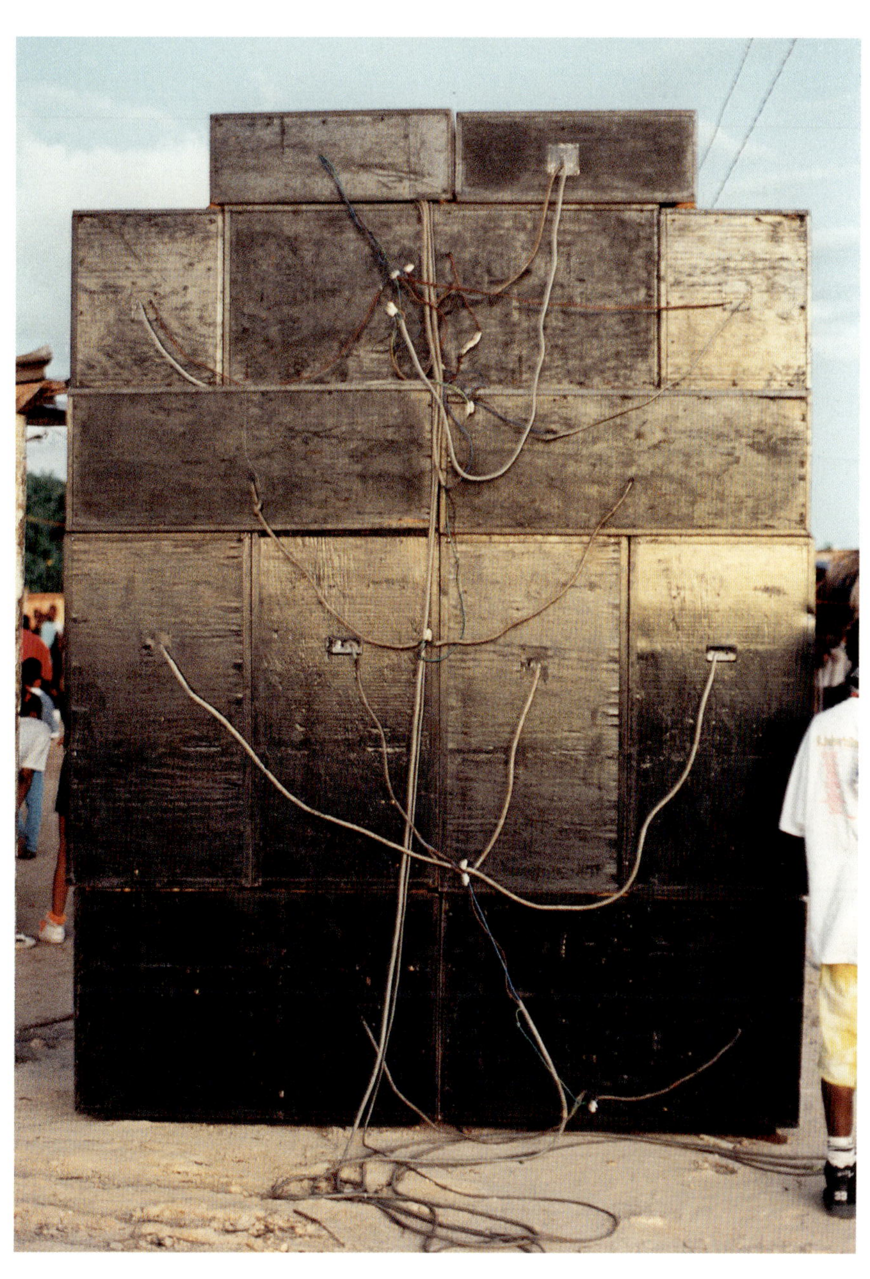

WALL OF SPEAKERS 1992
C-print, 40,6 × 30,5 cm
Galerie Buchholz, Berlin / Köln

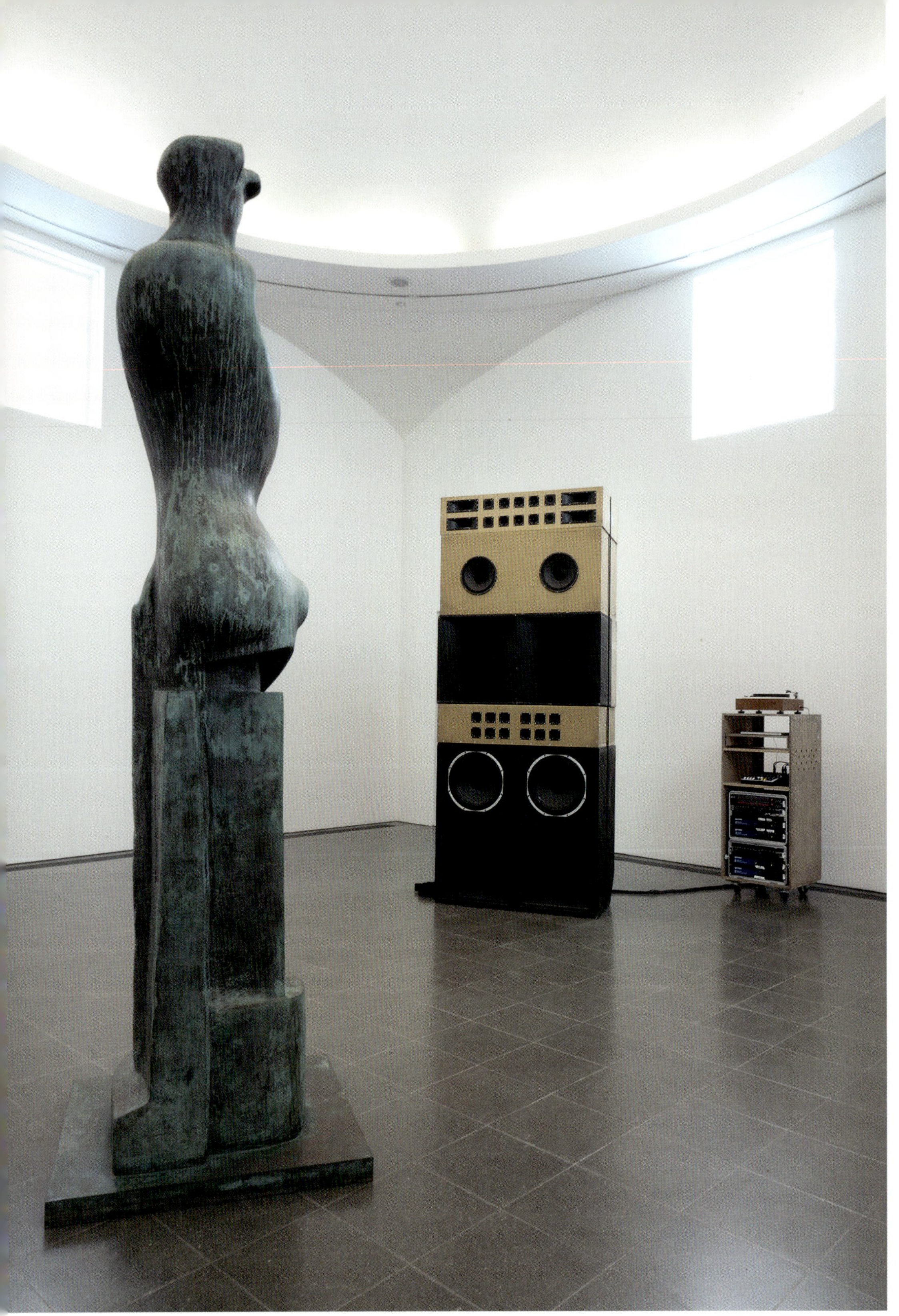

MARK LECKEY

DUBPLATE (SOUNDSYSTEM I) 2001
Lautsprecheranlage, Verstärker, Plattenspieler,
Schallplatte | speakers, amplifier, record player,
record, Maße variabel | dimensions variable.
Installationsansicht mit | installation view with Henry
Moores „Upright Motive No 9", See, we assemble,
Serpentine Gallery, London, UK, 2011

DUBPLATE (SOUNDSYSTEM I) 2001
Lautsprecheranlage, Verstärker, Plattenspieler,
Schallplatte | speakers, amplifier, record player,
record, Lautsprecheranlage | sound systems:
220 × 130 × 75 cm, 76 × 124 × 62 cm, 42 × 57 × 57 cm
Installationsansicht | installation view:
Bunker Berlin # 1, DE, 2012
Sammlung Boros, Berlin

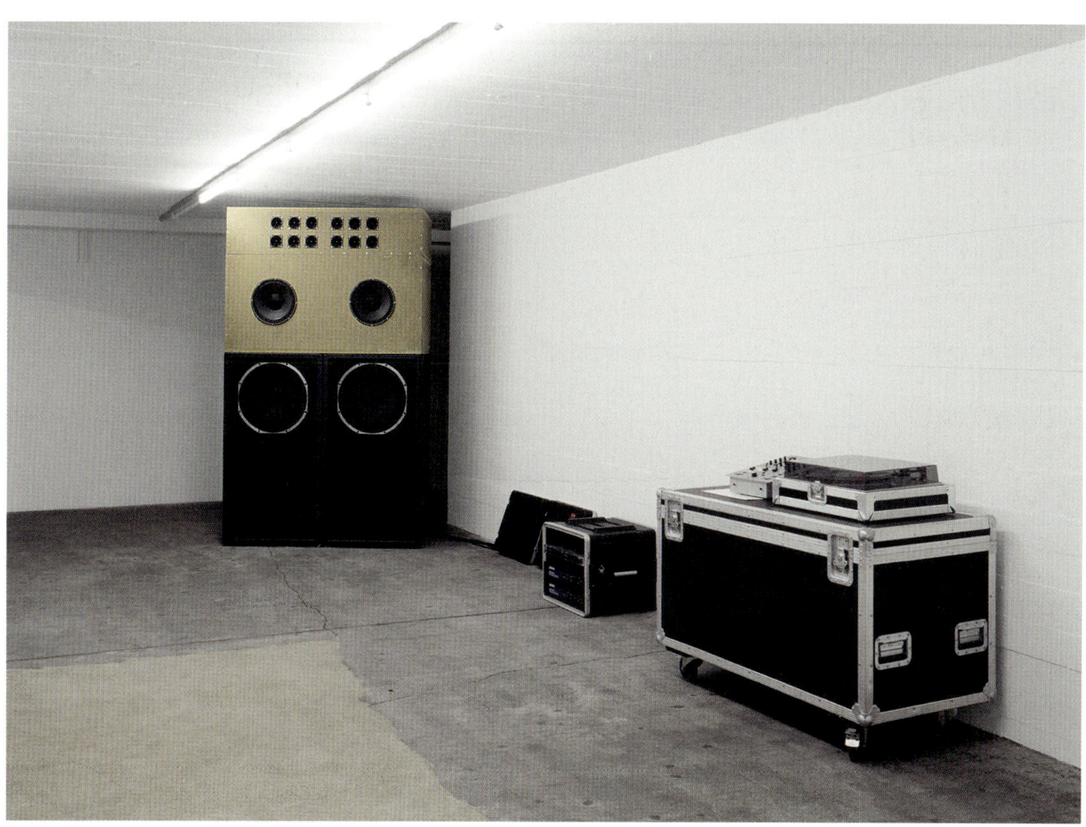

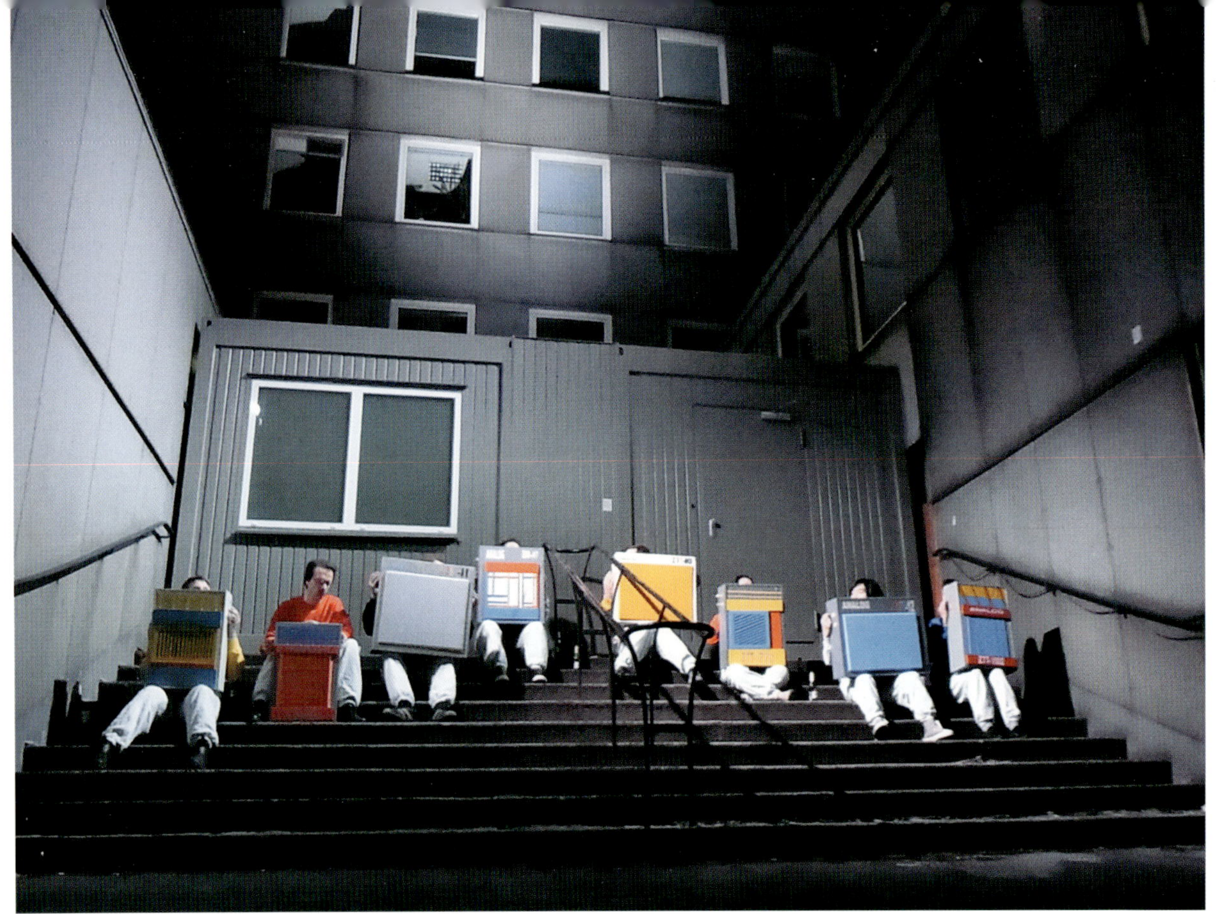

~~TINTIN~~
~~PATRONE~~

KRACHKISTEN seit | since 2009
Holz, Filz, Lack, Schalter, Knöpfe, Lautsprecher,
analoger Tongenerator | wood, felt, varnish, switches,
buttons, speaker, analogue sound generator
je | each ca. 60 × 50 × 20 cm

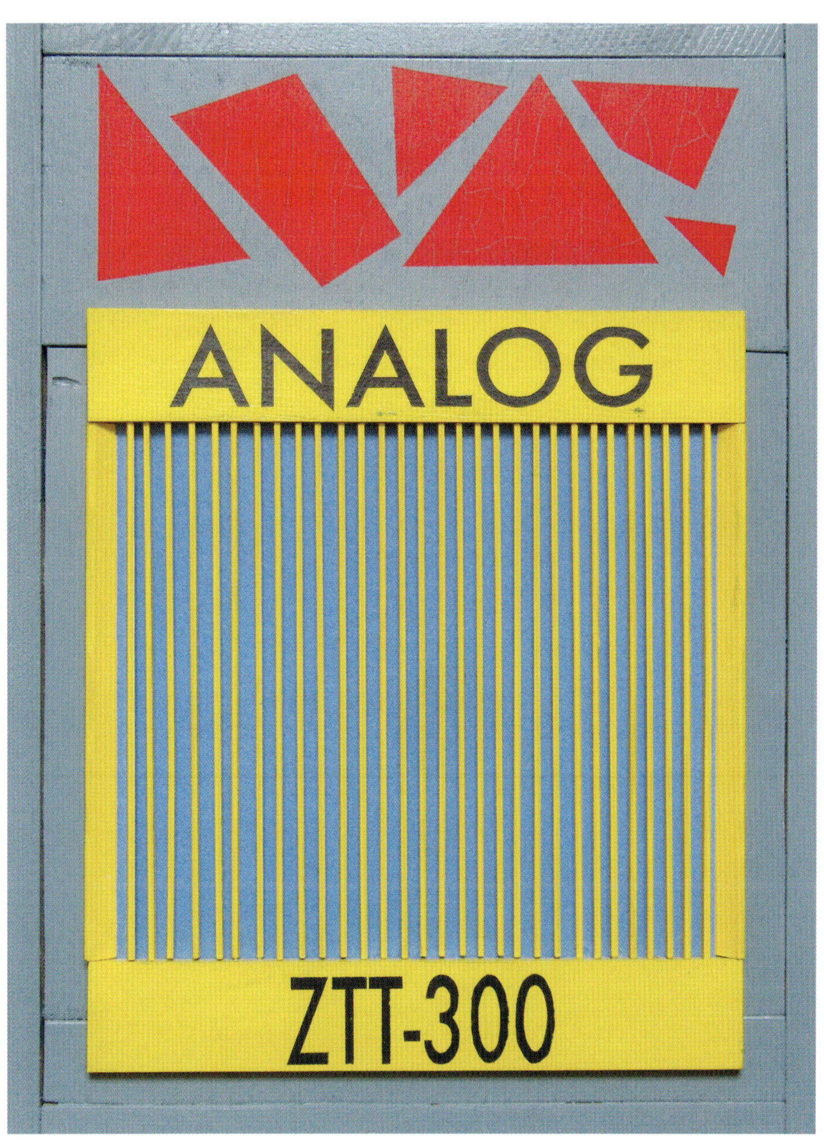
ANALOG
ZTT-300

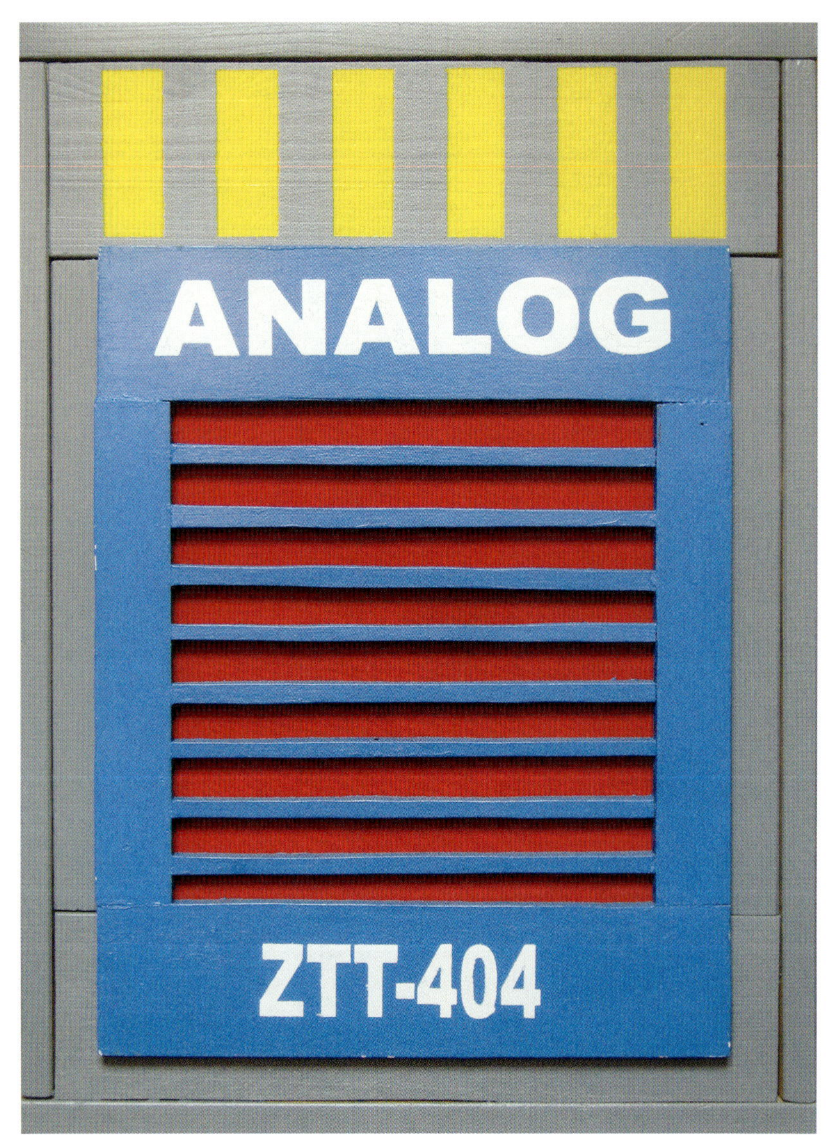

TINTIN PATRONE

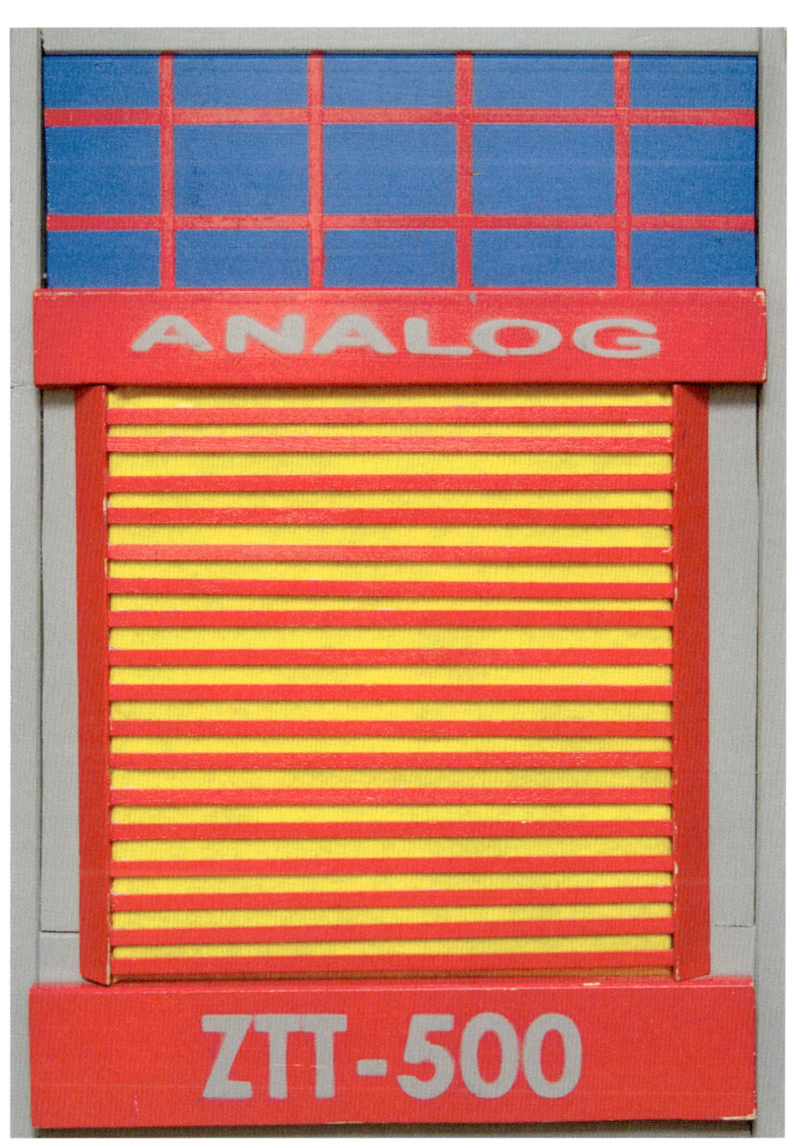

ANALOG
ZTT-500

JAY GARD

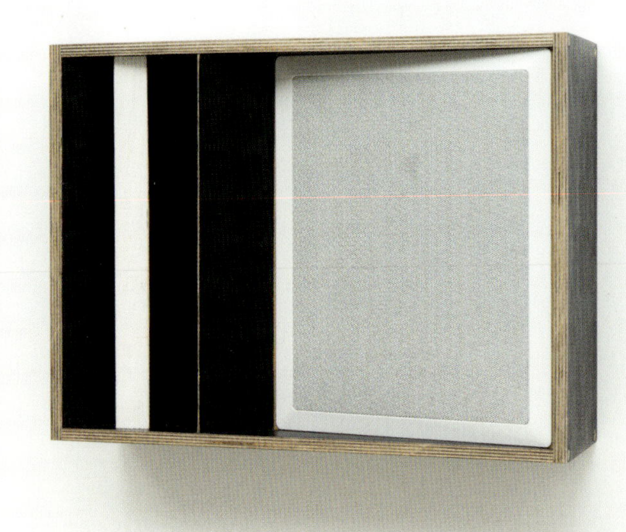

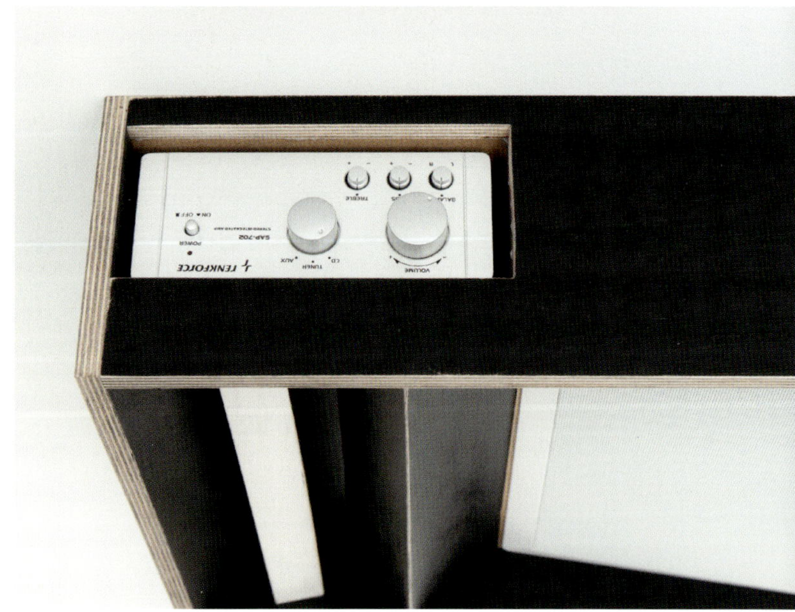

WALLPAINTING 0002 2012
Sperrholz, Acrylfarbe, Schrauben,
Metallgitter, Verstärker, Lautsprecher |
ply wood, acrylic, screws, metalic
grid, amplifier, speaker, 180 × 260 × 15 cm
Sexauer Gallery

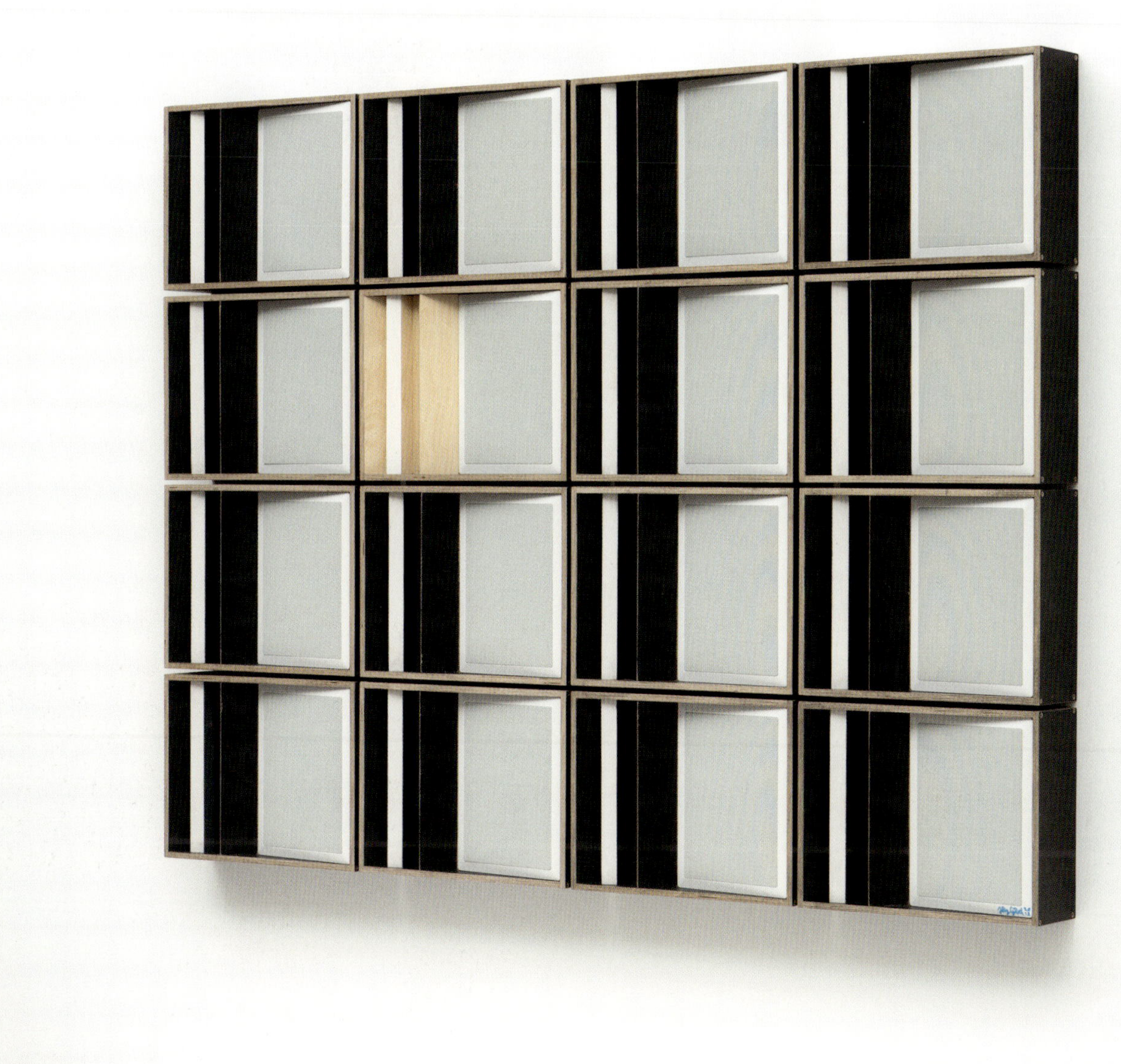

SANTIAGO SIERRA

SHOTS, CULIACAN | MEXIKO 2002 / 2003
Lautsprecher | speaker, Sound, 60 Min.
Installationsansicht | installation view: Art Basel, CH, 2003

Installation für Herford in Kooperation mit | installation in
Herford in cooperation with Killasan Sound System, Berlin

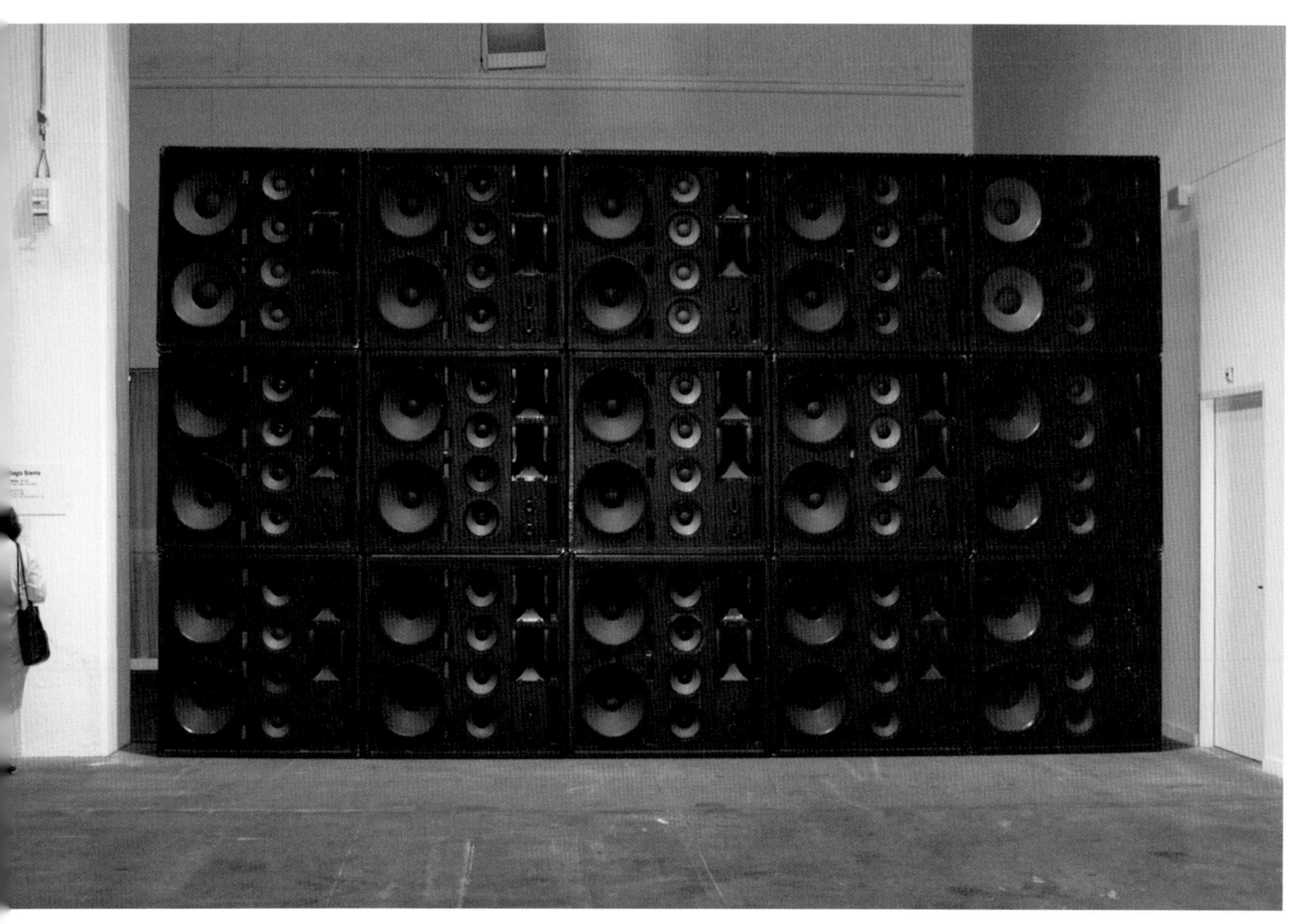

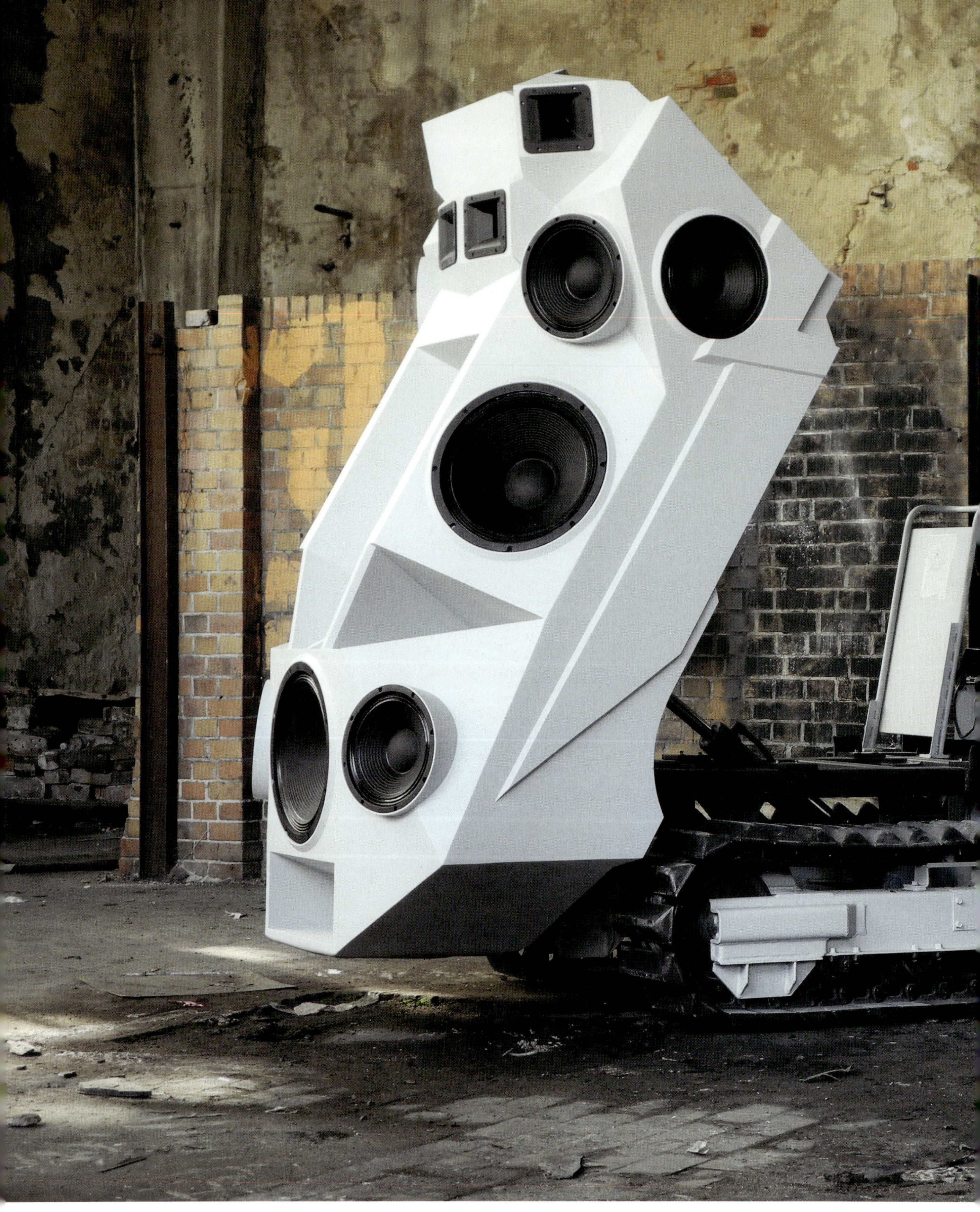

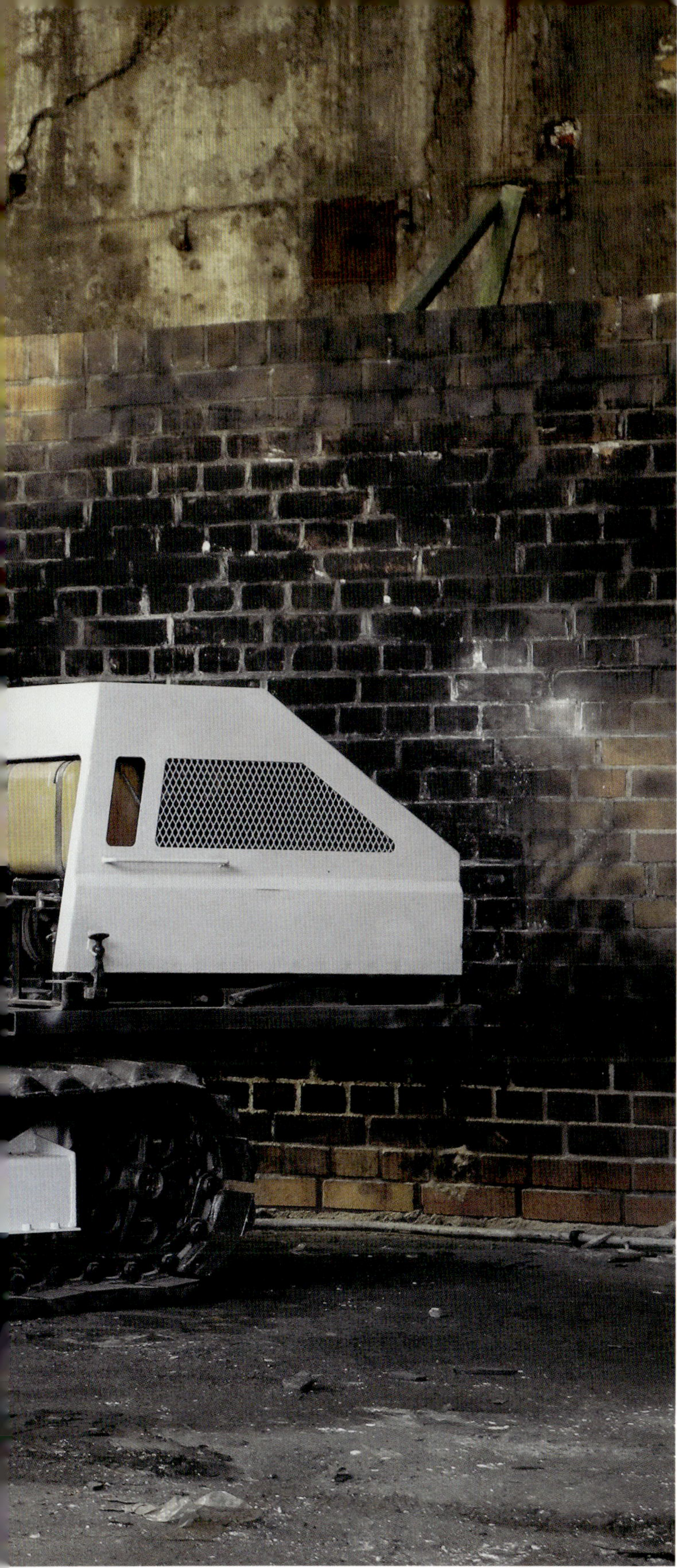

NIK NOWAK

PANZER 2011
Minidumper, Holz, Glasfaser, Lack,
Lautsprecher, Verstärker, Audiogeräte |
mini dumper, wood, fibre glass, varnish,
speaker, amplifier, audio system
160 × 150 × 380 cm

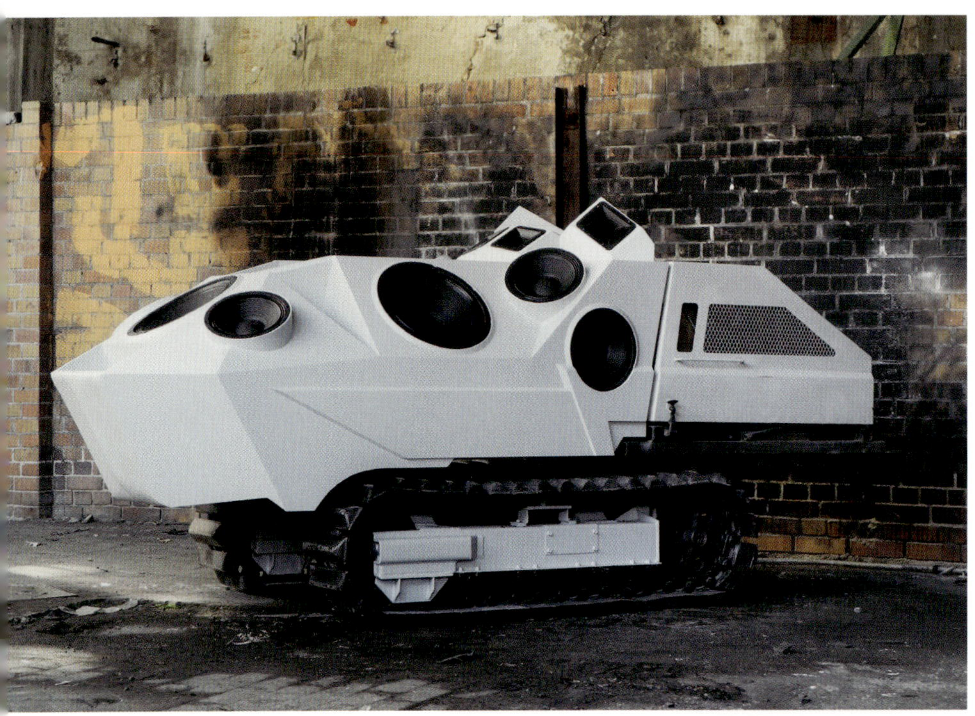

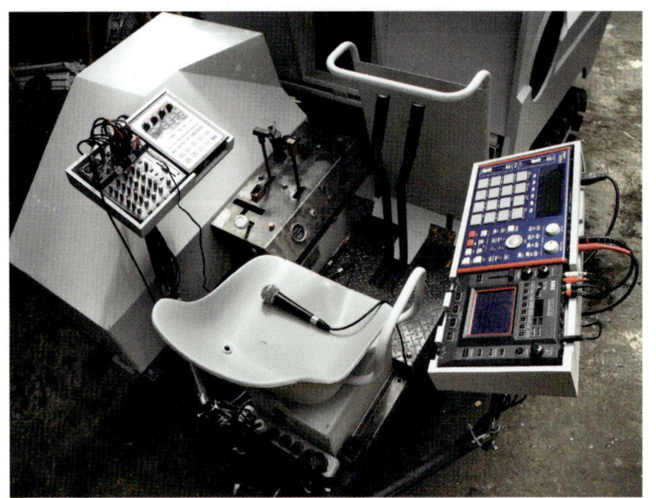

PANZER 2011

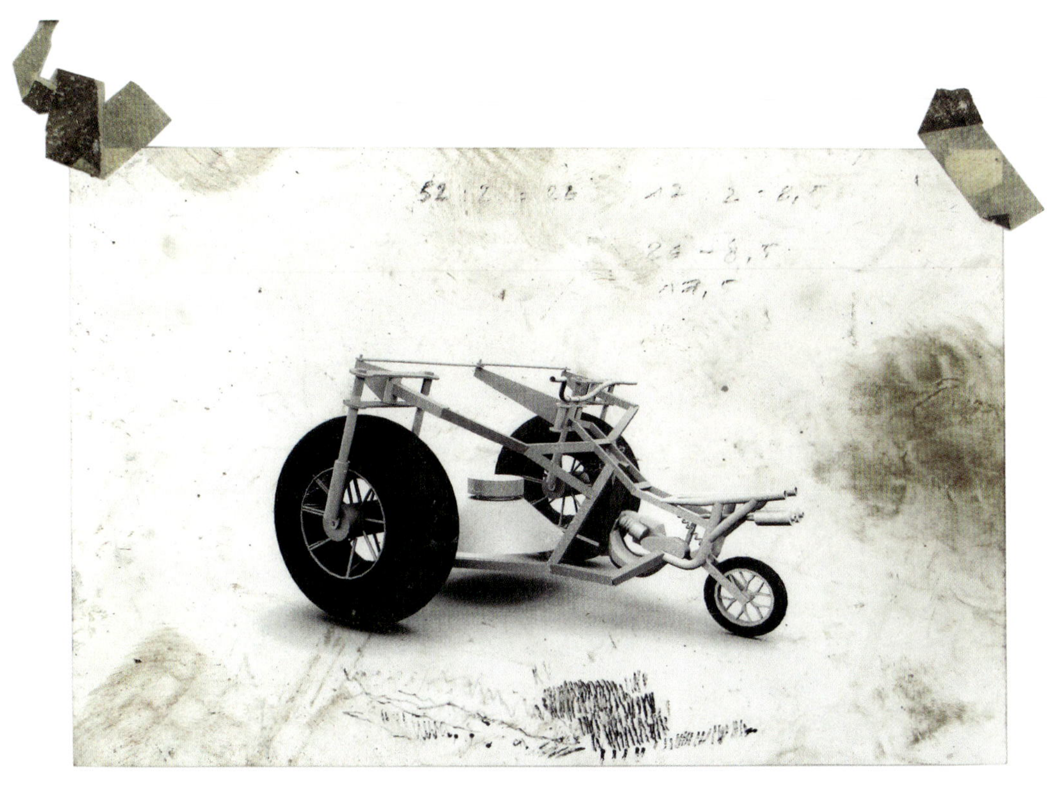

BARON BASS 2008
Skizze | sketch, 3D-Rendering mit
Zeichnung auf Papier | 3D rendering
with drawing on paper, 21 × 29 cm

SOUVENIR 2007
Zu Lautsprechern umfunktionierte,
ferngesteuerte Spielzeugpanzer, LEDs,
Lack | remote-controlled toy tanks,
converted to speaker, LED, varnish
33 × 54 × 34 cm
Sammlung Marta

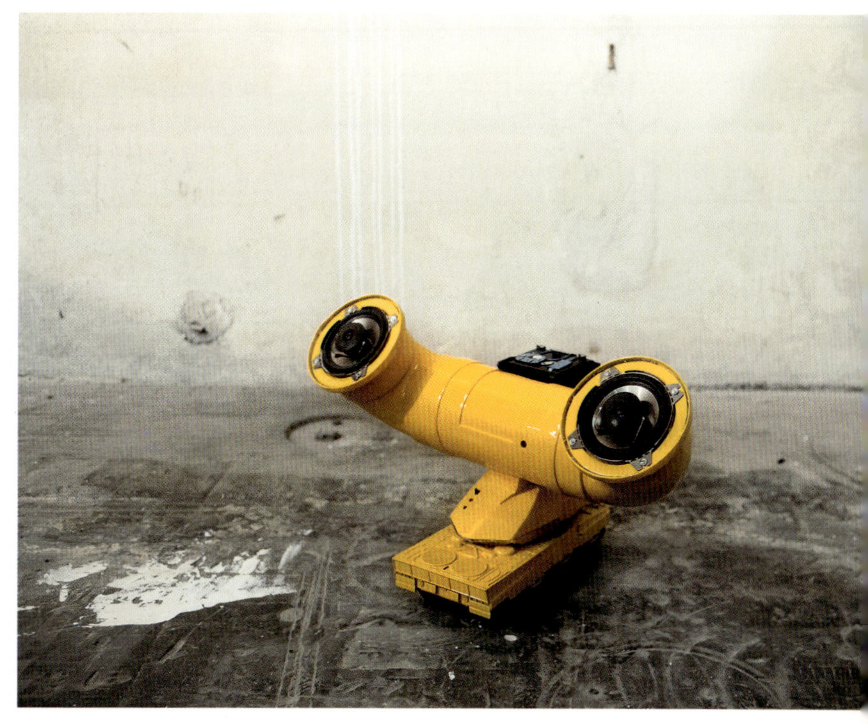

ALEX SMAILES

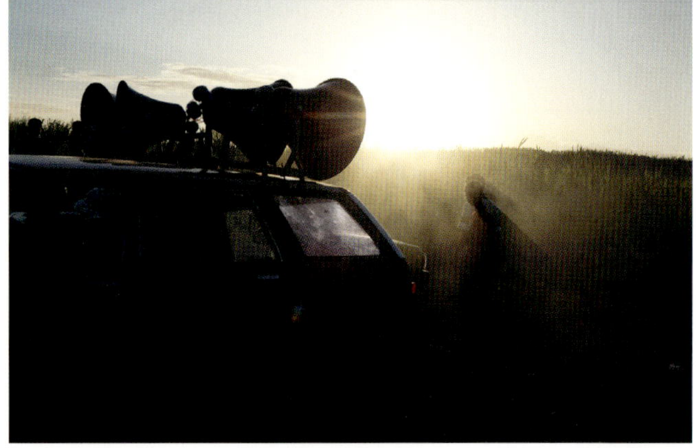

Sonnenuntergang in Central Cane Field | Sunset in Central Cane Field, 2010

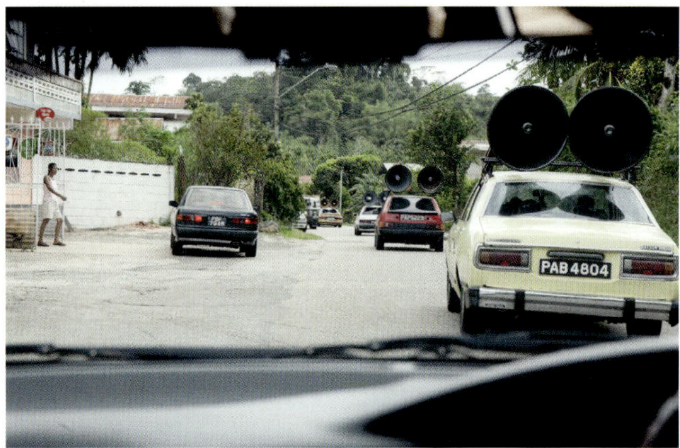

Mike Men auf dem Weg zu einer traditionellen Hochzeit ins südliche Trinidad | Mike Men on way to traditional wedding in South Trinidad, 2010

45er Schallplatten und altmodischer Plattenspieler | 45's vinyl and old fashioned record player, 2010

Mike Man zeigt stolz seinen Wagen und Plattenspieler | Mike Man stands proud with his car and player, 2010

Mike Men versammeln sich für einen Soundclash in St Helena | Mike Men gather for a sound clash in St Helena, 2010

C-prints, Maße variabel | dimensions variable

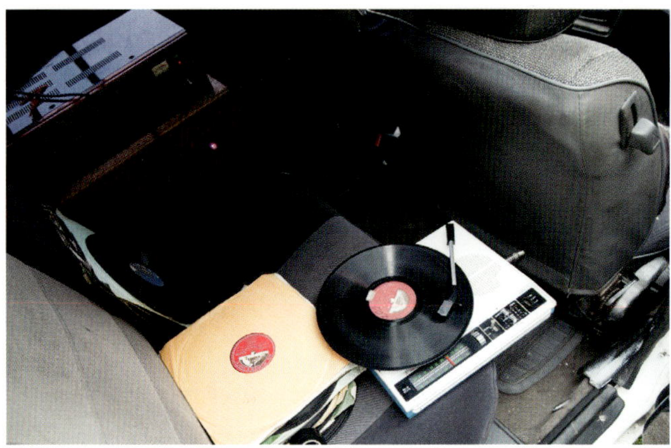

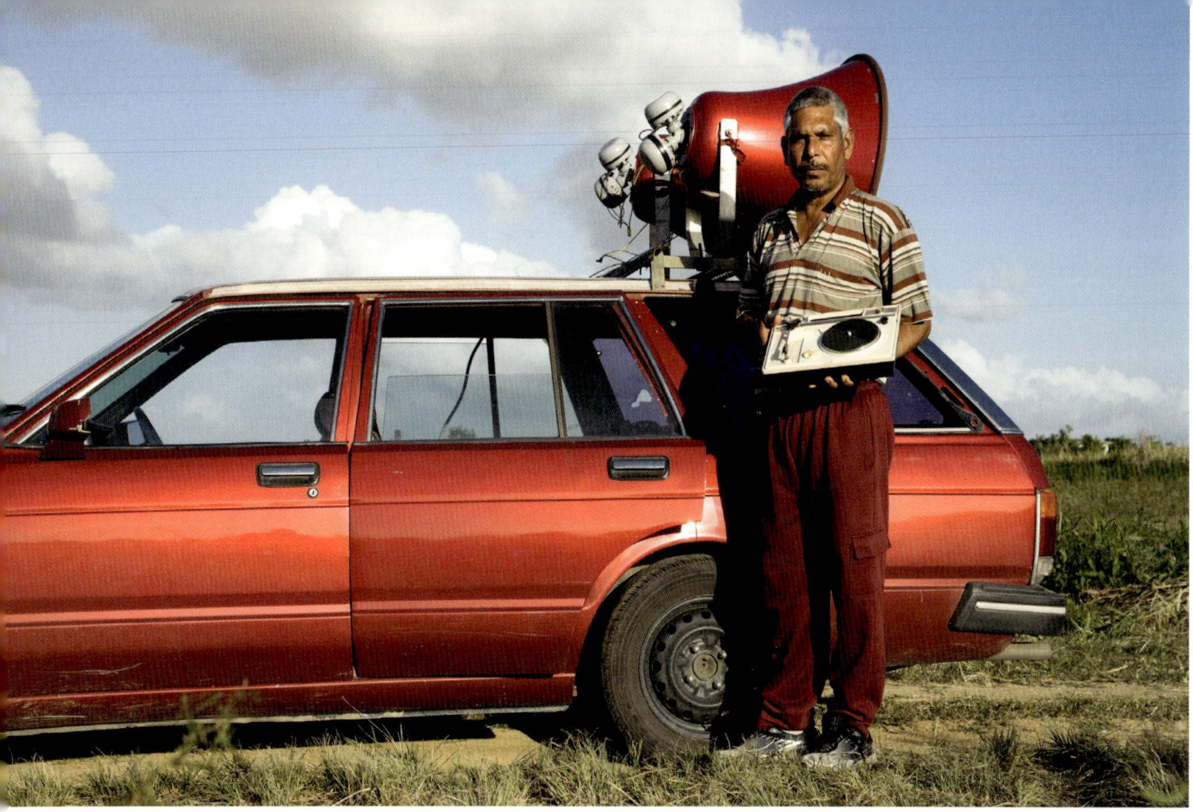

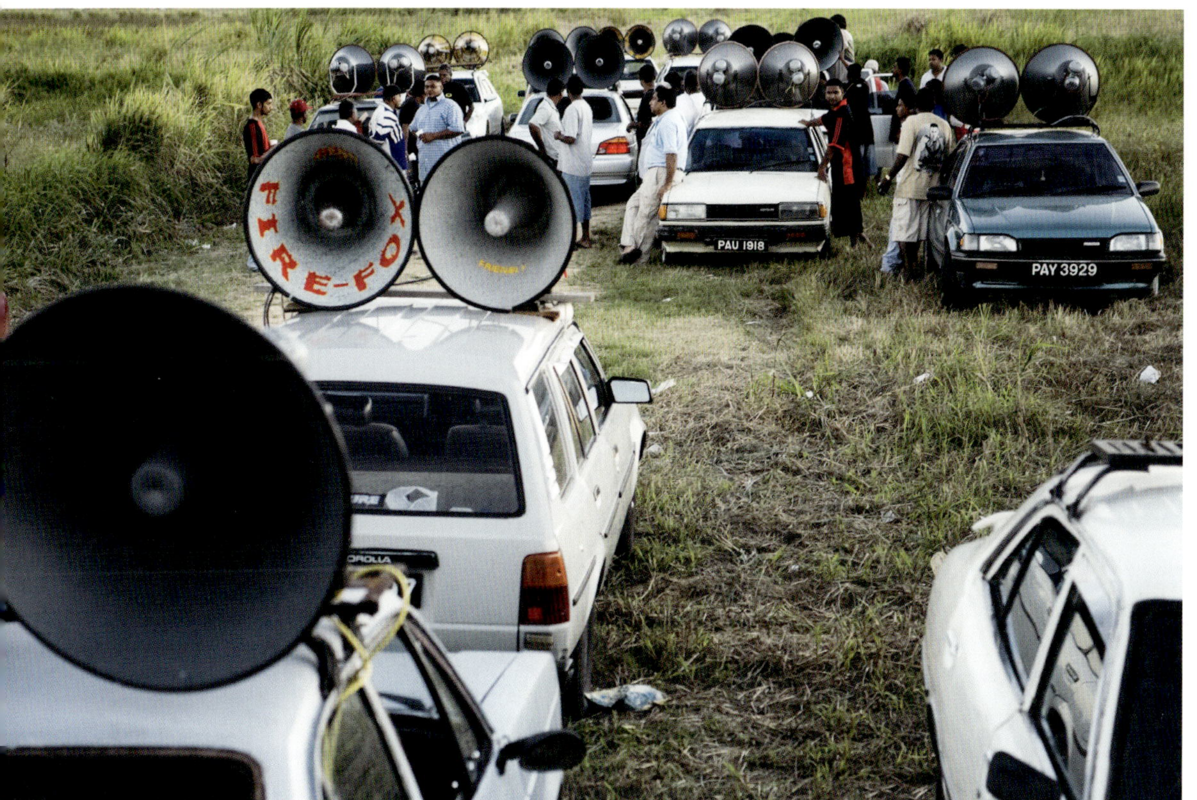

FIRE-FOX
PAU 1918
PAY 3929
COROLLA

CARLOS ROLON /
DZINE

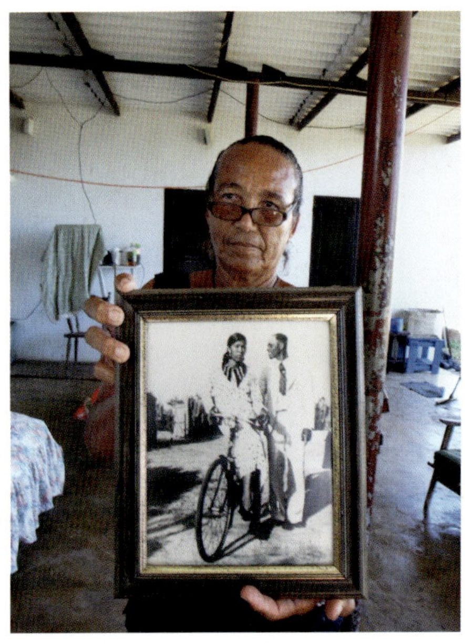

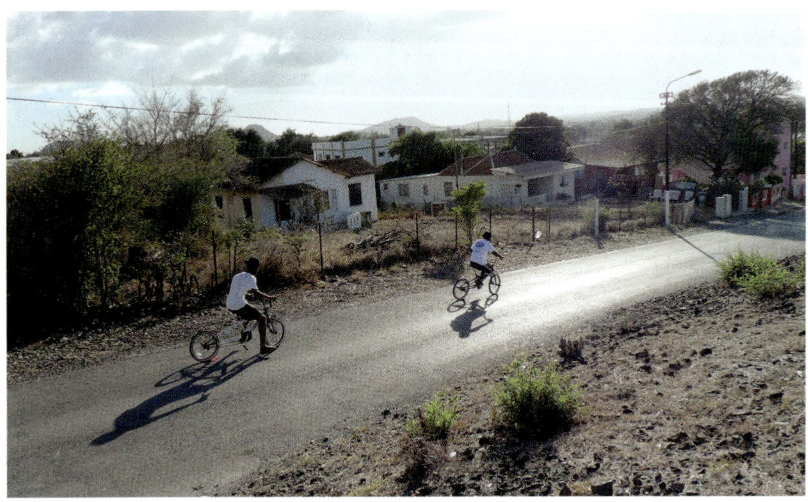

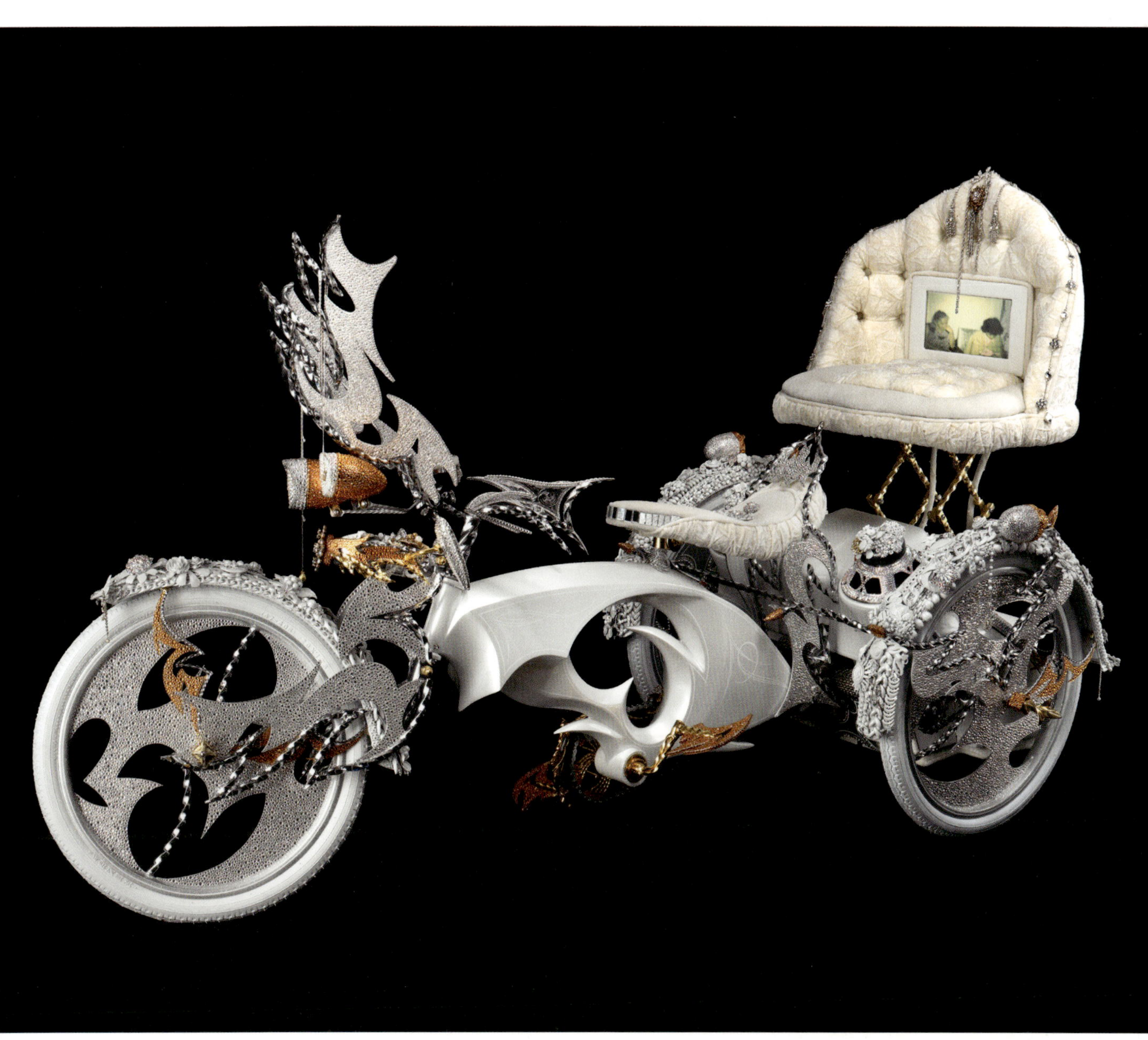

LA CASA DE MI ABUELA
(GHOST BIKE MEMORIAL) 2011
Maßgefertigtes, tiefergelegtes Dreirad,
Emaillelack, Quartzkristalle, Spiegel,
Stoff, Sound- und Videosystem | custom-
ized lowrider tricycle, enamel paint, quartz
crystals, mirror, fabric, video and audio
Filmkonzept | film concept:
Carlos Rolon | Dzine and Joey Garfield
Schnitt | edited by: Dan Zabinski
Musik | music: Hector Lavoe
Maße variabel | dimensions variable
ca. 112 × 200 × 108 cm, 5:12 Min.
Leeahn Gallery, Daegu, Korea

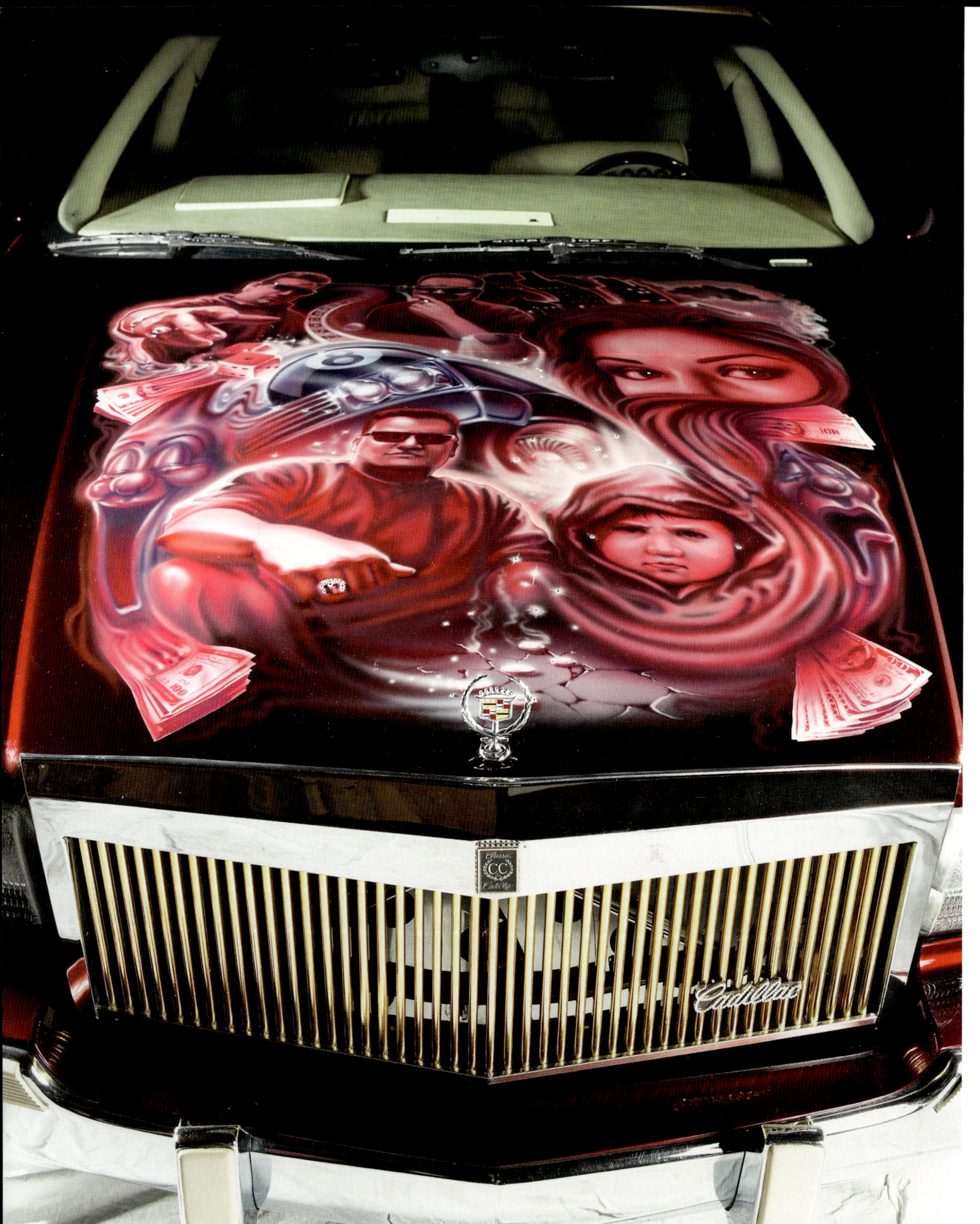

PIMP JUICE 2007
Maßgefertigter | fully customized
1993 Cadillac fleetwood lowrider
ca. 231 × 168 × 630 cm
Sybille Mang, Appenzell

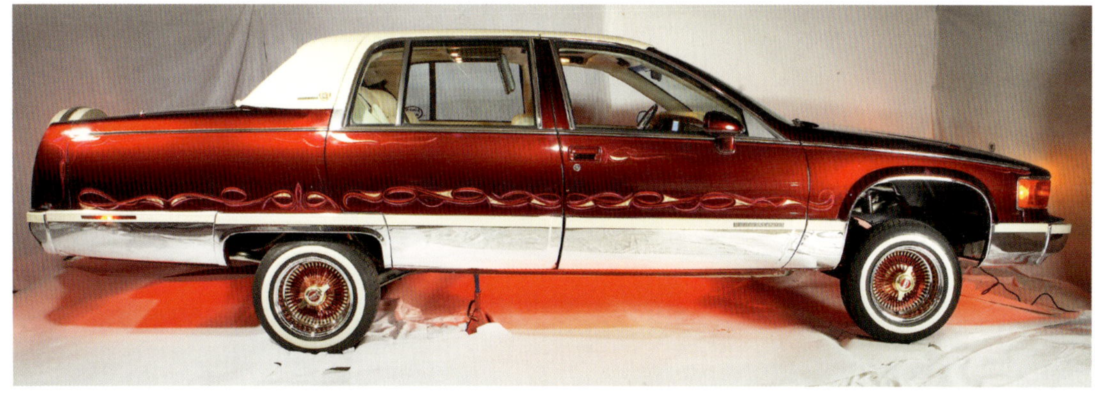

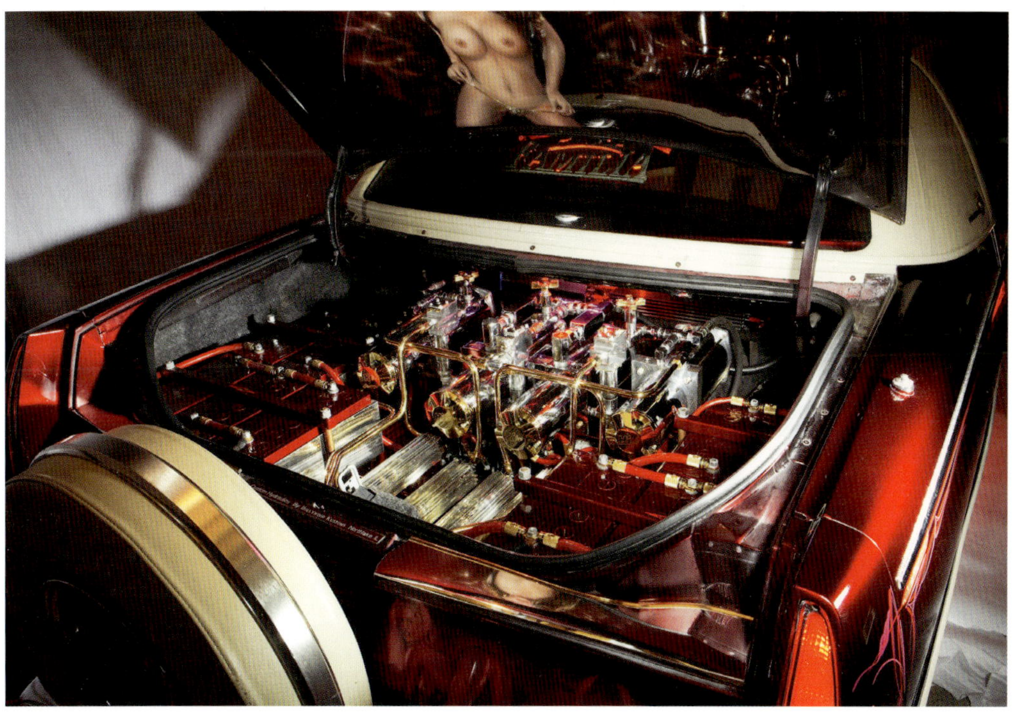

LYLE
OWERKO

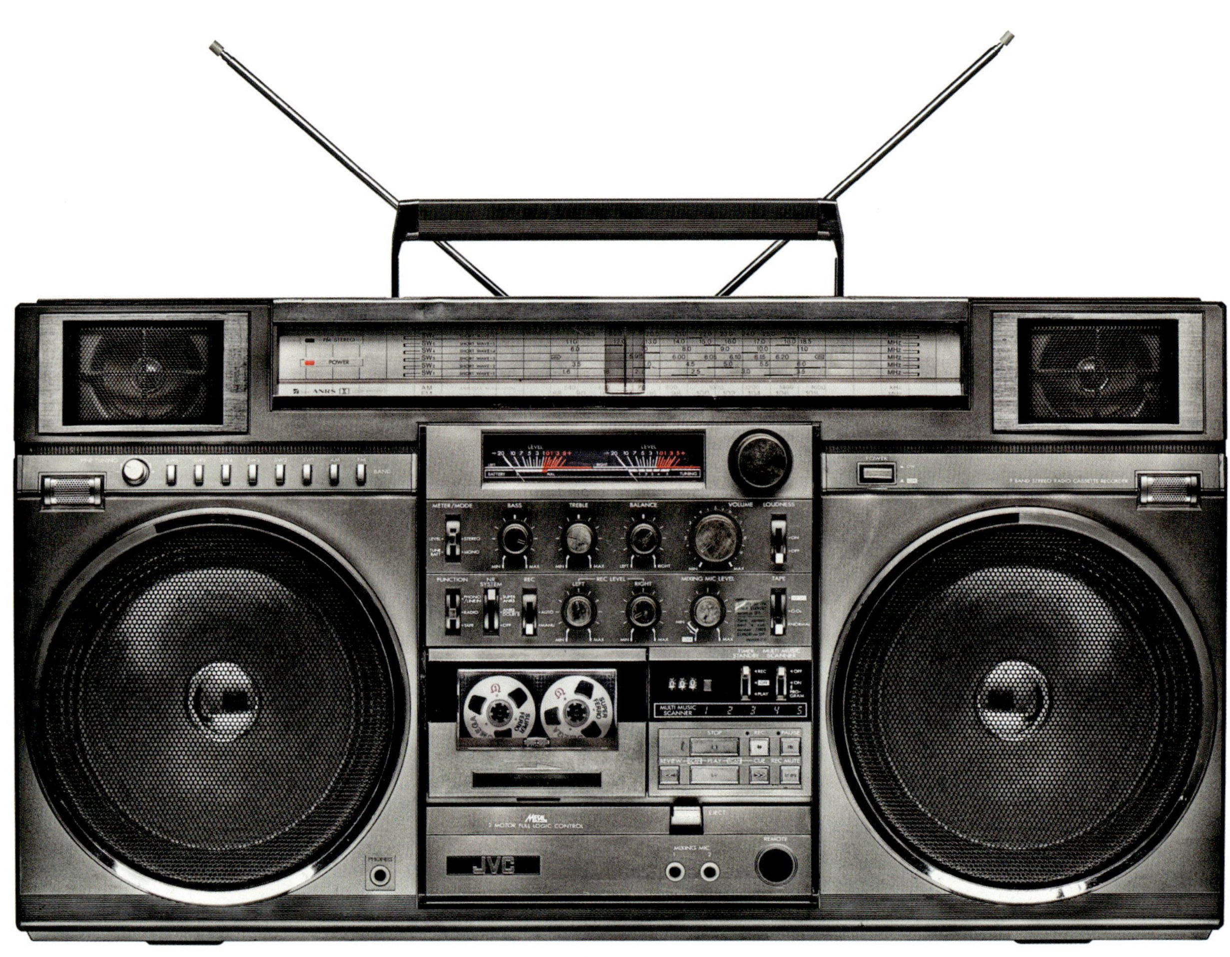

BOOMBOX 22 / 12 2010
C-prints
je | each 76,2 × 111,76 cm

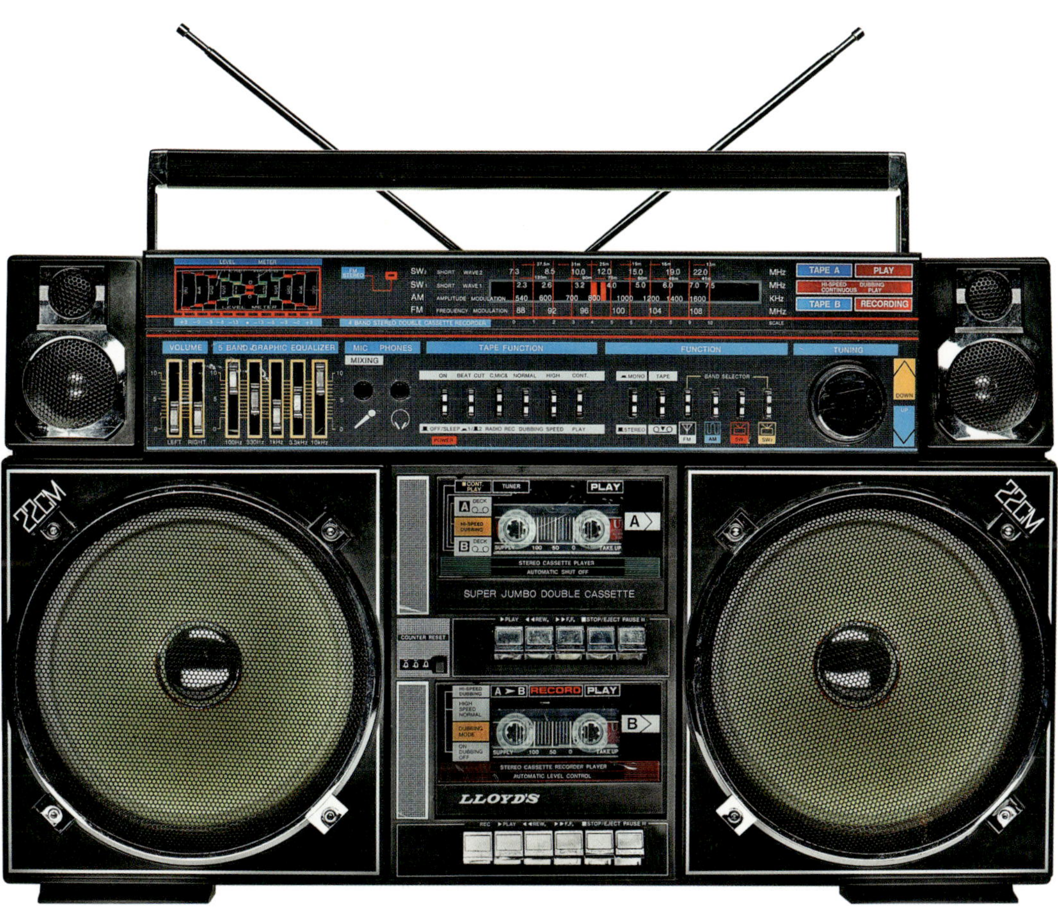

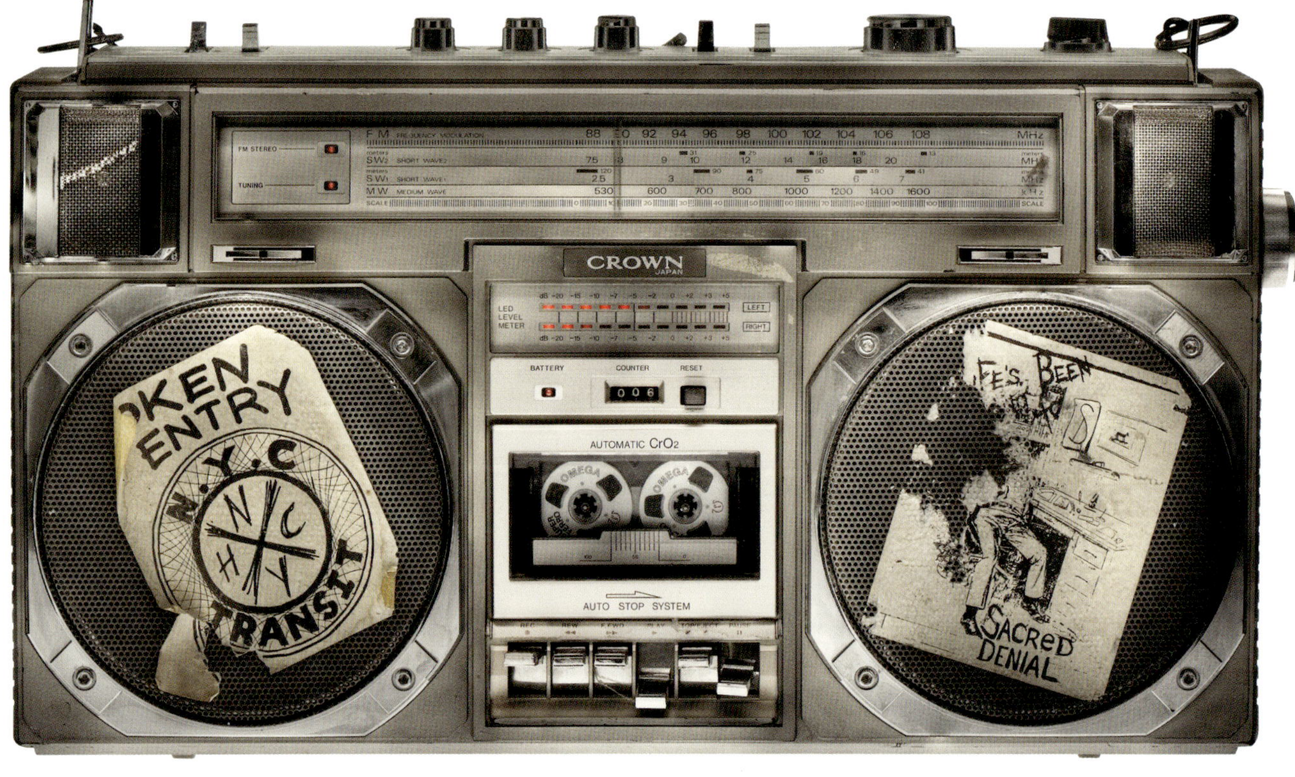

BOOMBOX 2 / 15 / 9 2010
C-prints
je | each 76,2 × 111,76 cm

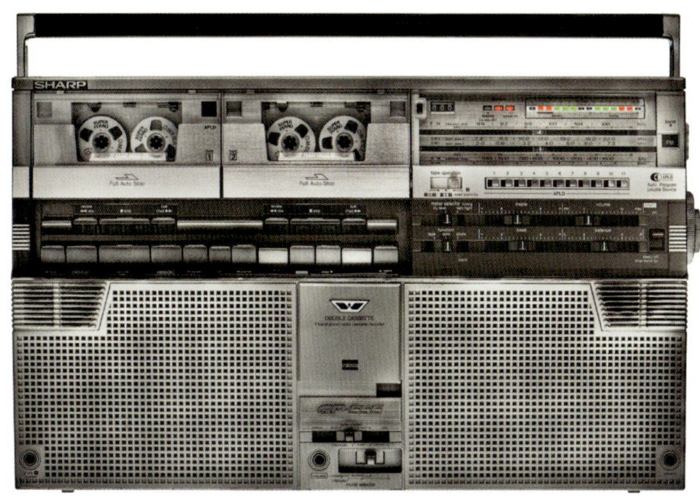

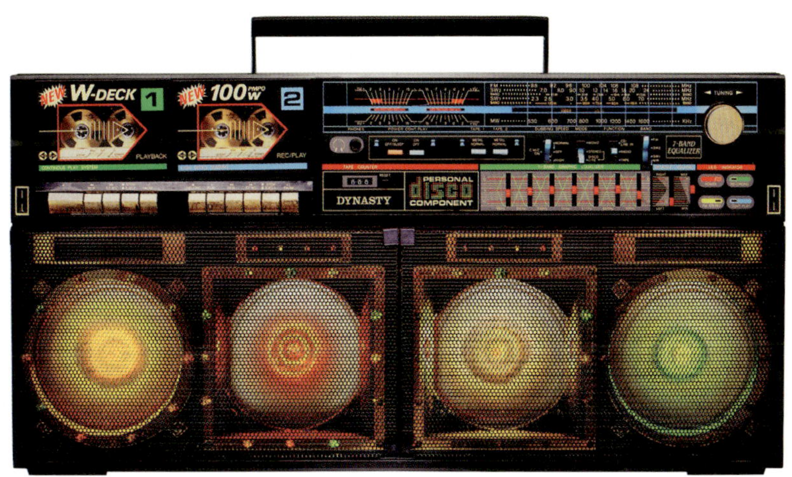
W-DECK 1
100W 2
PLAYBACK
REC/PLAY
DYNASTY
PERSONAL disco COMPONENT
7-BAND EQUALIZER
TUNING

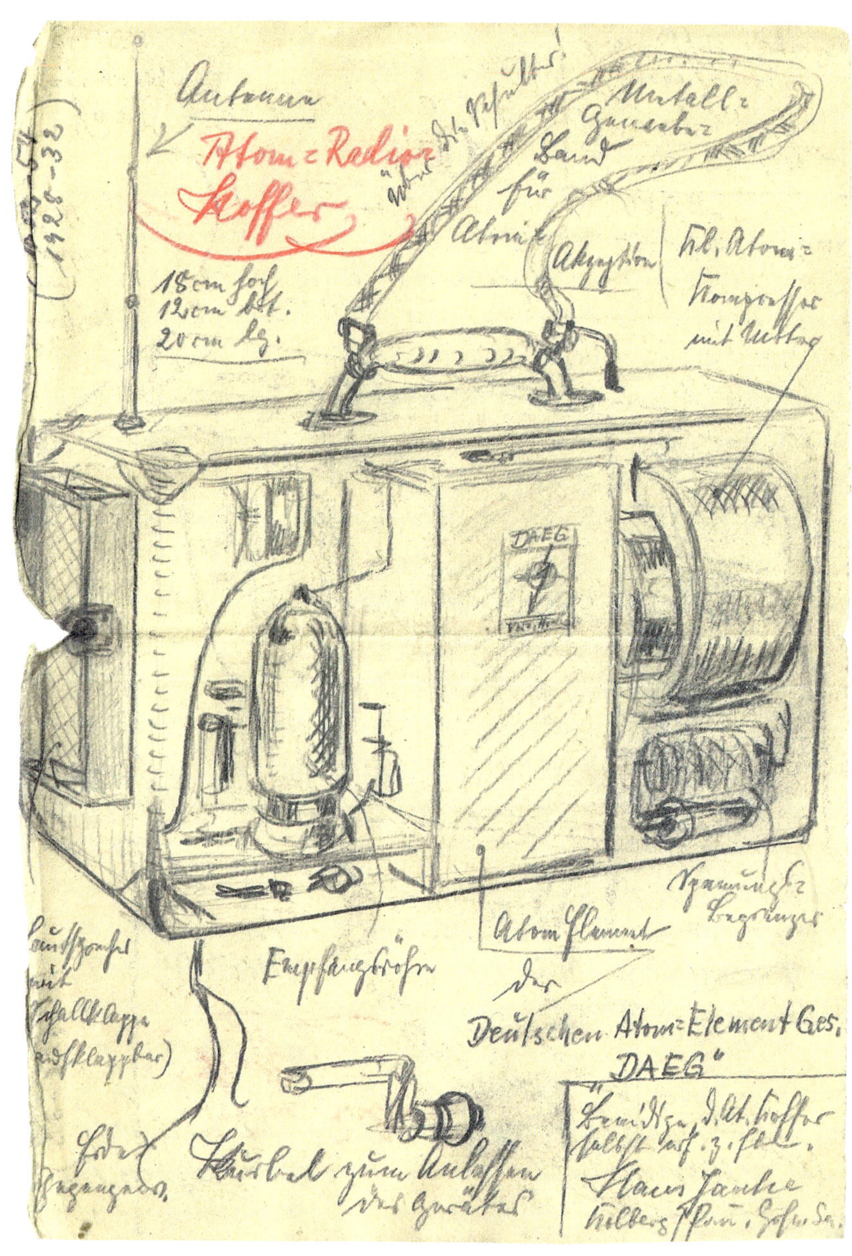

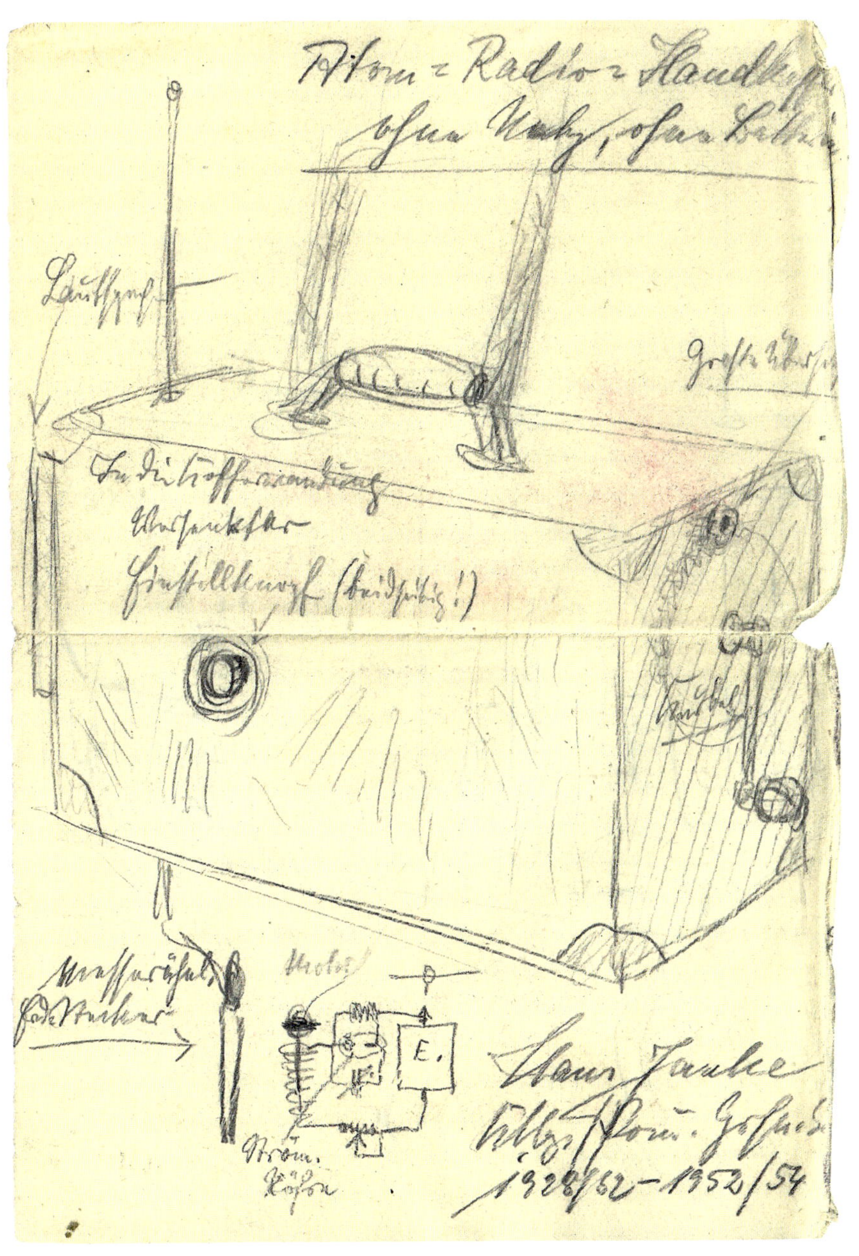

ATOM-RADIO-KOFFER 1954
Bleistift auf Papier | pencil on paper
21 × 14 cm
Rosengarten e. V. Wermsdorf /
Ausstellung „Karl Hans Janke"

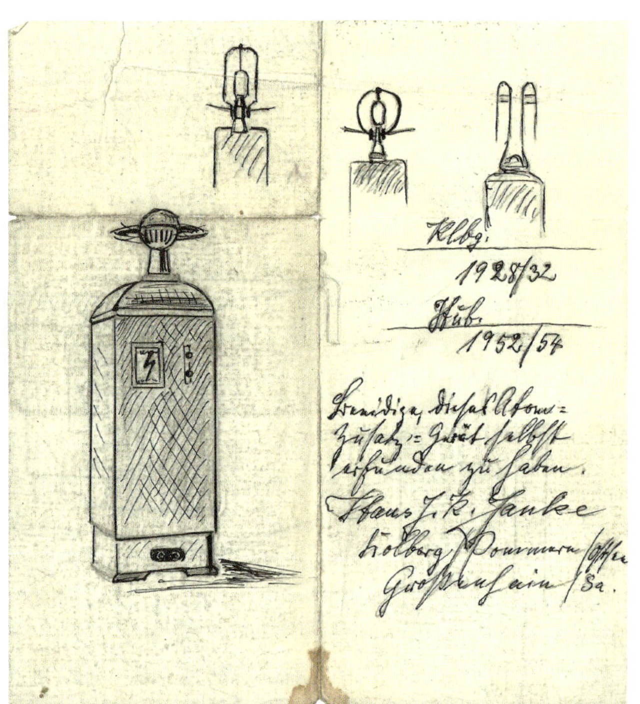

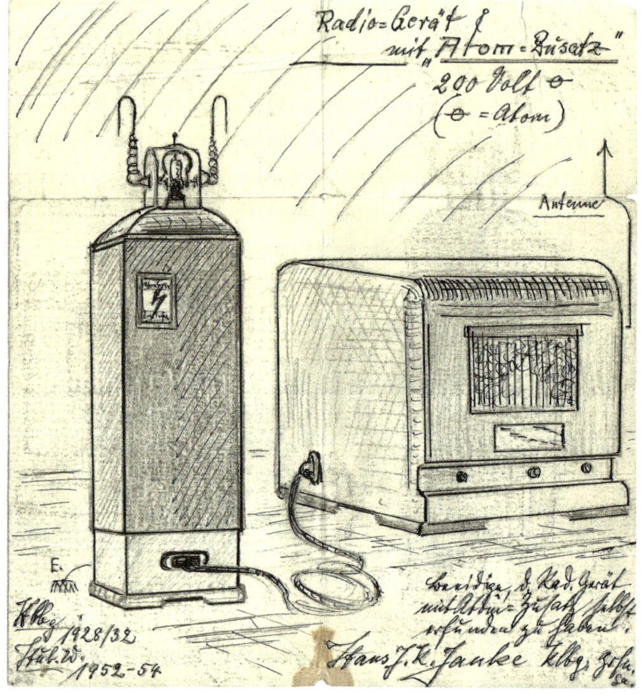

RADIO-GERÄT MIT ATOM-ZUSATZ 1954
Bleistift auf Papier | pencil on paper, 17 × 18 cm
Rosengarten e. V. Wermsdorf / Ausstellung „Karl Hans Janke"

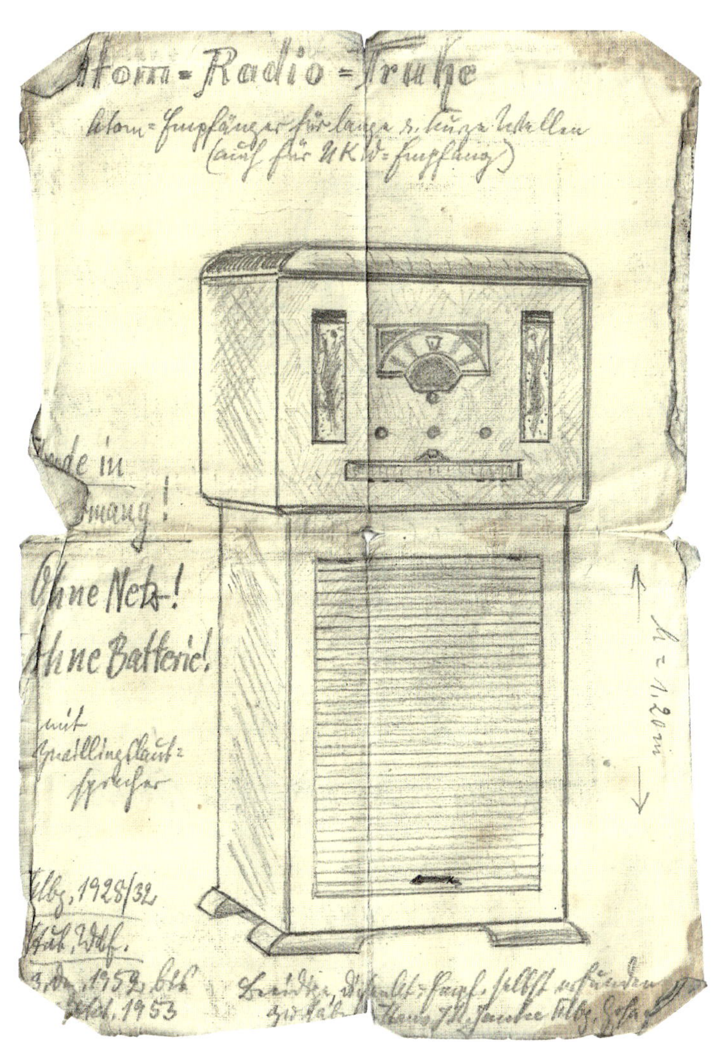

ATOM-RADIO-TRUHE 1953
Bleistift auf Papier | pencil on paper, 20,5 × 15 cm
Rosengarten e. V. Wermsdorf / Ausstellung „Karl Hans Janke"

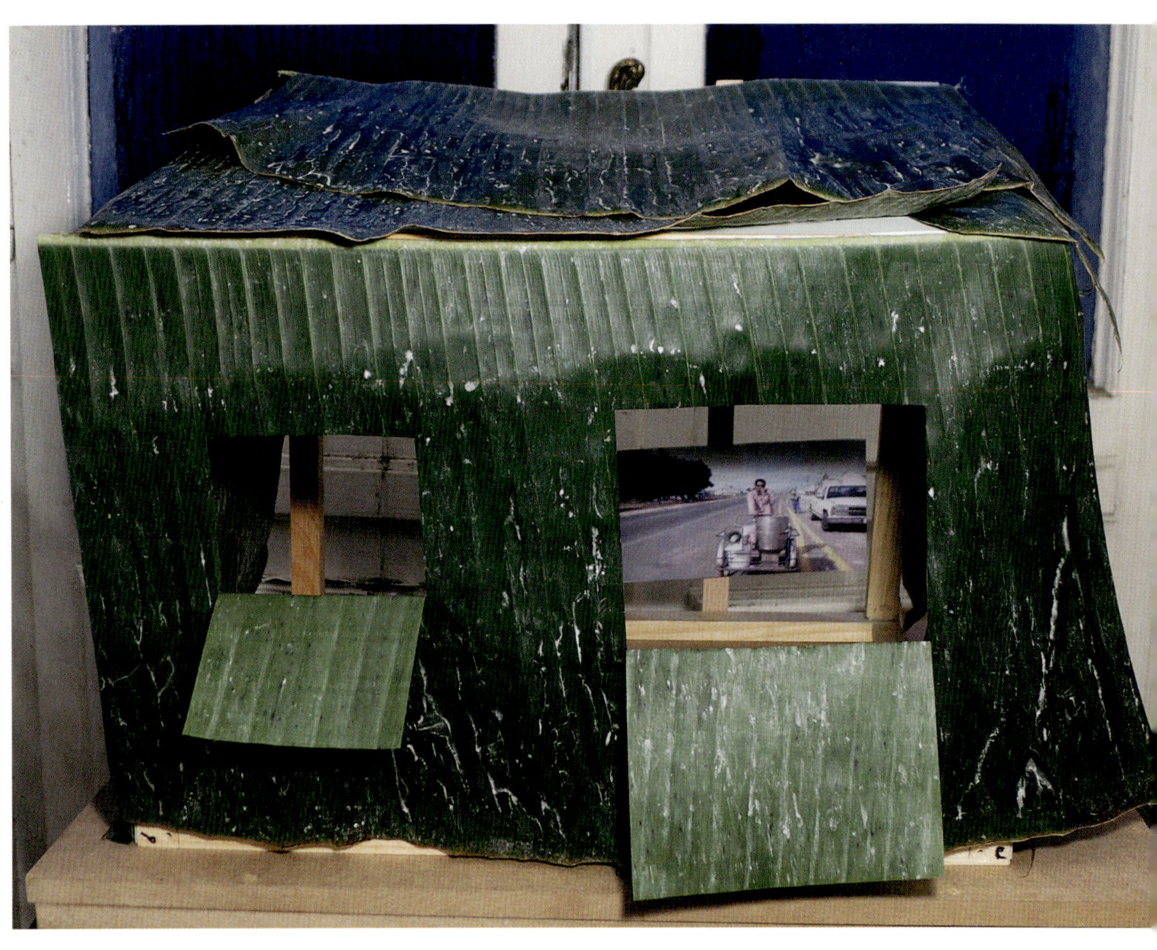

GABRIEL
ROSSELL-SANTILLÁN

DIY / DO IT YOURSELF / TAMALEROS 2014
Skizzen für ein Soundprojekt | sketches for a sound piece
Modell und Mixed Media auf Papier | model and mixed
media on paper

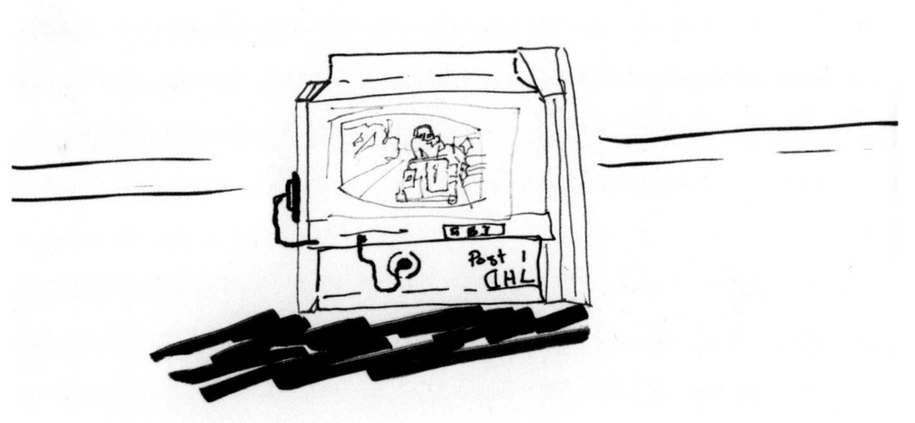

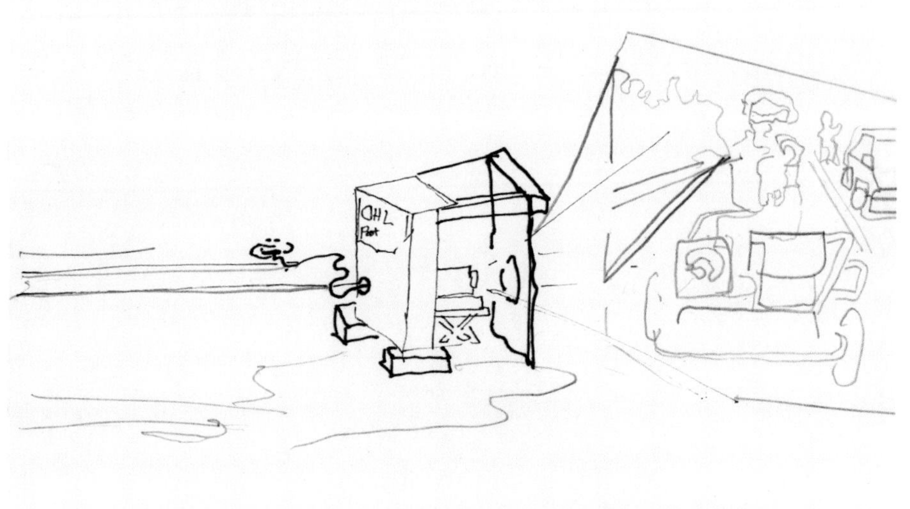

LOTHAR
BAUMGARTEN

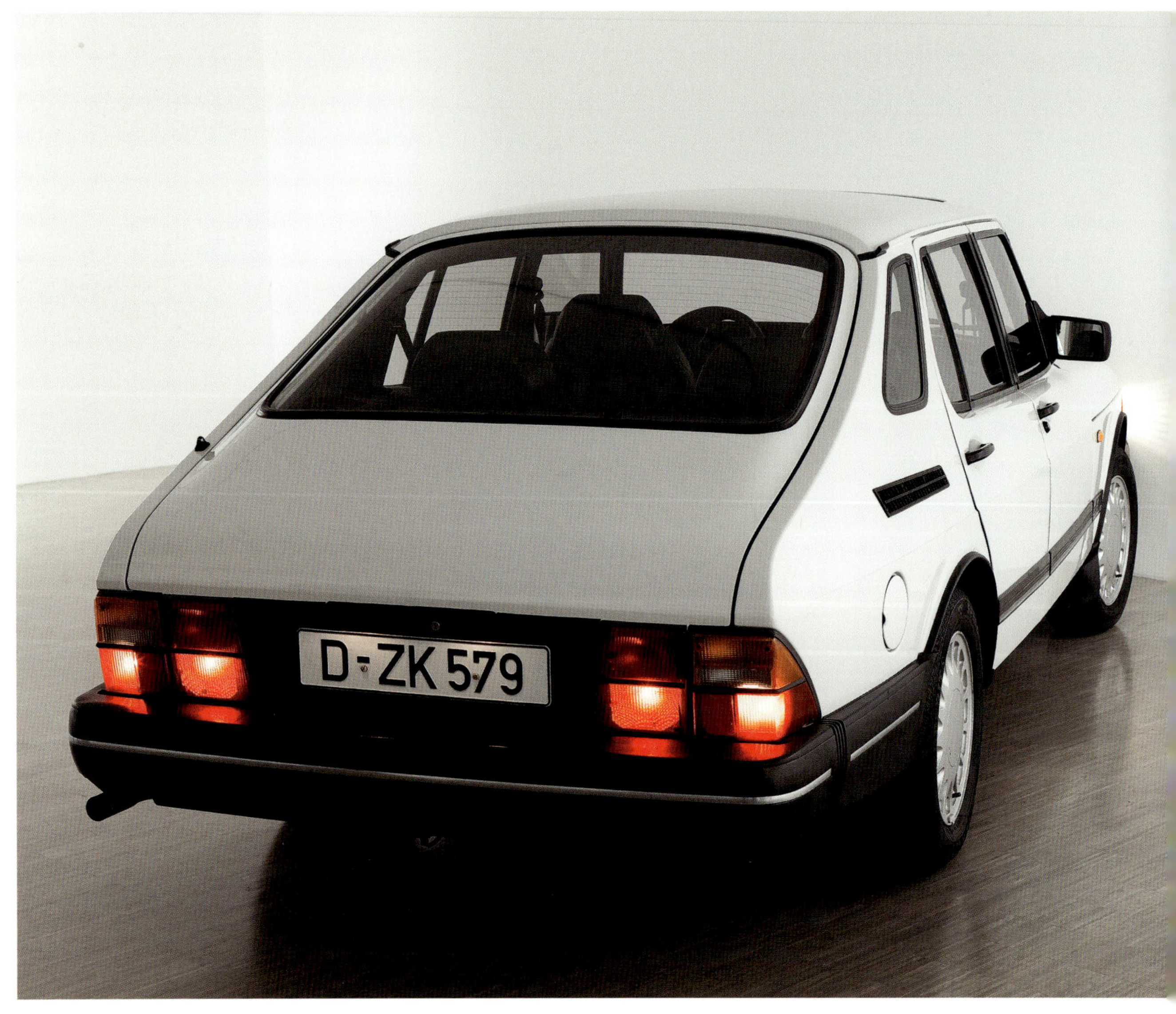

CAIMÁN, NARIZ BLANCA 1978–2009
Audio Space, Saab 900, Hörstück | audio piece
470 × 170 × 140 cm, 35 Std. | hrs.
Marian Goodman Gallery, New York / Paris
Galerie Thomas Zander, Köln

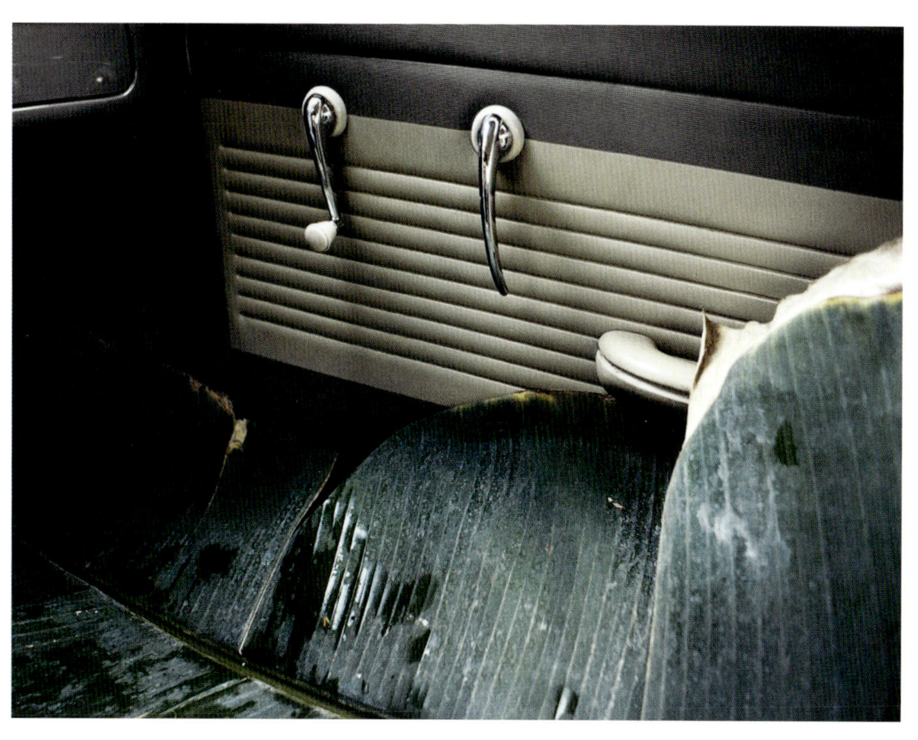

VW DO BRASIL 1972
C-print, 110 × 135 cm
Marian Goodman Gallery, New York / Paris

MASSIMO BARTOLINI

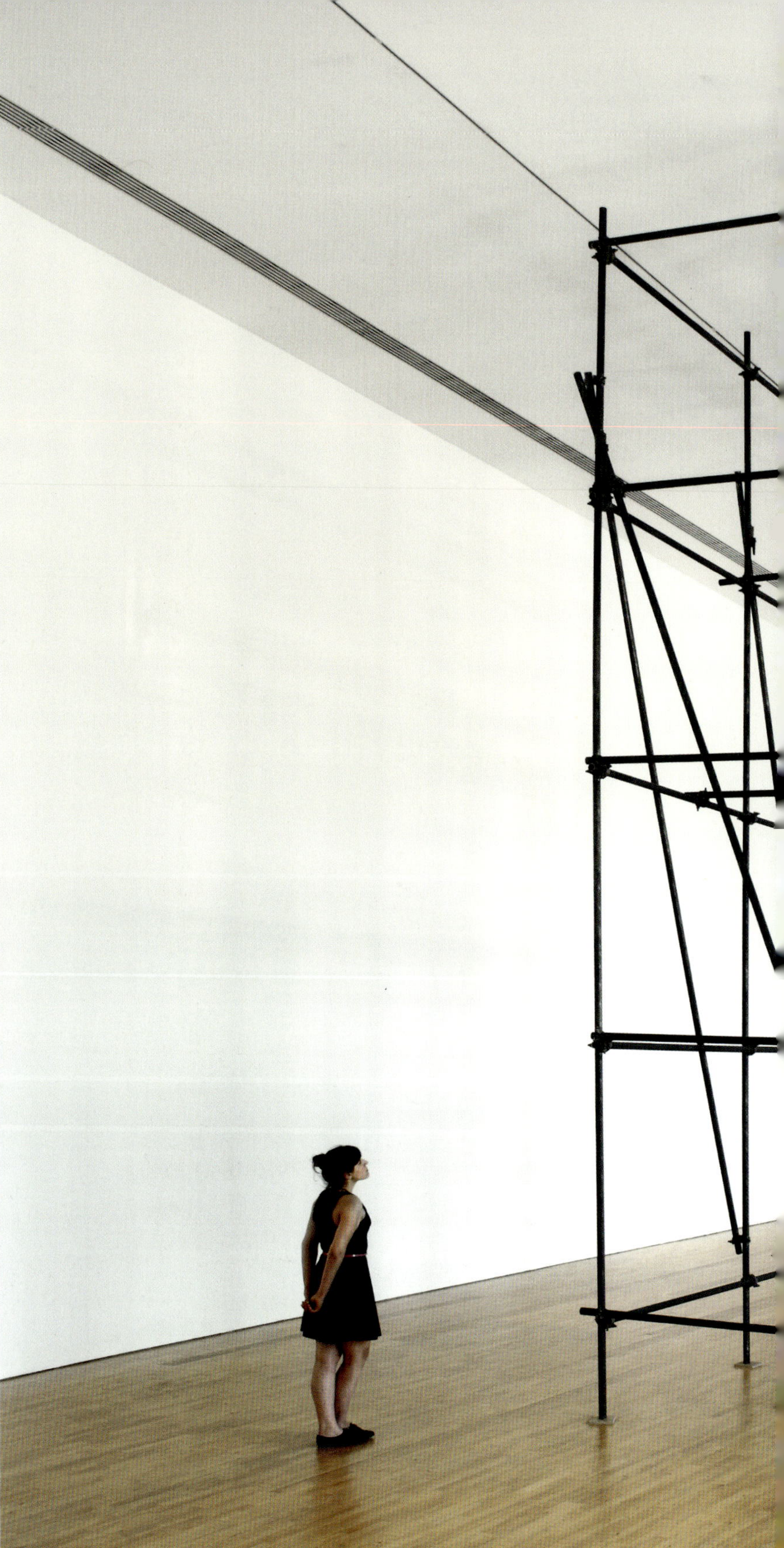

OTRA FIESTA 2013
Baugerüst, Windladen, Zahnrad, Ventilator |
scaffolding, wind-chest, gear wheel, fan
Maße variabel | dimensions variable
ca. 700 × 700 × 700 cm
Installationsansicht | installation view:
SMAK, Gent, BE, 2013
Massimo De Carlo, Milan / London

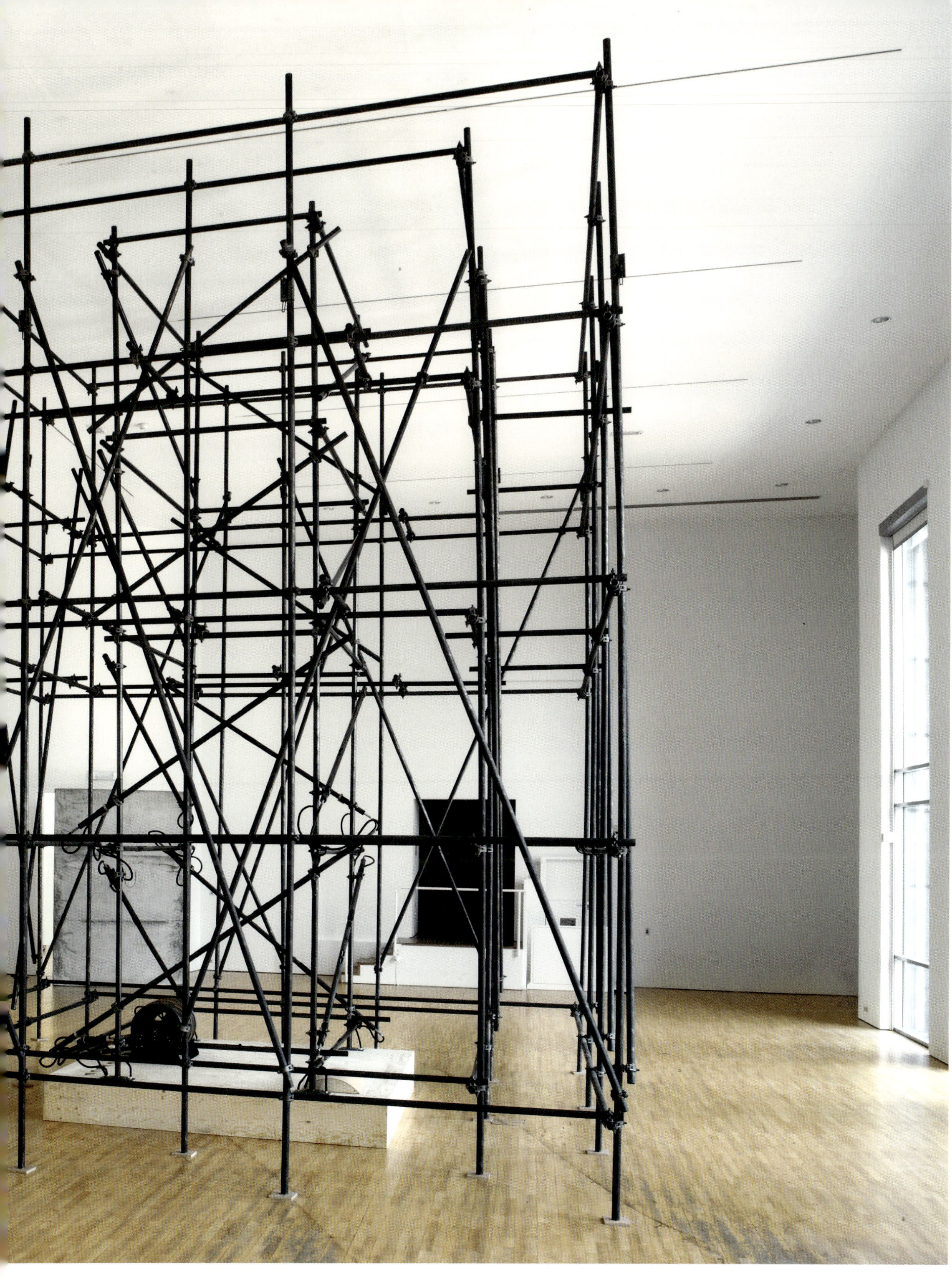

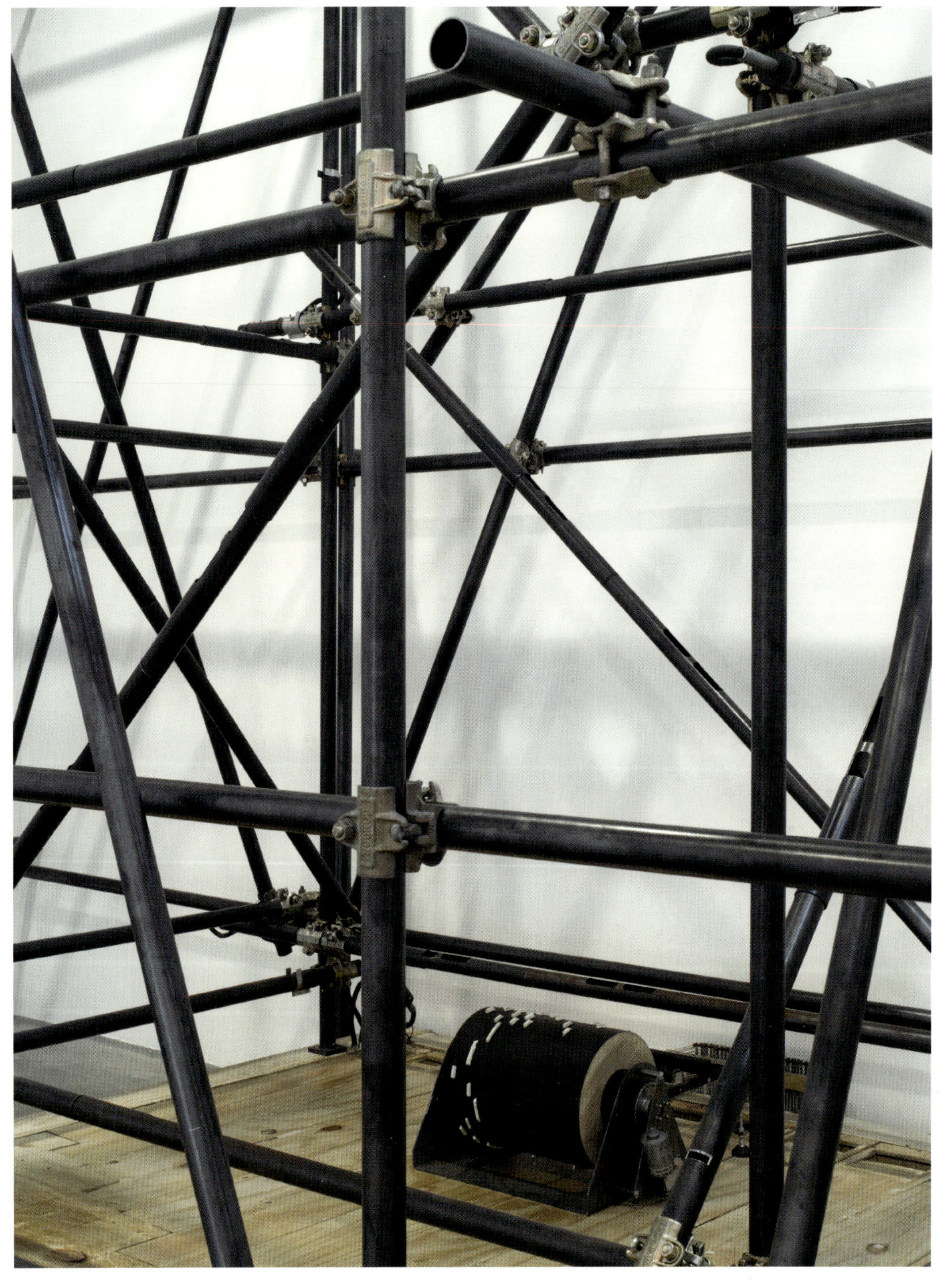

MASSIMO BARTOLINI

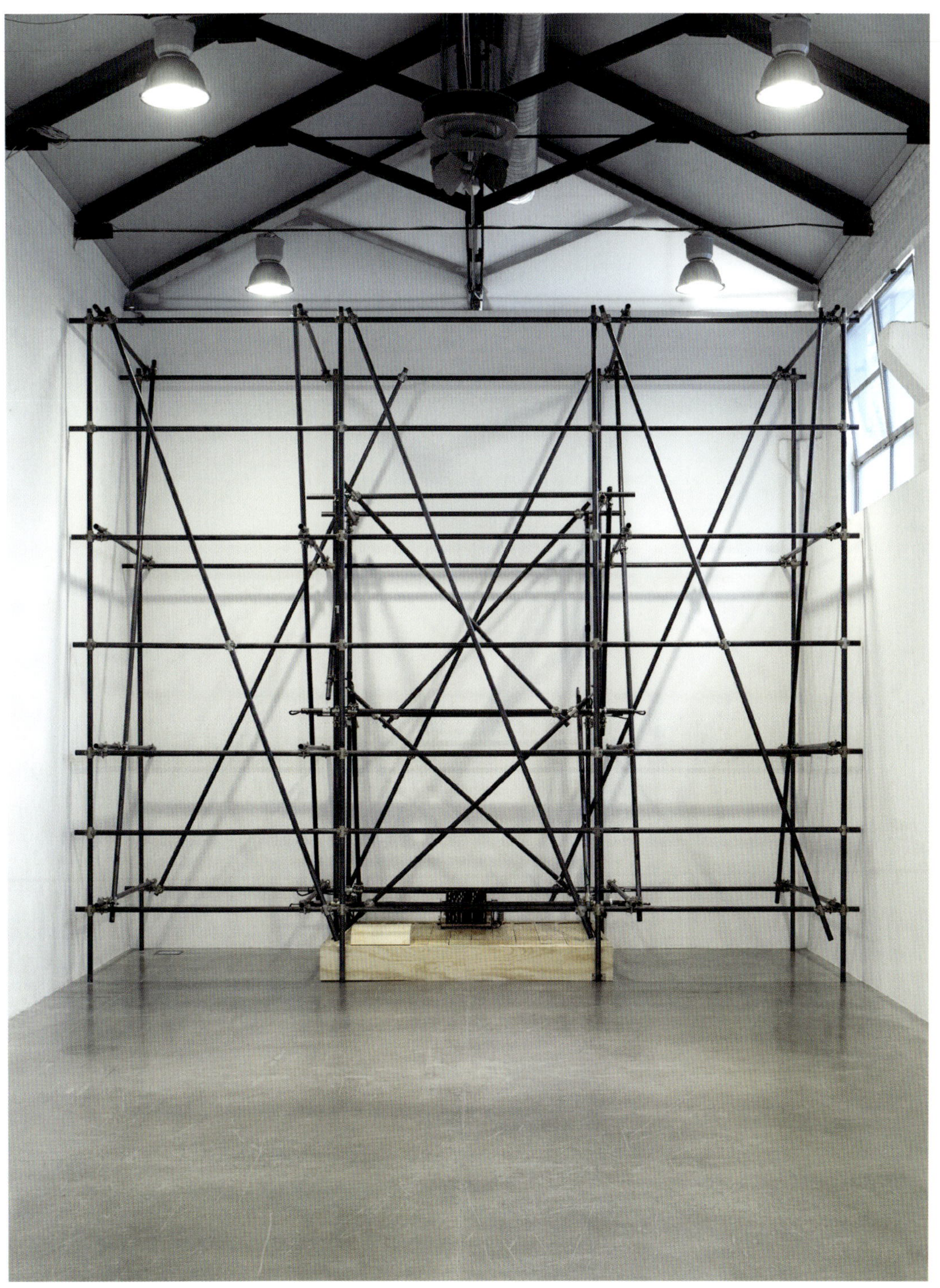

ORGANS 2007–2008
Baugerüst, Windladen, Motor, Zahnrad,
Ventilator | scaffolding, wind-chest, engine,
gear wheel, fan, Maße variabel | dimensions
variable, ca. 725 × 670 × 200 cm
Installationsansicht | installation view:
Massimo De Carlo Gallery, Milan
Collection Helga De Alvear, Caceres

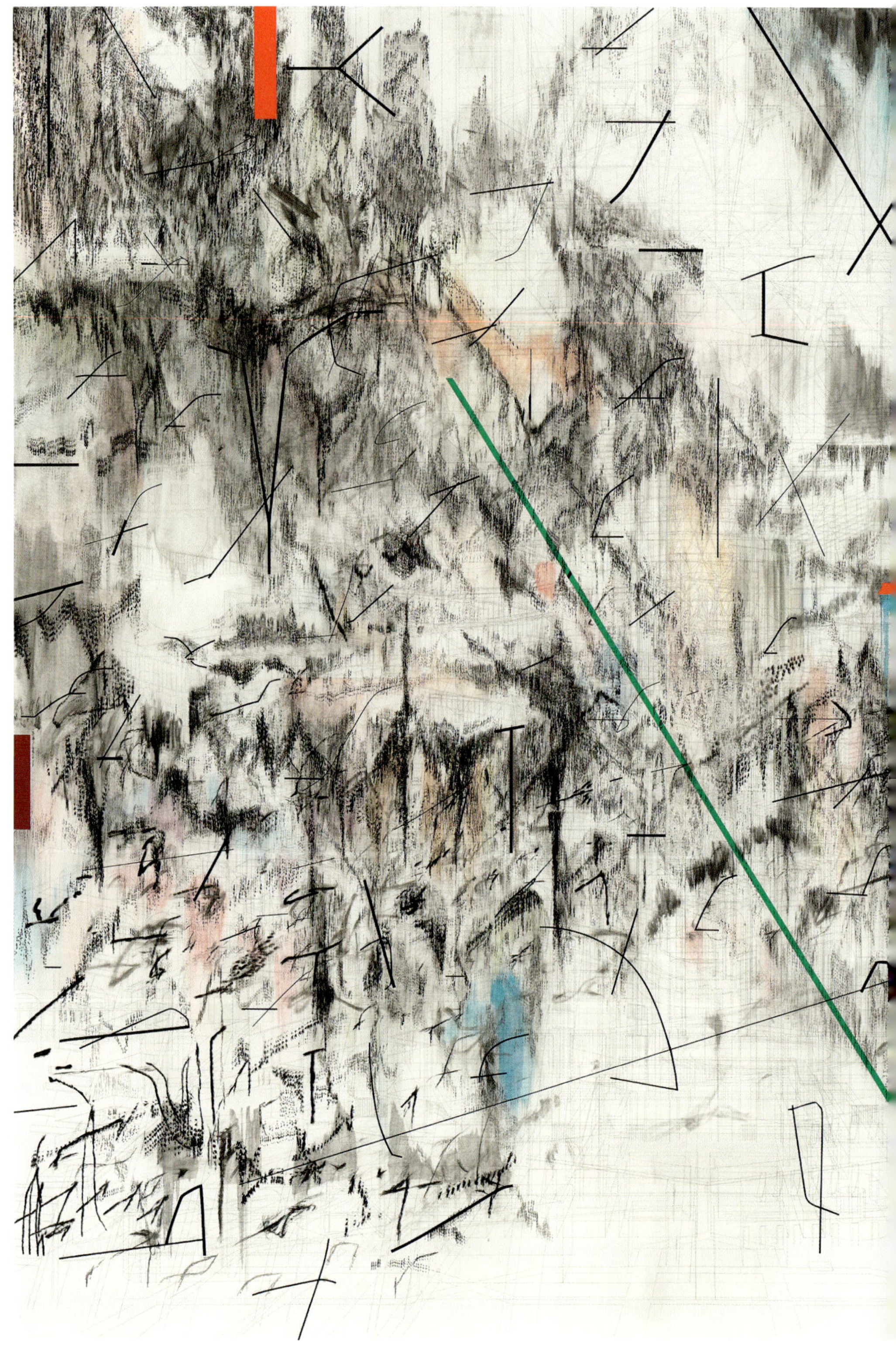

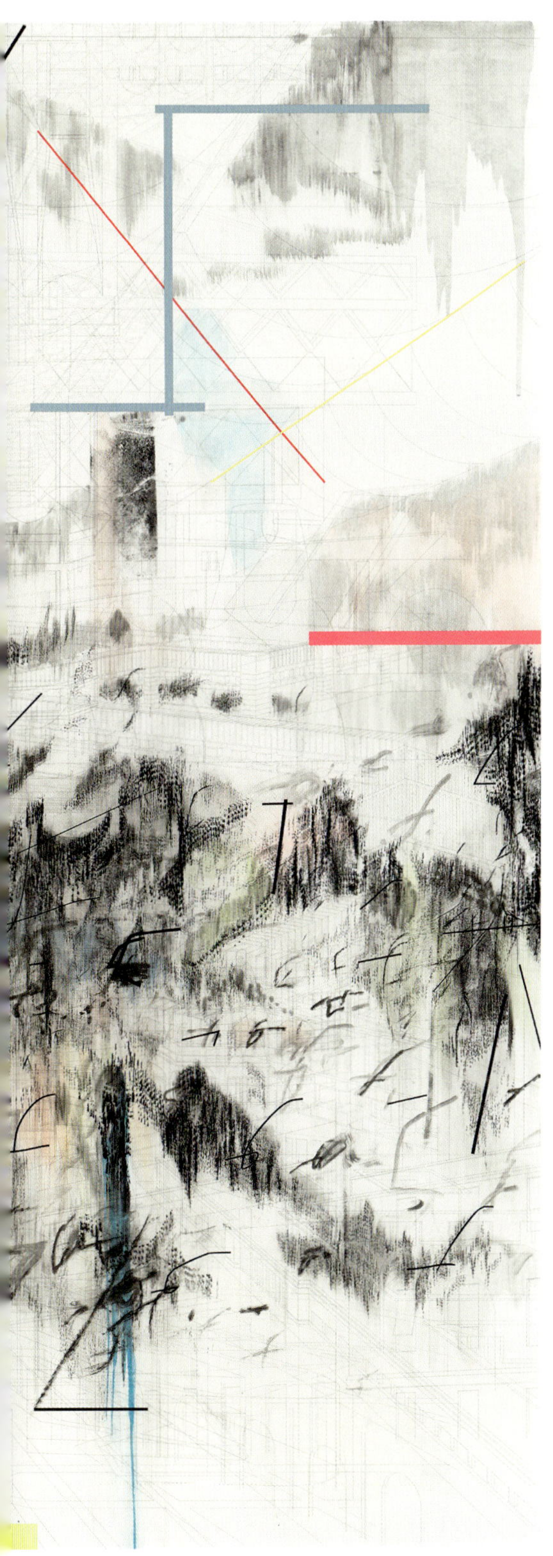

JULIE MEHRETU

CO-EVOLUTION OF THE FUTURHYTH MACHINE (AFTER KODWO ESHUN) 2013
Graphit, Tusche und Acrylfarbe auf Leinwand | graphite, ink and acrylic on canvas, 274,3 × 304,8 cm
Privatsammlung | private collection

WALTER ZURBORG

NUT 2010
Holz, Schnur, Walnuss, Handymotor, Physical
Computing Platform | wood, cord, walnut,
cellphone motor, physical computing platform
90 × 80 × 60 cm
Privatsammlung | private collection, Bielefeld

EL BRAMADOR 2013
PVC-Rohre, Physical Computing Platform,
Schläuche, Sand, Glastrichter, Weissblechdosen,
Membranpumpe, Druckluft-Magnetventile,
Putzeimergestell auf Rollen, Messingröhrchen,
Injektionsnadeln, Luft | PVC pipes, physical
computing platform, tubes, sand, glass cones, tin
cans, membrane pump, electro-pneumatic valve,
stand for cleaning bucket on wheels, brass tubing,
injection pins, air, ca. 110 × 50 × 40 cm

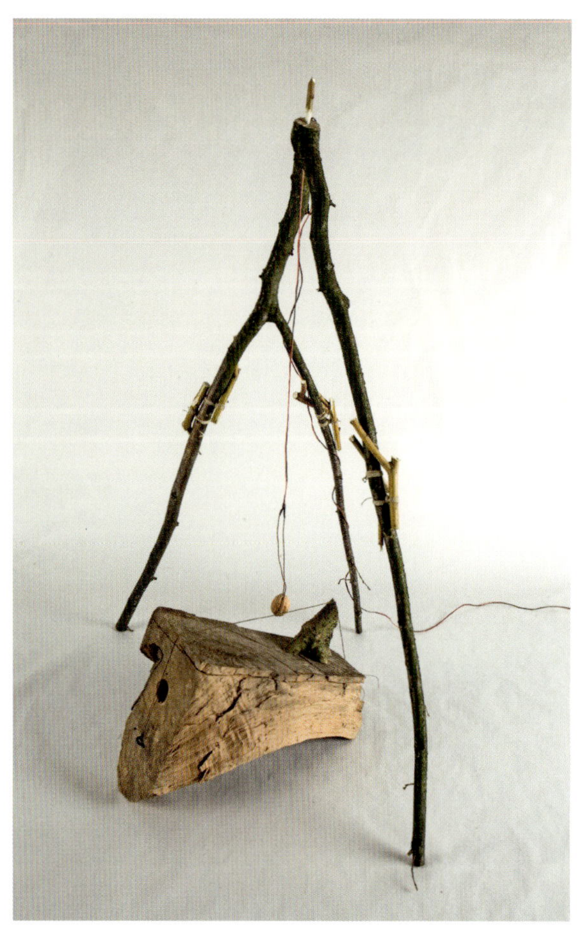

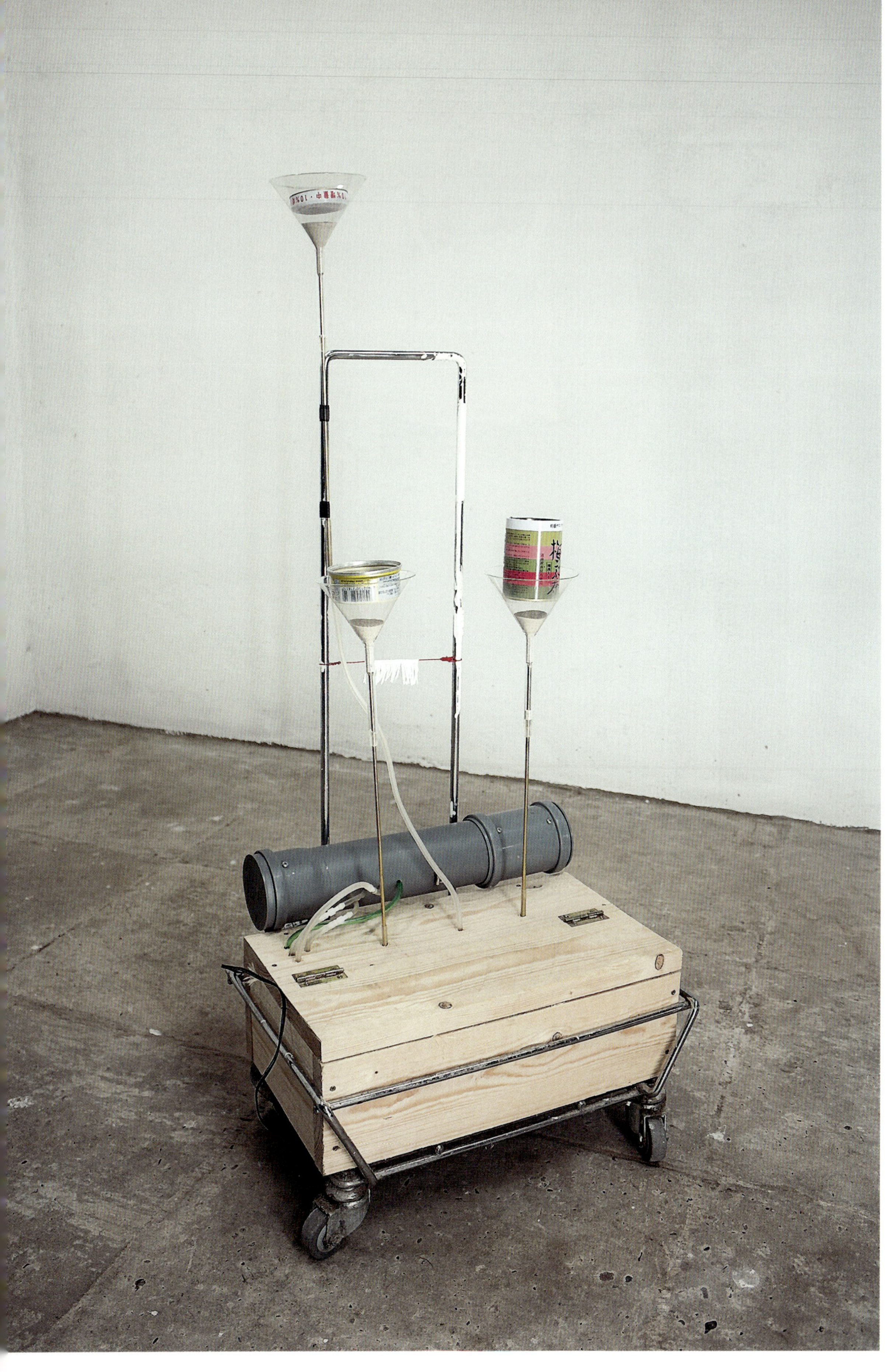

JEAN
TINGUELY

HOMAGE TO NEW YORK (KLAXON) 1960
Fragment: Kinderwagenräder, Eisenschrott,
elektrische Hupe, Elektromotor, weiß bemalt |
baby buggy wheels, scrap iron, electric horn,
electric motor, painted white, 48 × 70 × 65 cm
Museum Tinguely, Basel

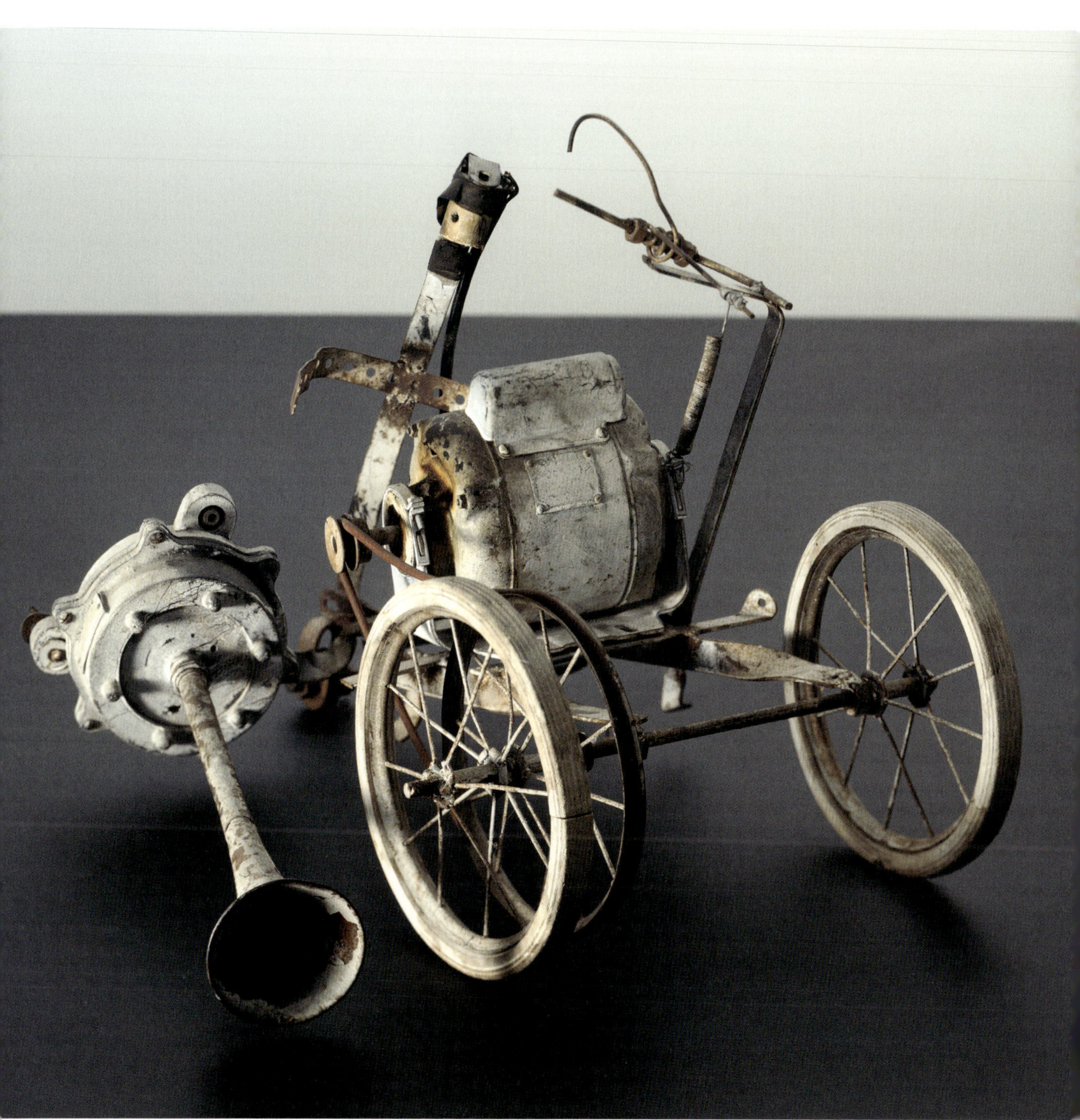

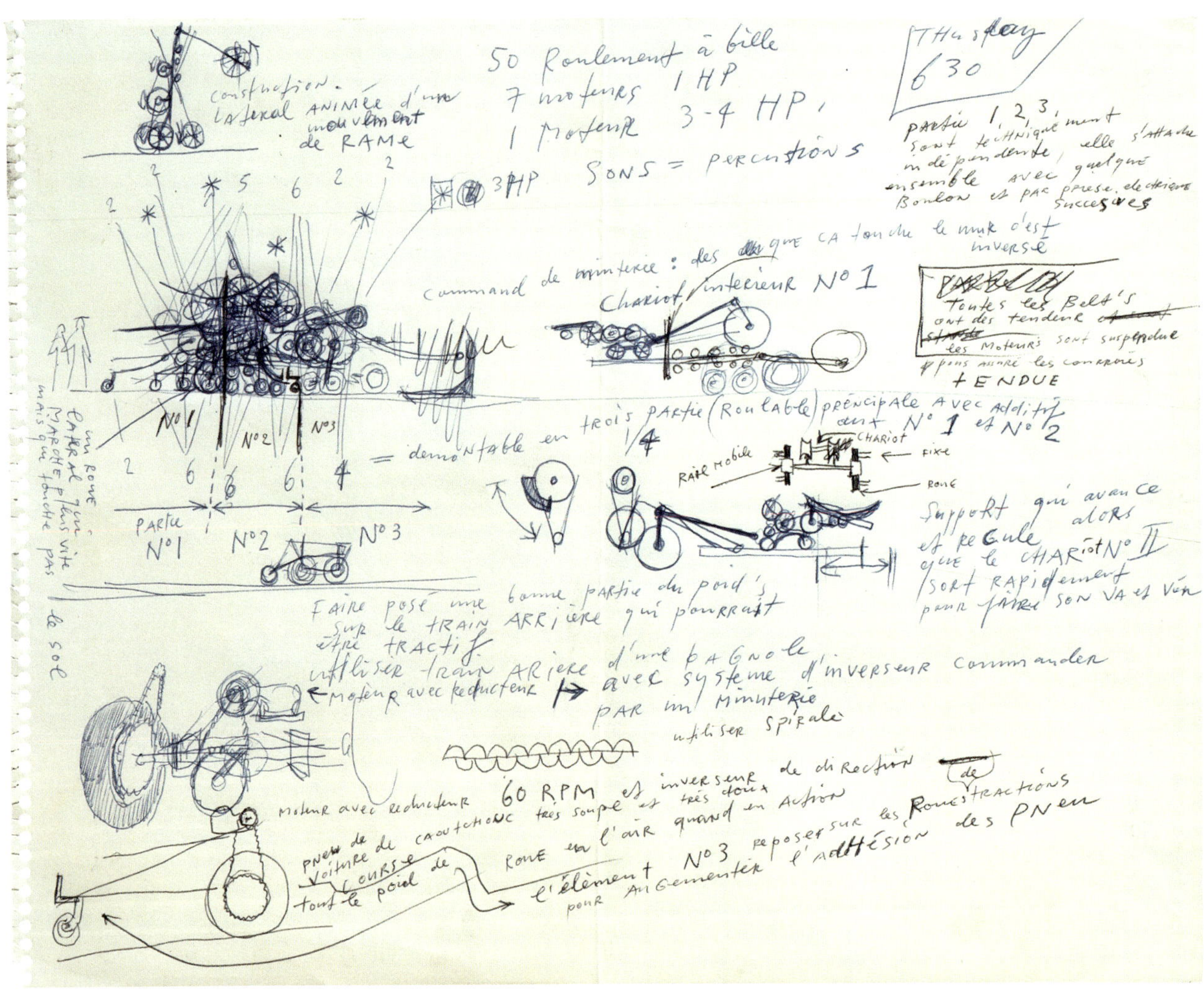

CHARIOTS (SKIZZEN DIVERSER WERKE) 1963
Kugelschreiber auf Papier | ball pen on paper, 28 × 35 cm
Museum Tinguely, Basel

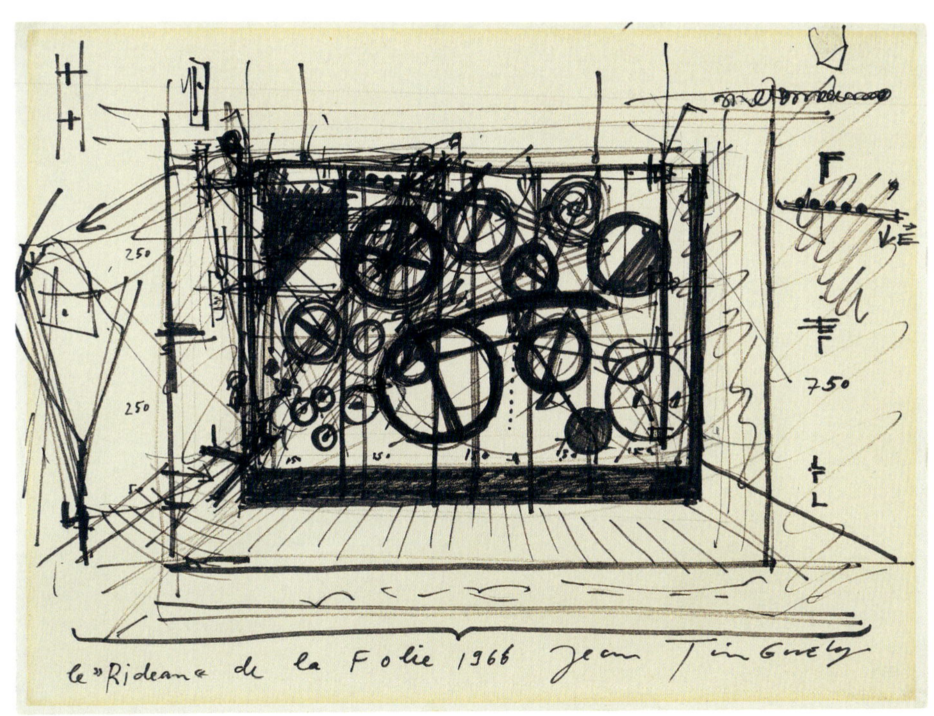

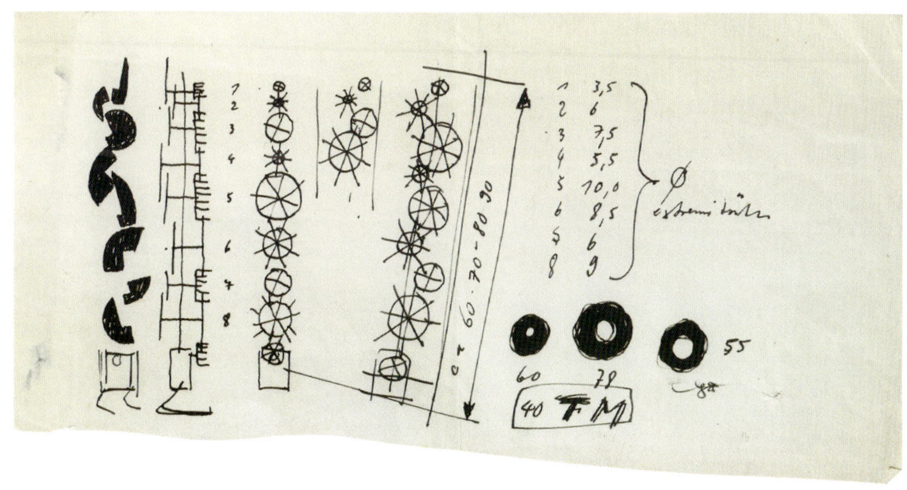

LE RIDEAU DE LA FOLIE 1966
Filzstift auf Papier | felt pen on paper, 28 × 38,5 cm
Museum Tinguely, Basel

**MÉTA-MECHANISCHES
LAUTRELIEF** ca. 1955/58
Tusche auf Papier | ink on paper, 13,8 × 27 cm
Museum Tinguely, Basel

SHI JINSONG

HALONG-KELLONG 2003–2006
Traktor, Edelstahl, verschiedene Materialien |
tractor, stainless steel, composite materials
ca. 120 × 470 × 137 cm
Xu Longsen, Beijing

HALONG-KELLONG OF HT DABEIZHU I
2006
Regie | director: Shi Jinsong
Produktion | production: Liu Zhuo Quan,
mit | with: Takeshi Kaneshiro, Wu Hong Wei,
Ma Song Zi, Deng Wan Li
Kamera | director of photography: Wang Hu
Inszenierung | production design: Ding Guo Jiang
Sound: Wu Chao
Schnitt | editing: Shen Yan
Effekte | effects: Sund Chen
Kostüme | costume: Ning Guo Xing
Video auf | on DVD, Farbe | color, Sound, 6 Min.

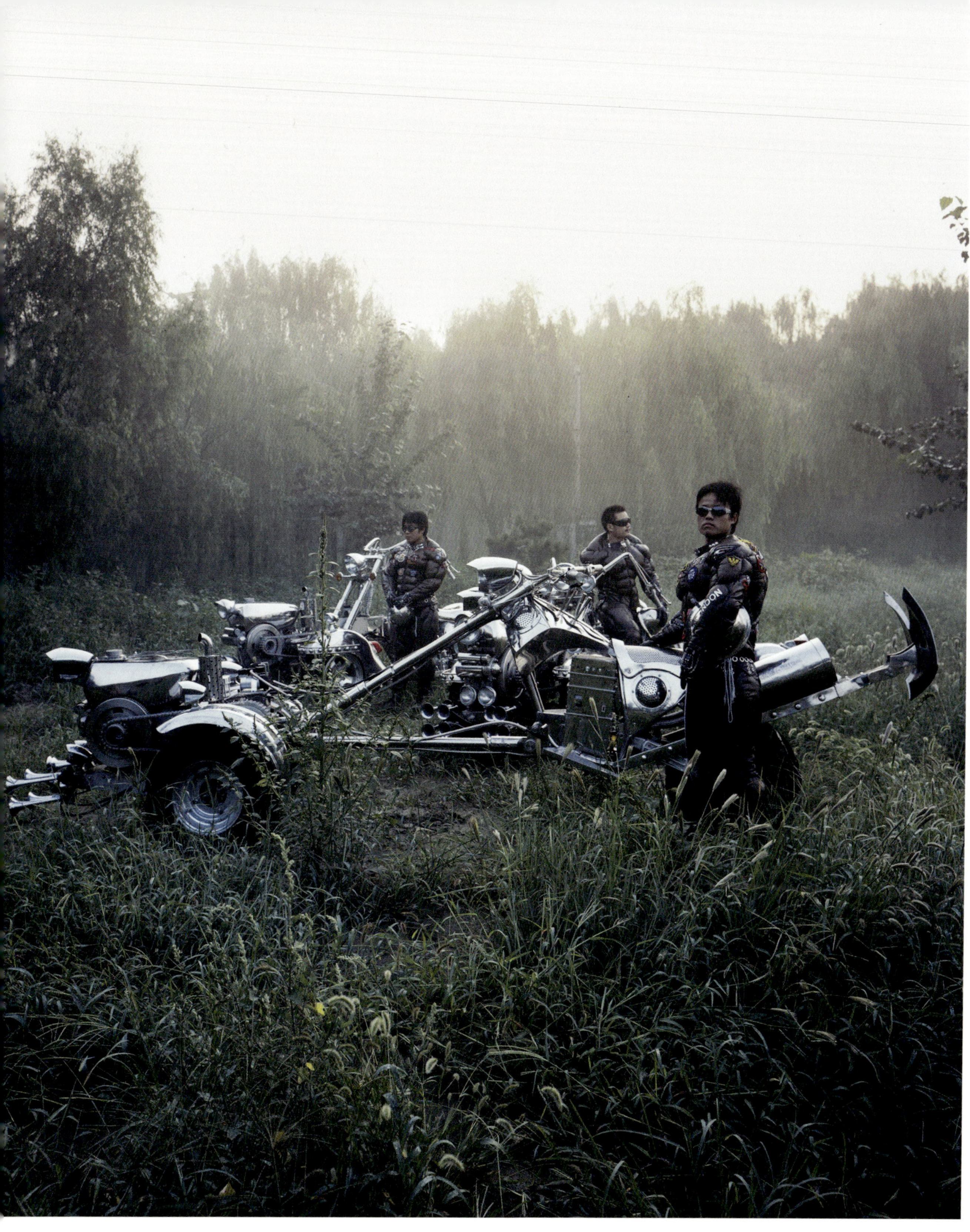

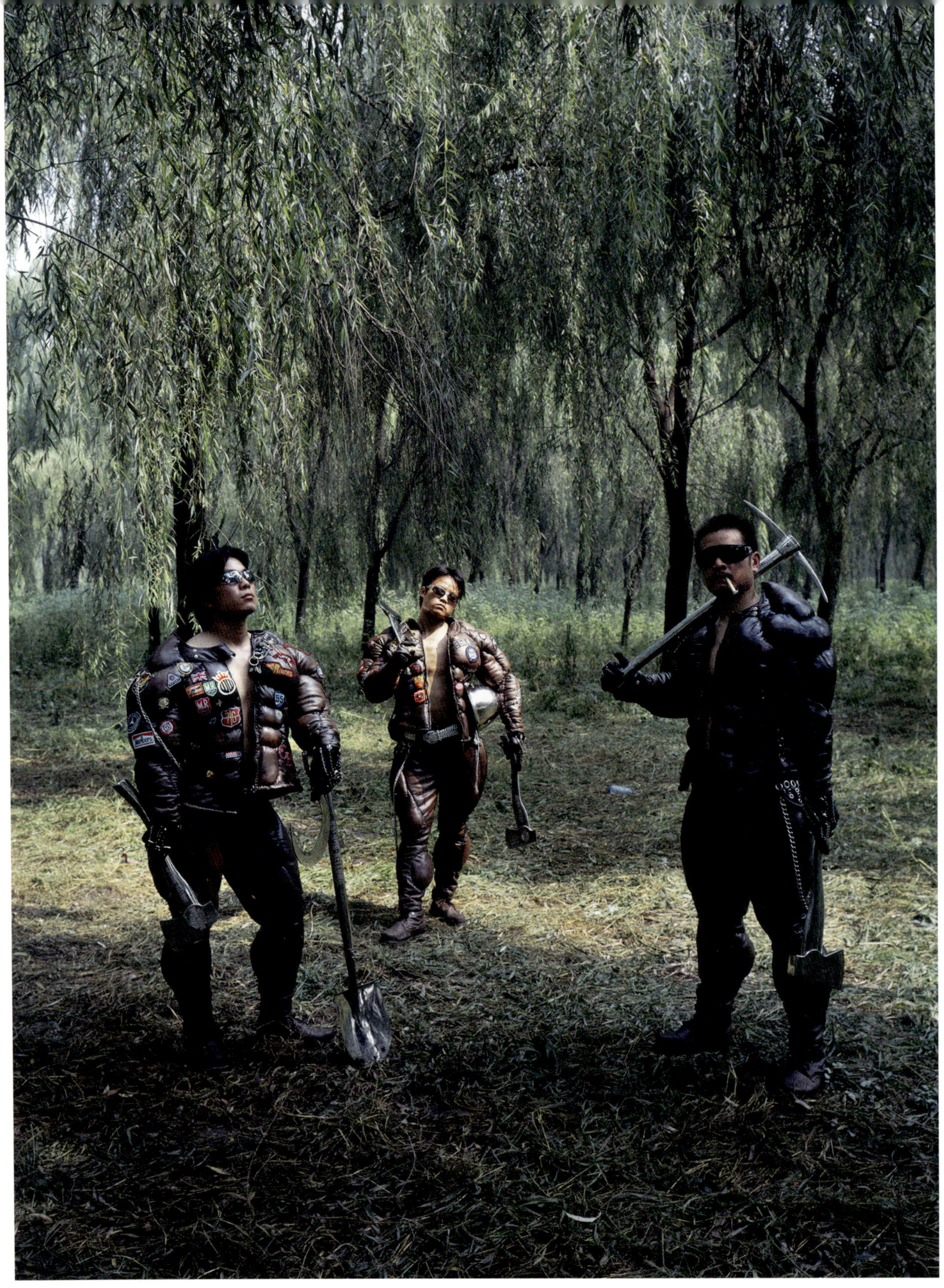

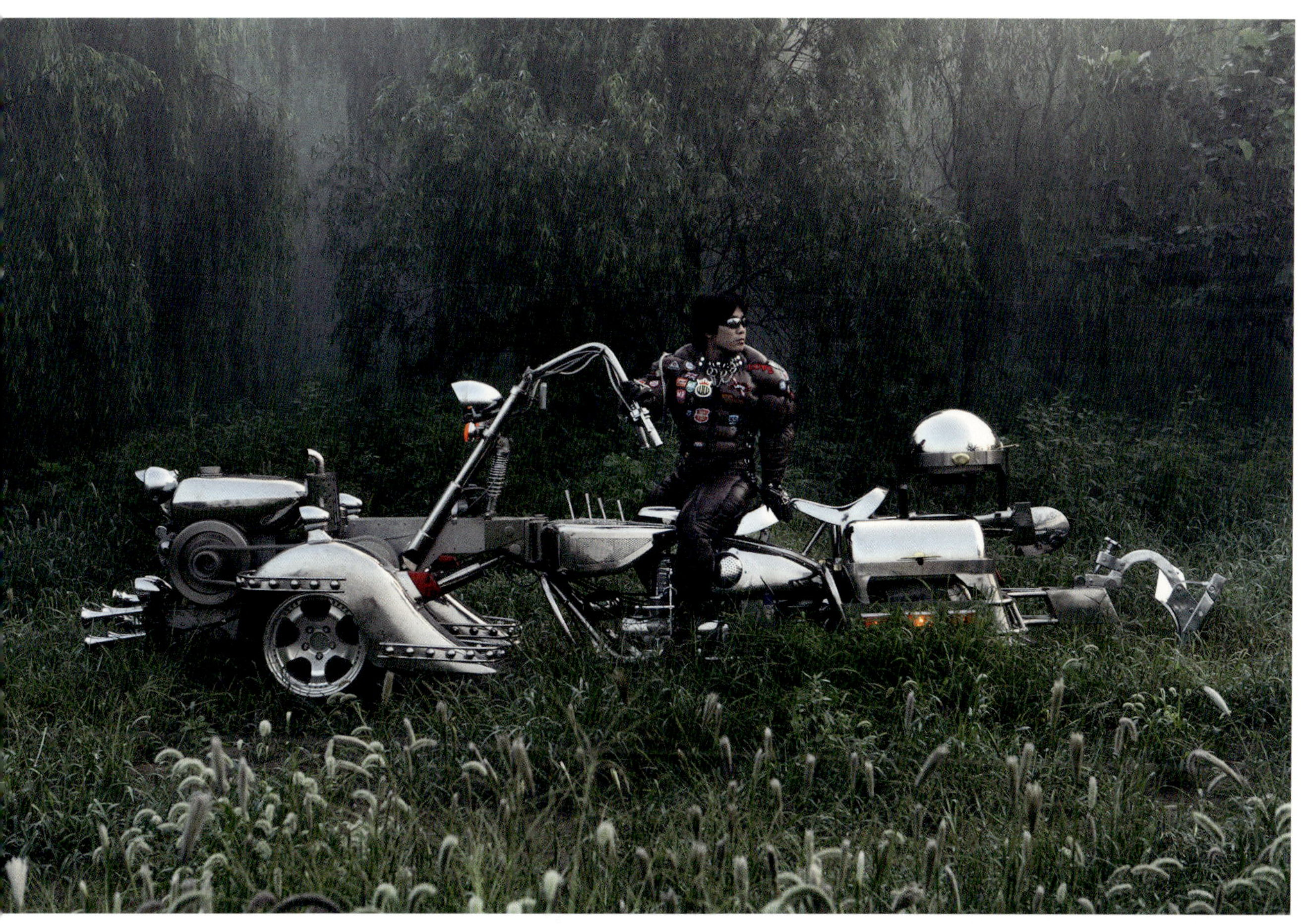

HALONG-KELLONG
OF HT DABEIZHU I 2006

KATIE CALLAN

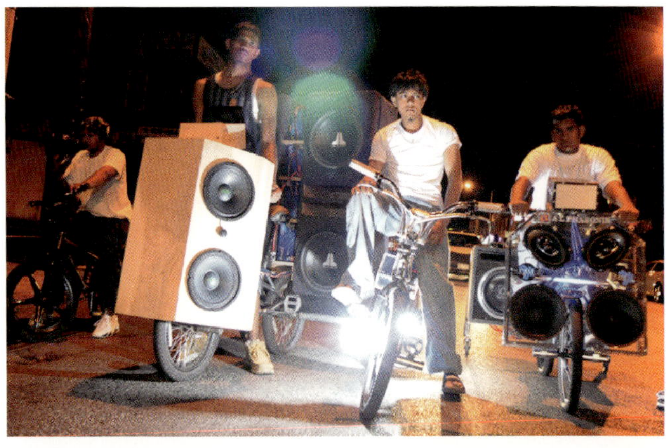

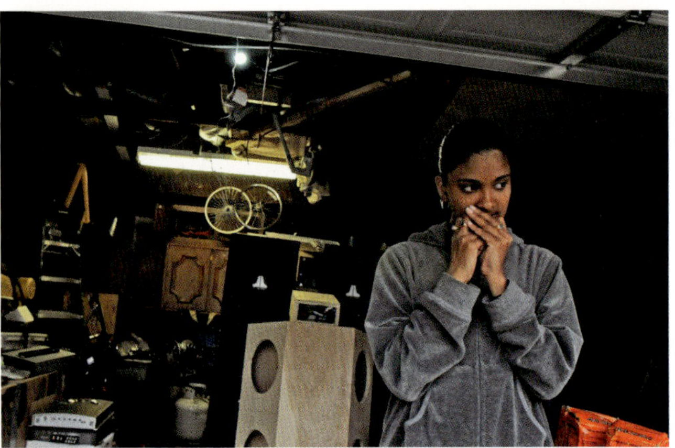

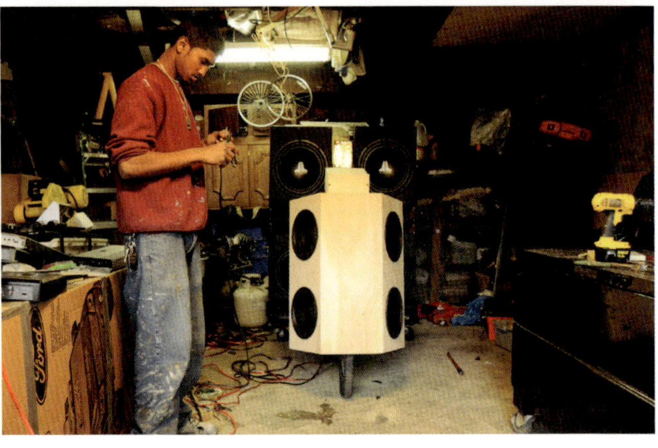

SOUND BIKES 2008
Diashow | Slide show
Farbe | color, ca. 2:35 Min.

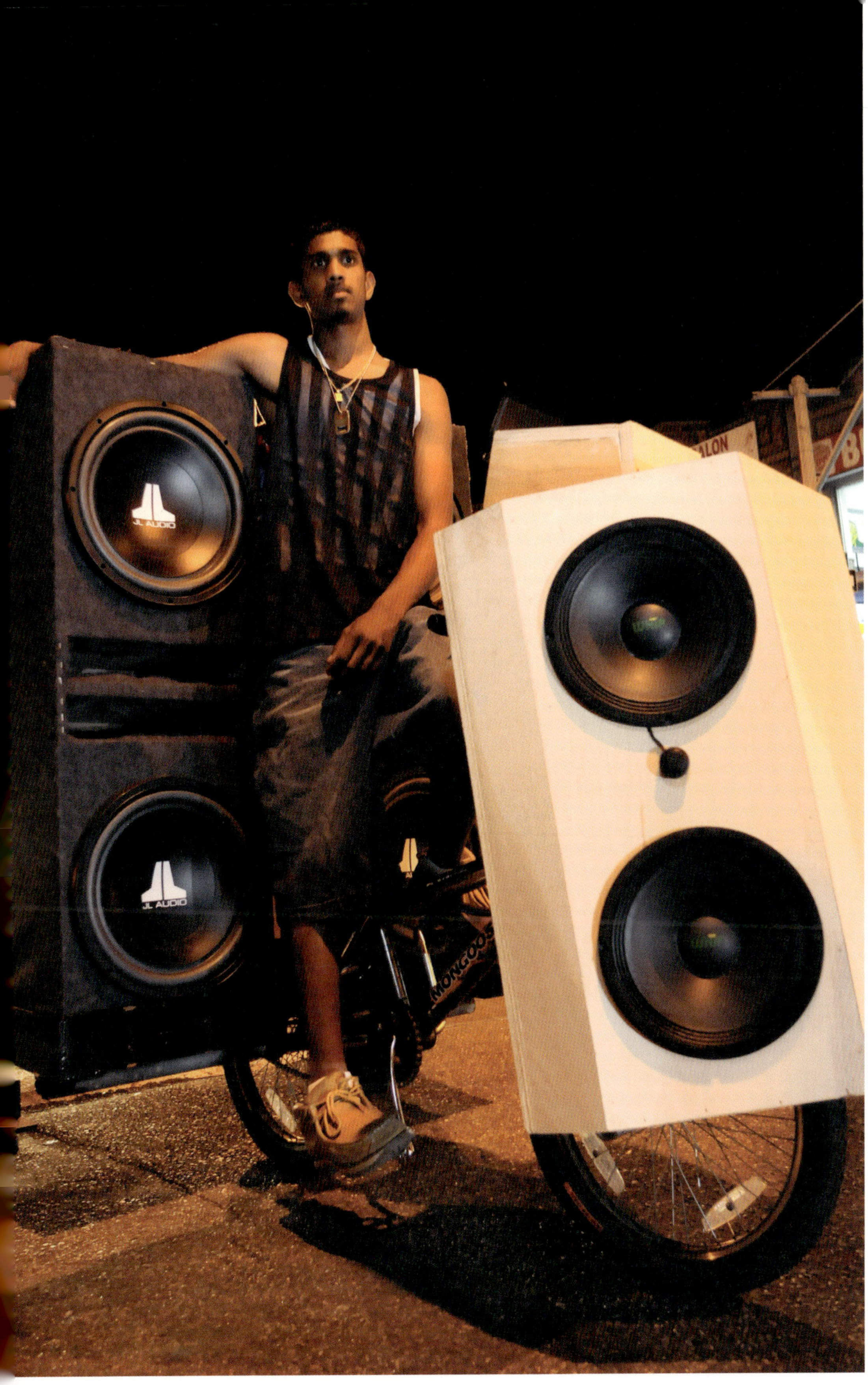

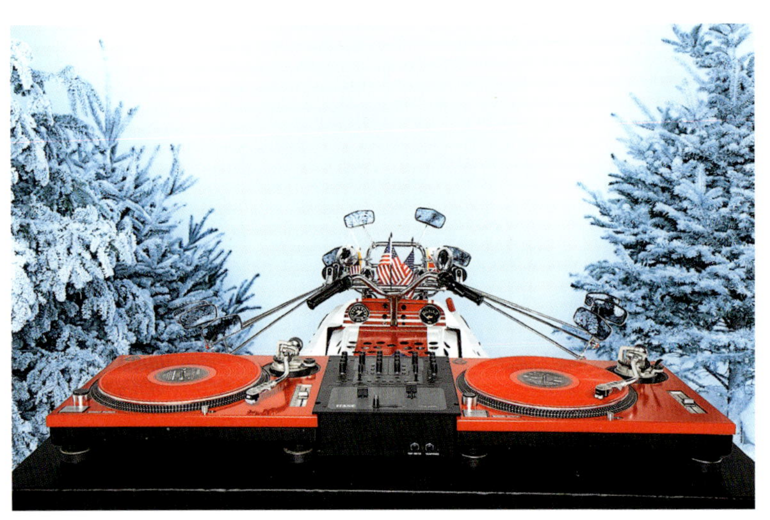

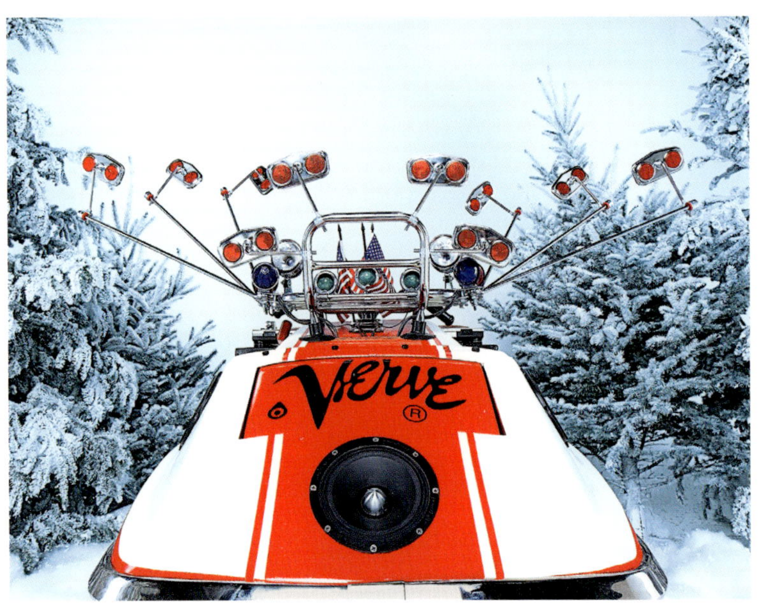
Verve
®

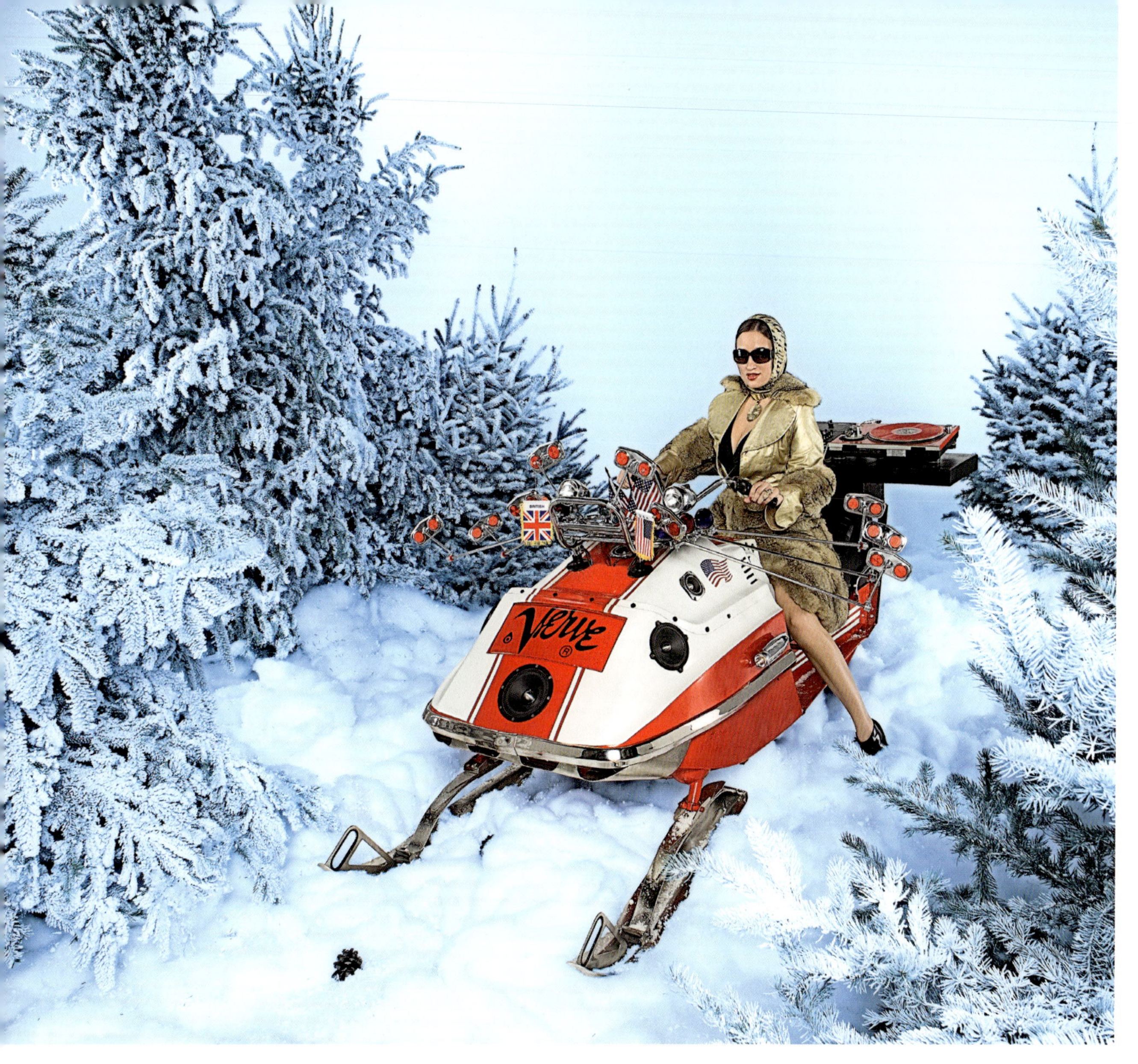

BOLEN SARATO HUSKY 72 2010
Mixed Media Sound Sculpture
105,70 × 227,16 × 100,62 cm

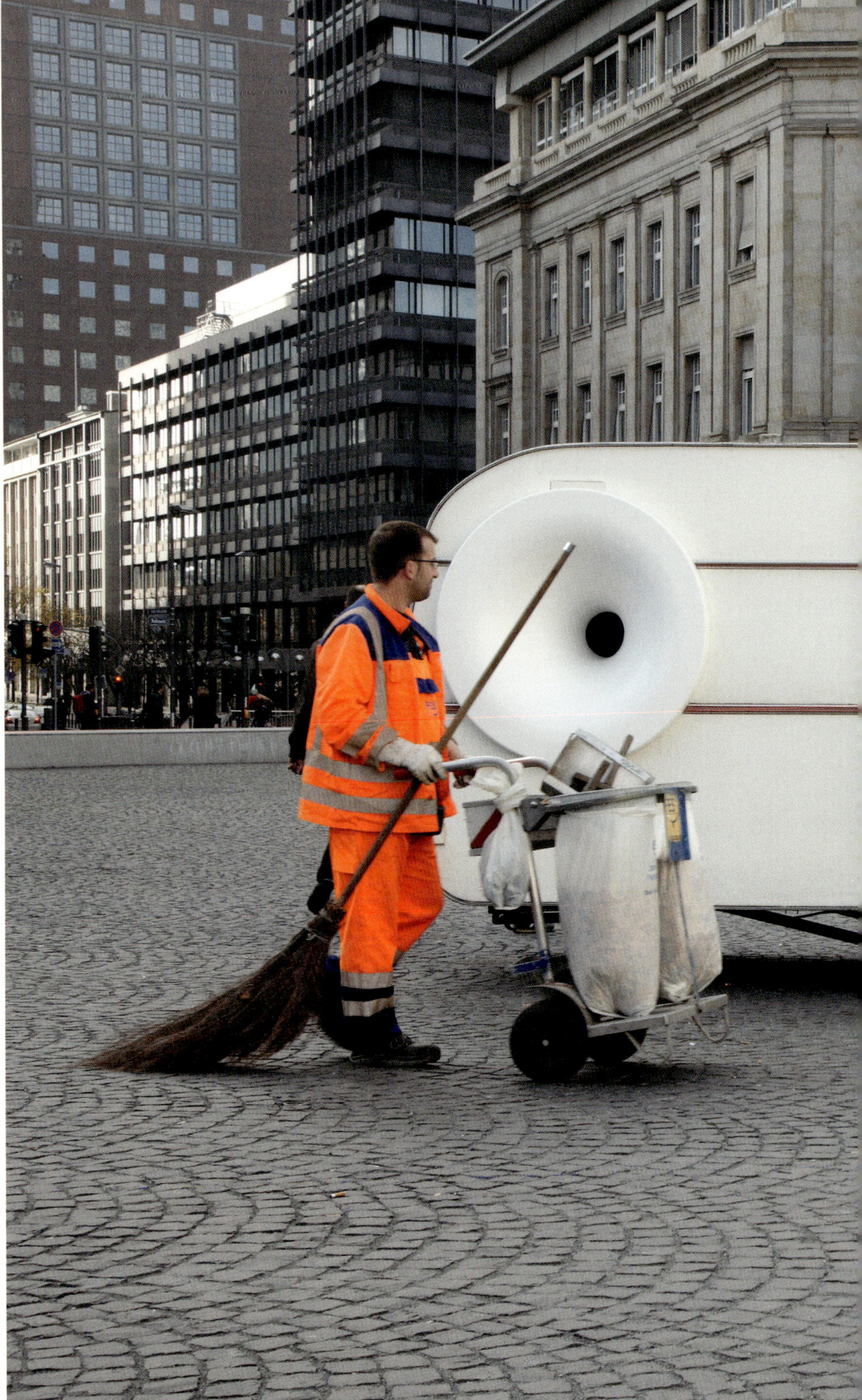

OUTSIDE-HERE 2011
Mixed Media, 230 × 250 × 1200 cm
Sound, 24 Std. | hrs.

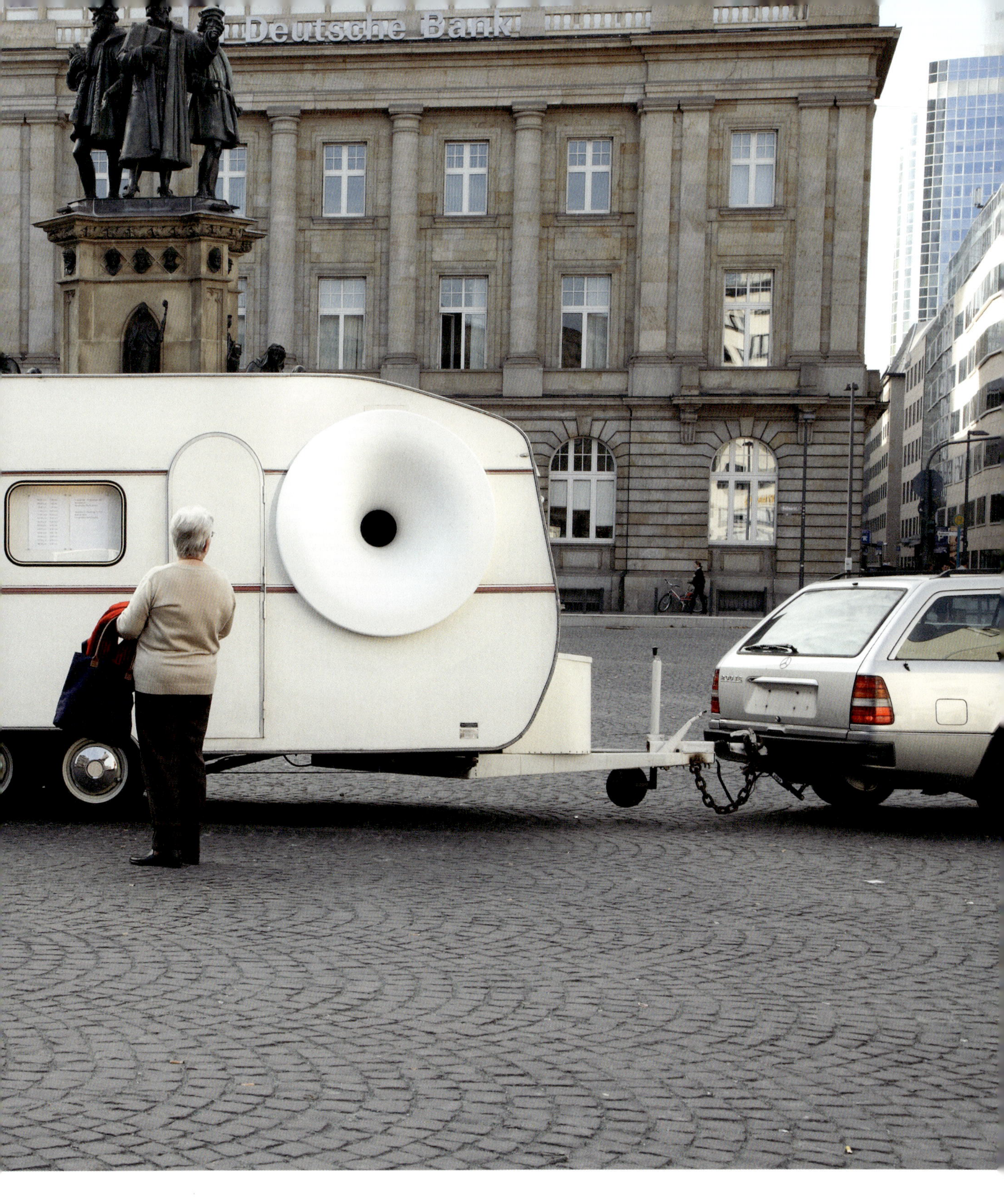

Deutsche Bank

TOM SACHS

NEGRO MUSIC 2008
Mixed Media, 116,8 × 200,7 × 61 cm
Privatsammlung | private collection

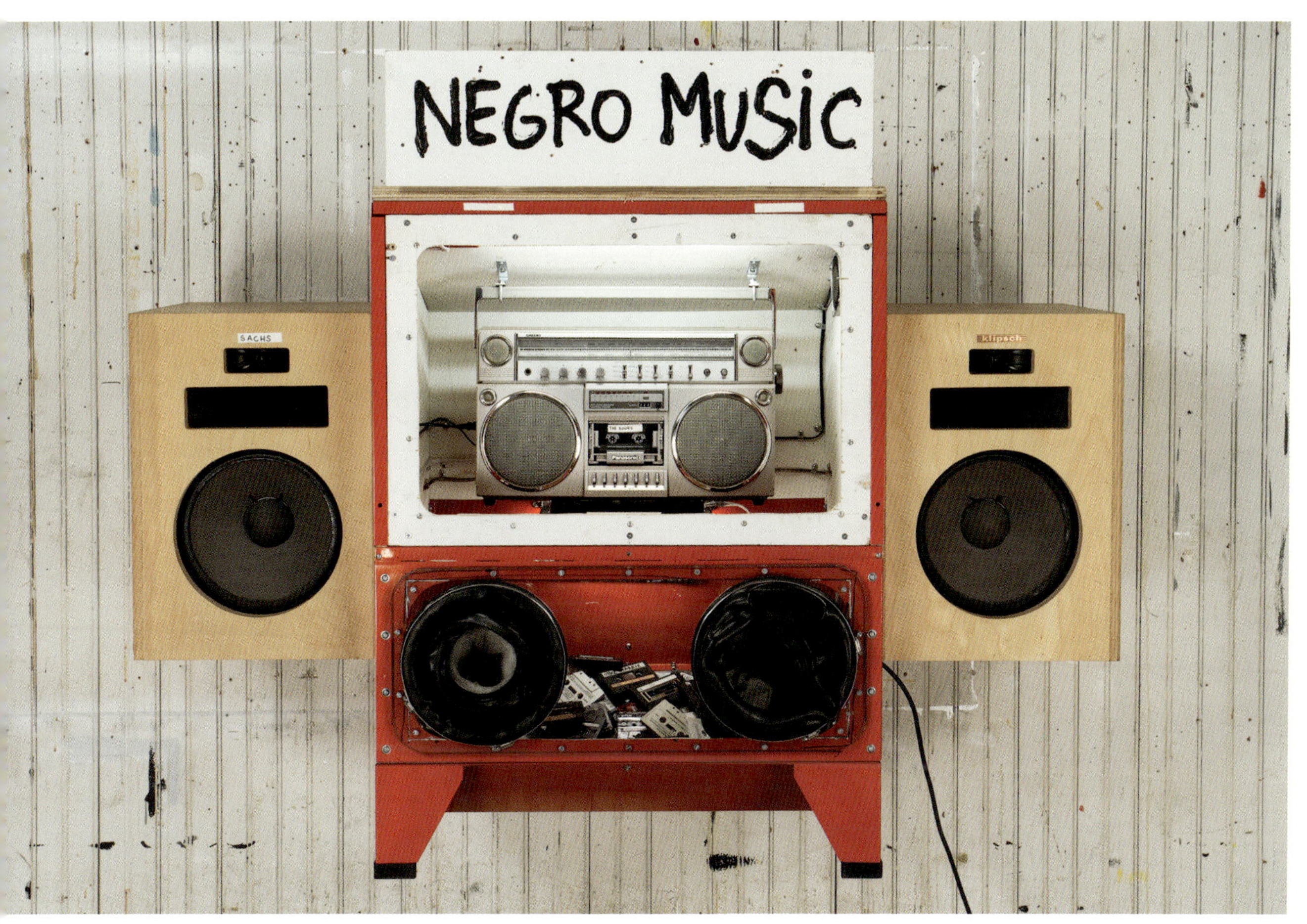

NEGRO MUSIC

BENJAMIN BINDER

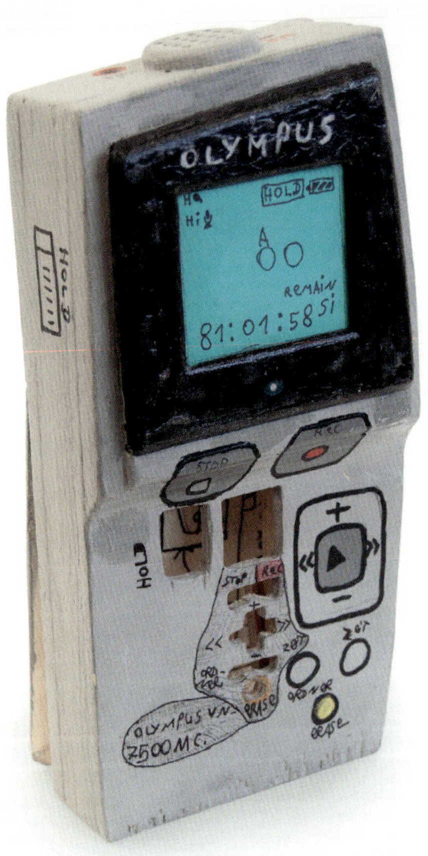

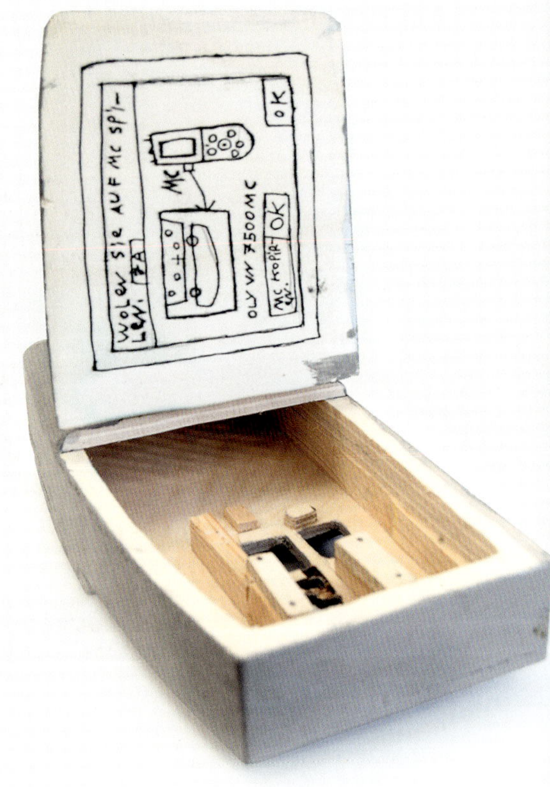

OLYMPUS VN 7500 MC 2011
Holz, bemalt | wood, painted
28,5 × 14,5 × 7,5 cm
Freunde der Schlumper e. V.

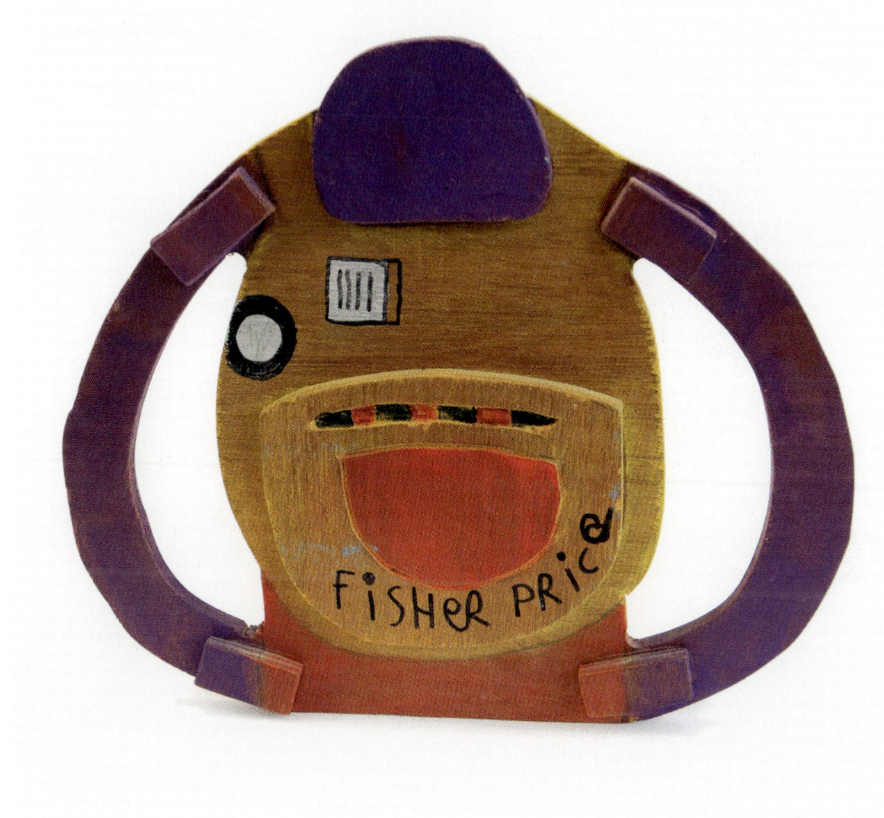

FISHER PRICE 2009
Holz, bemalt | wood, painted
28 × 32,5 × 8,5 cm
Freunde der Schlumper e. V.

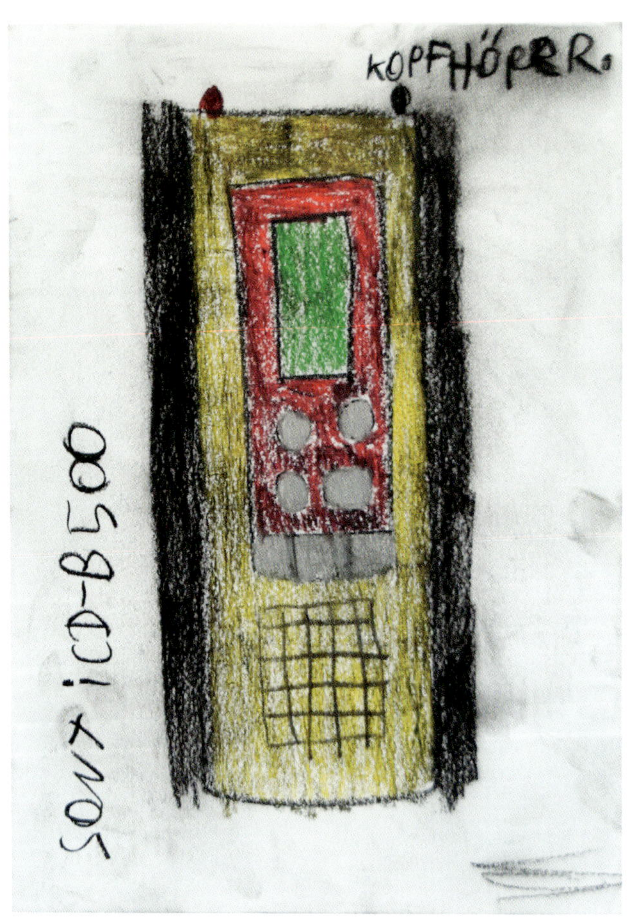

SONY ICD-B 500 2010
Kohle und Wachskreide auf Papier | charcoal
and wax crayon on paper, 29,7 × 21 cm
Freunde der Schlumper e. V.

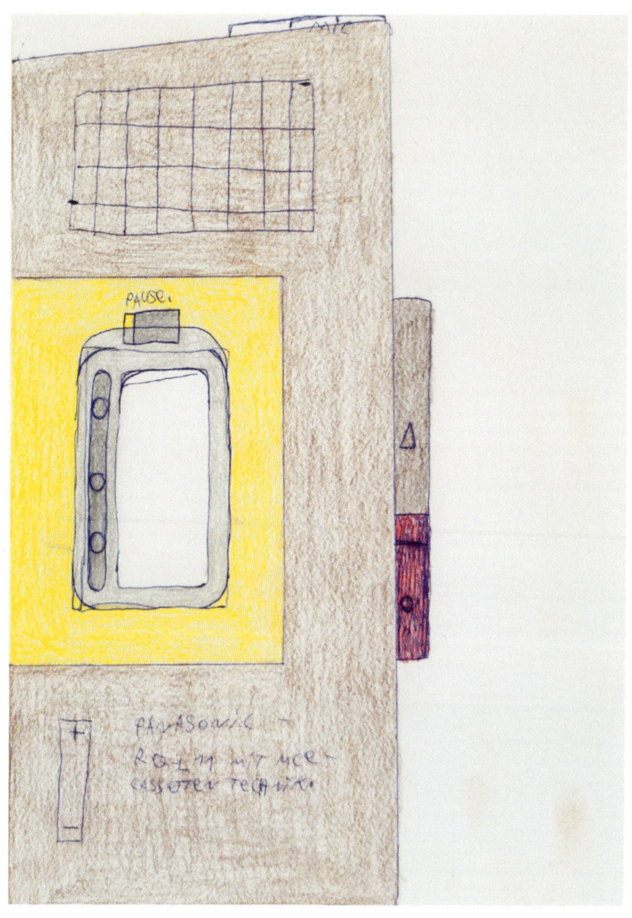

PANASONIC RQ-L 11 2012
Kugelschreiber und Farbstifte auf Papier | ball
pen and colored pencils on paper, 29,7 × 21 cm
Freunde der Schlumper e. V.

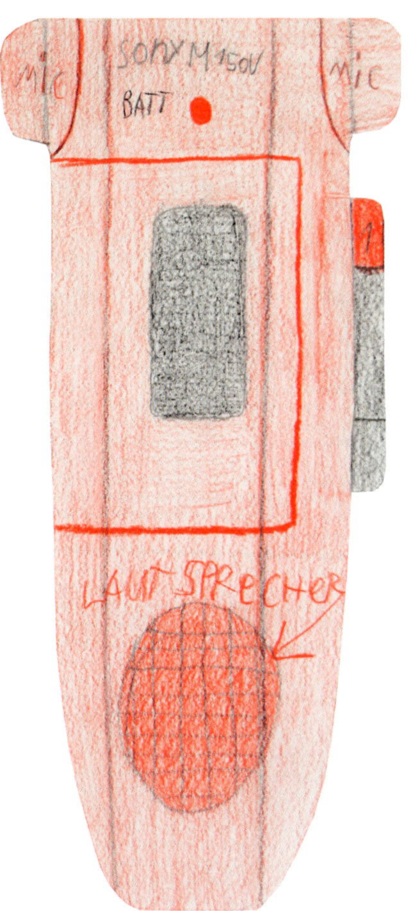

SONY M 150 V 2012
Farbstift auf Papier, geschnitten |
colored pencils on paper, cut, 29,6 × 13,9 cm
Freunde der Schlumper e. V.

GREGOR HILDEBRANDT

SOME GUYS (TUXEDOMOON) 2010
Kassettenband auf Leinwand | cassette tape
on canvas, 274 × 173,5 cm
Almine Rech Gallery

S. | pp. 132/133

**UND IHR GINGET SELBDRITT DURCH
DEN ABEND (P. CELAN)** 2013
Kassettenband, Acryl und Glanzlack auf
Leinwand, inspiriert durch ein Filmstill von
Ute Aurand | cassette tape, acrylic and
glossy paint on canvas, inspired by a film still
by Ute Aurand, 274,5 × 438,5 cm
Almine Rech Gallery

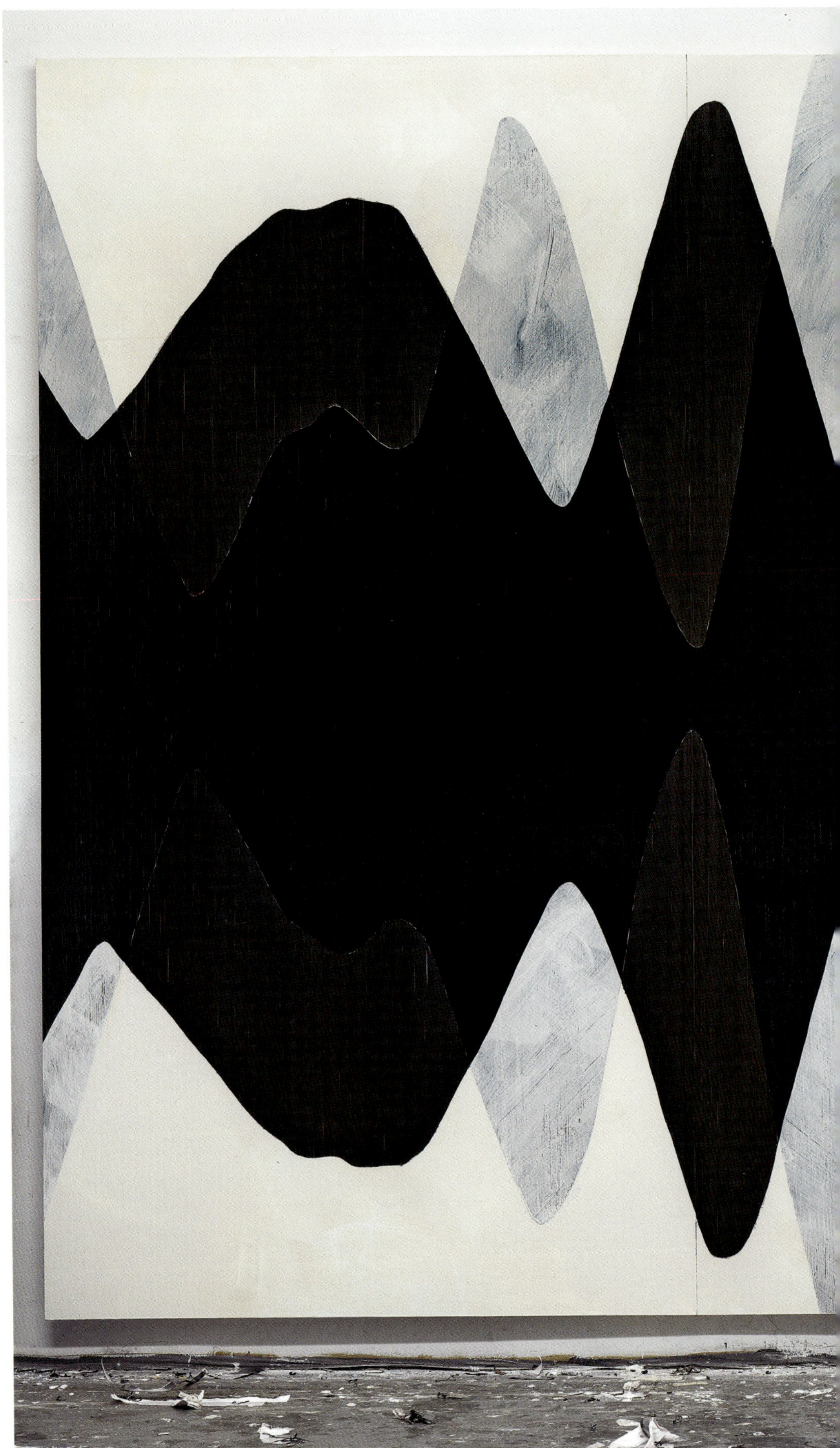

GREGOR
HILDEBRANDT

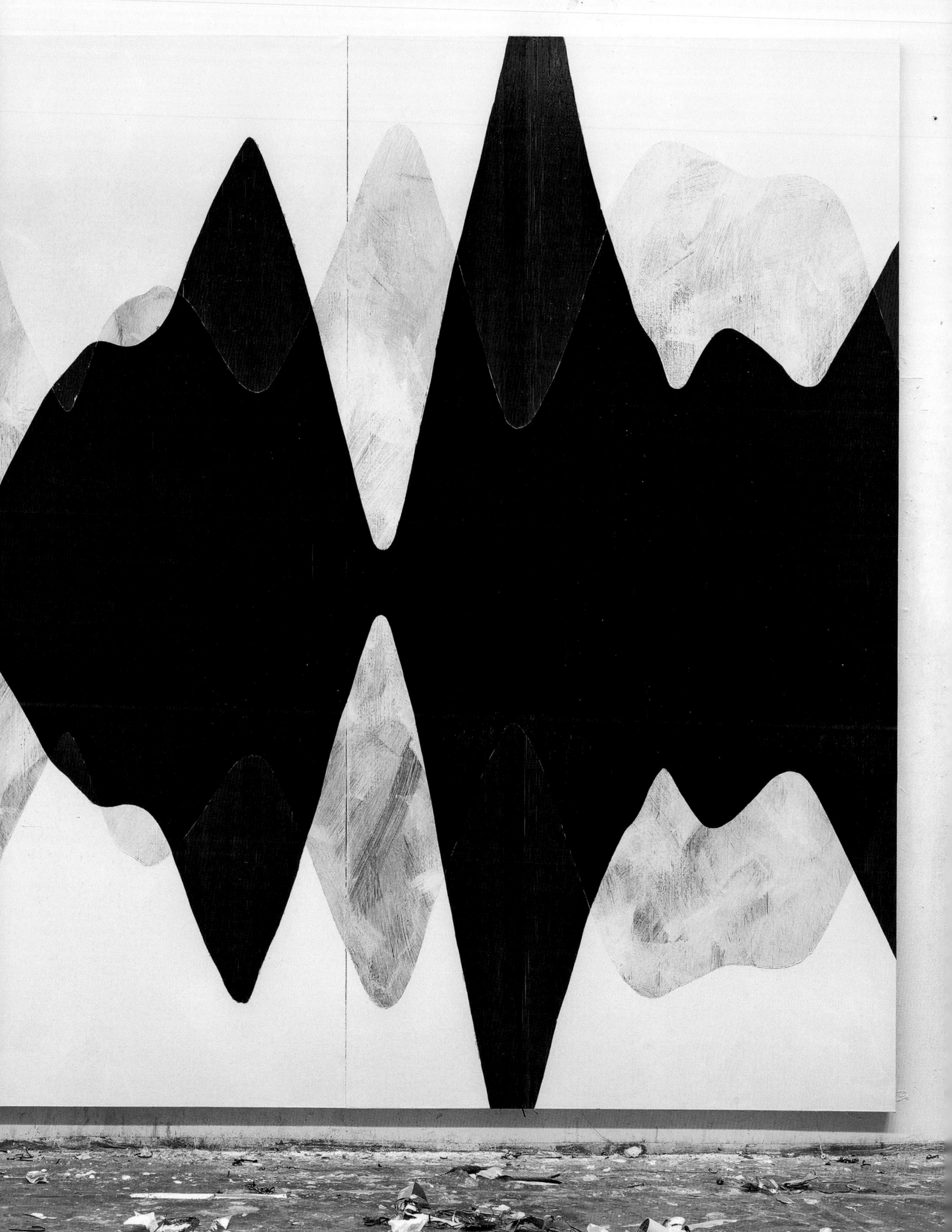

MATT HOPE

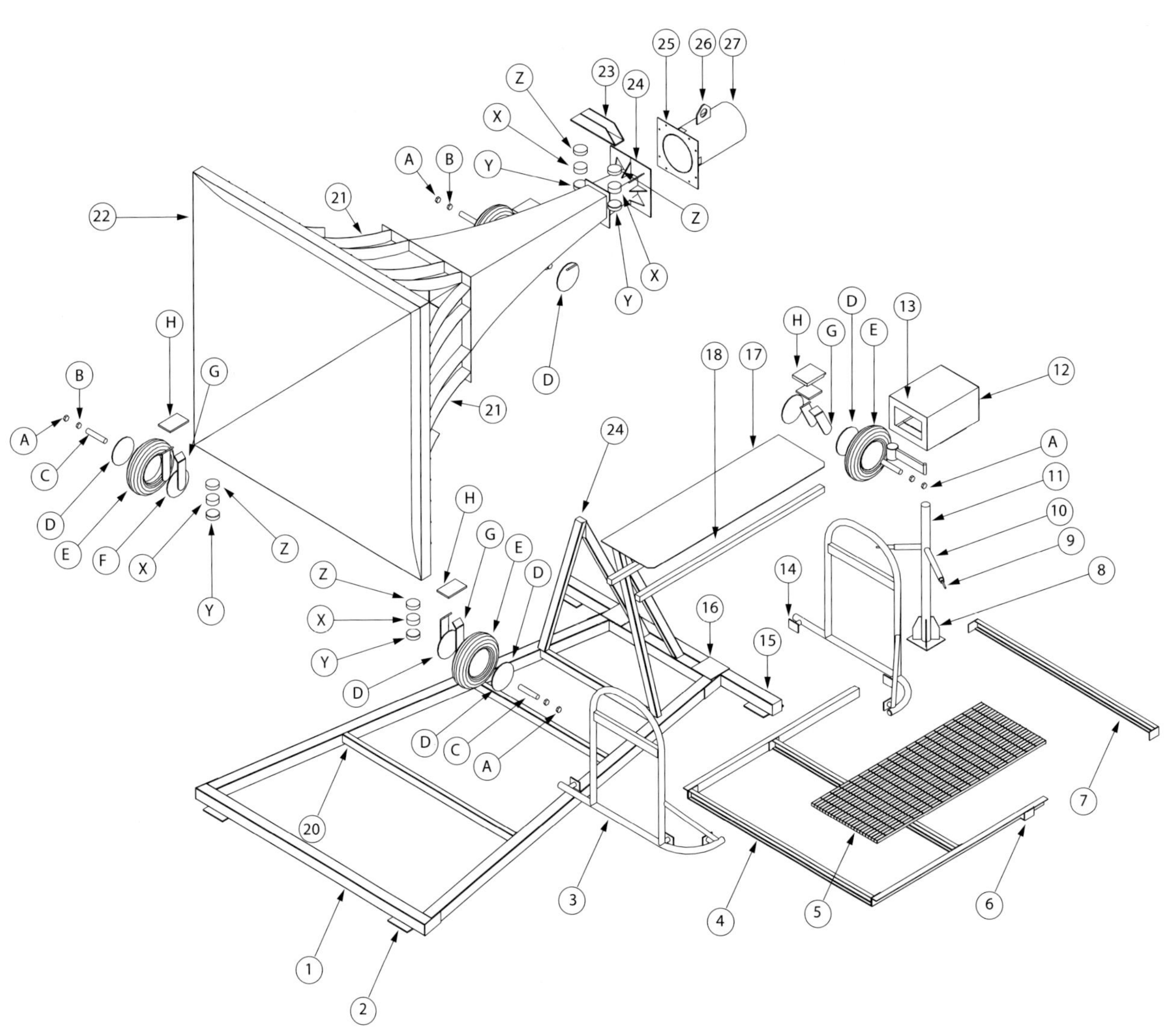

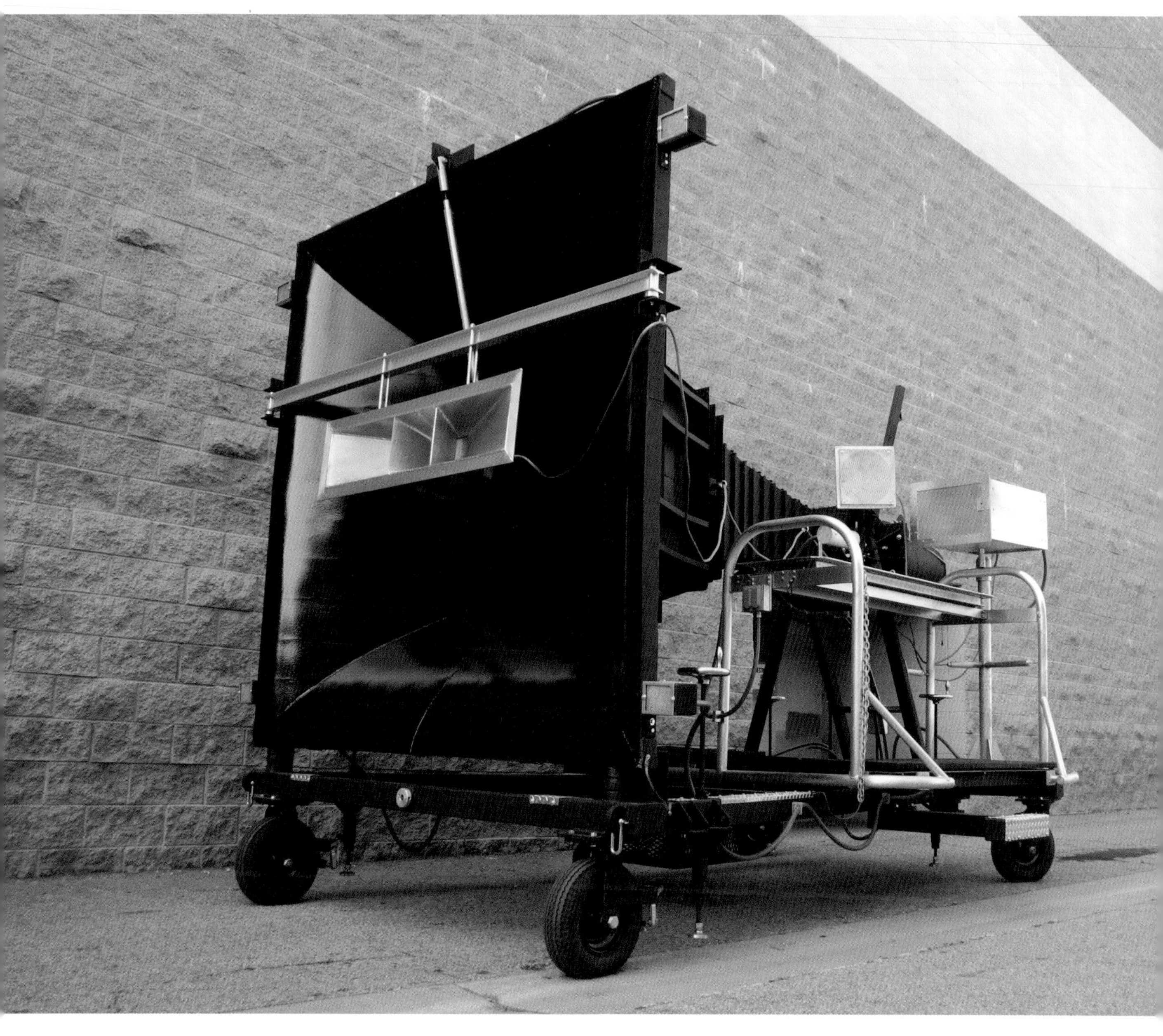

HORNMASSIVE EXPLODED VIEW 2004
Vektorzeichnung | vector drawing
Maße variabel | dimensions variable

HORNMASSIVE 2002–2004
Mobiles Soundsystem aus Stahl, mit Trichter
aus Aluminium | mobile steel and aluminium
horn sound system, 320 × 240 × 450 cm
Manufaktur | manufacturer: In house

OLAF MOOIJ

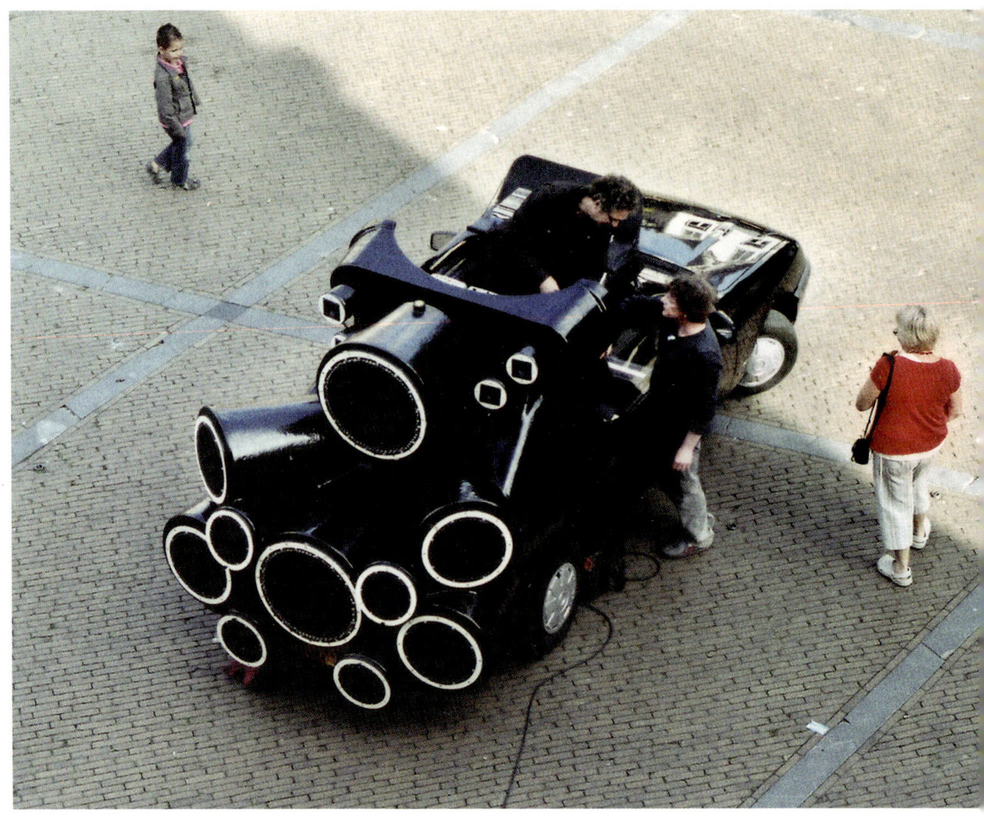

DJ MOBILE 1.0 1999
Umgebauter Ford Sierra, DJ-Soundsytem,
Lautsprecher | modified Ford Sierra, DJ sound
system, speaker, 470 × 195 × 195 cm
VRT TV Brussel Collection

DJ MOBILE 1.0 1999
Produktion | production: NTR, 2014
Video, 0:30 Min.

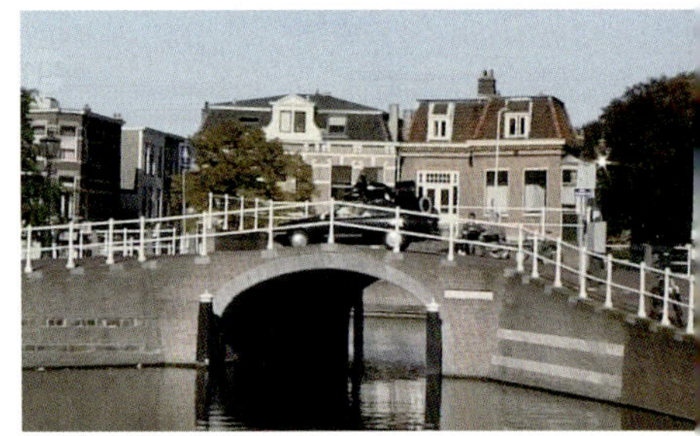

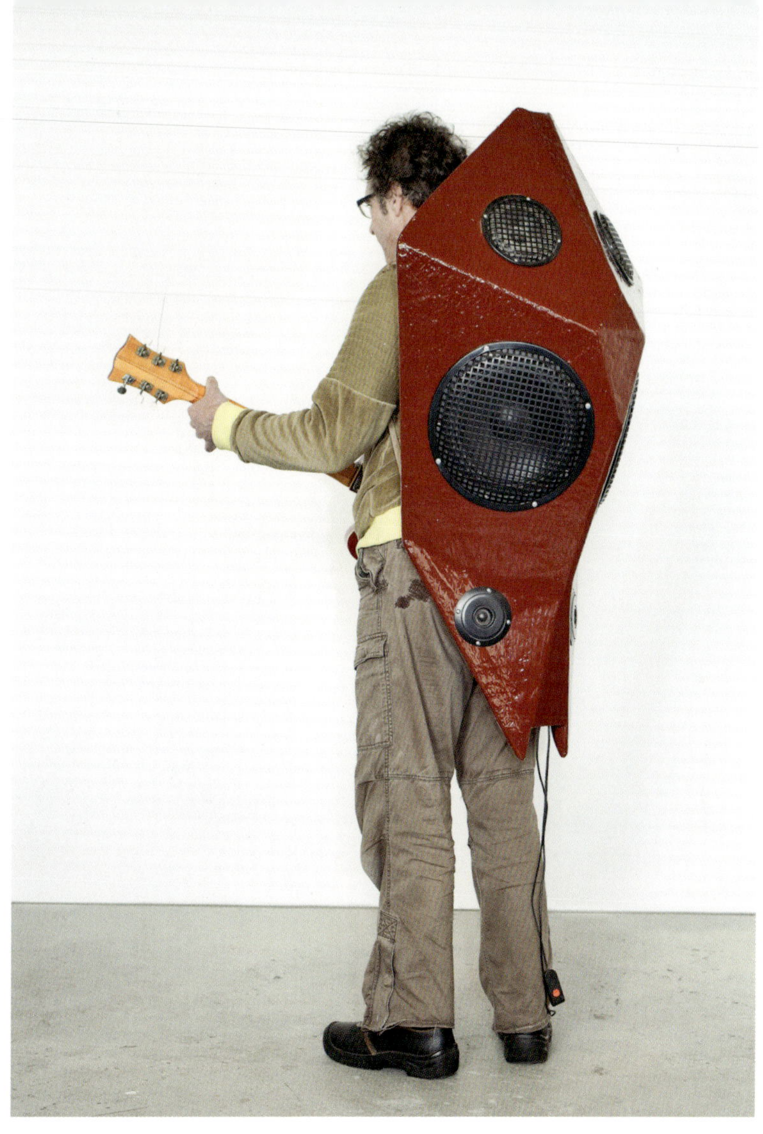

SOUNDSYSTEM BACK PACK
EXTRA LARGE 2002
Holz, Polyester, Lautsprecher, Verstärker,
Nylon | wood, polyester, speakers, amplifier,
nylon, 73 × 123 × 30 cm

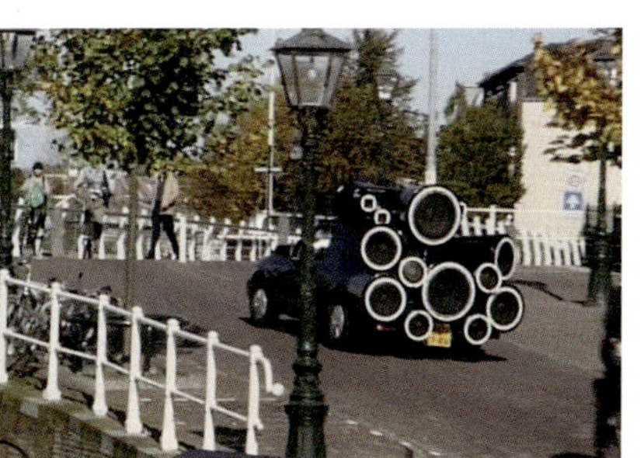

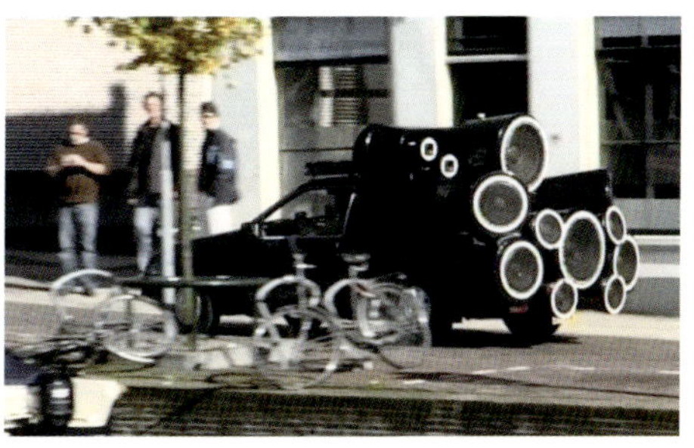

JOHN CAGE

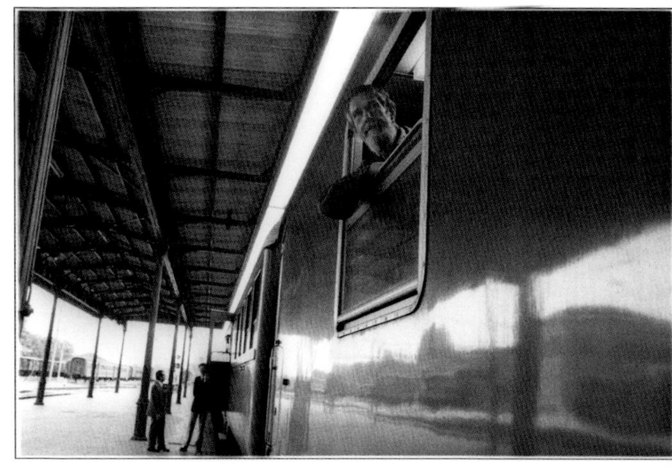

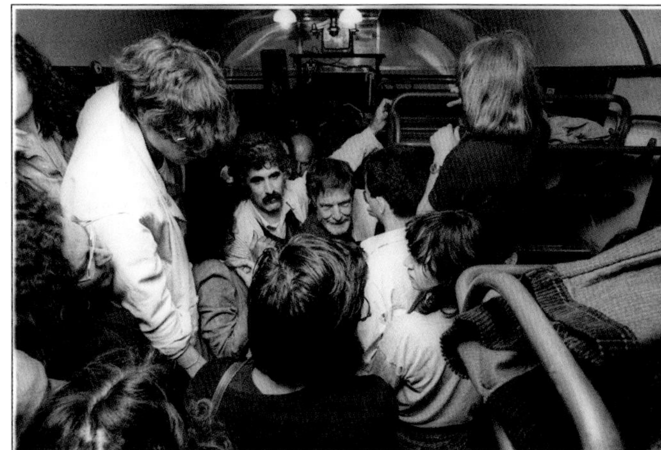

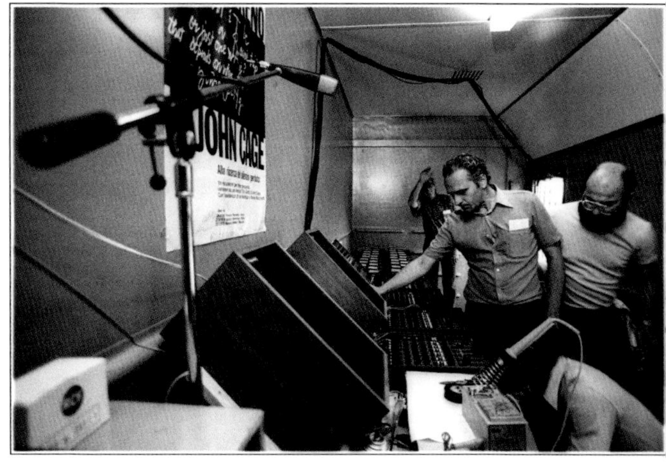

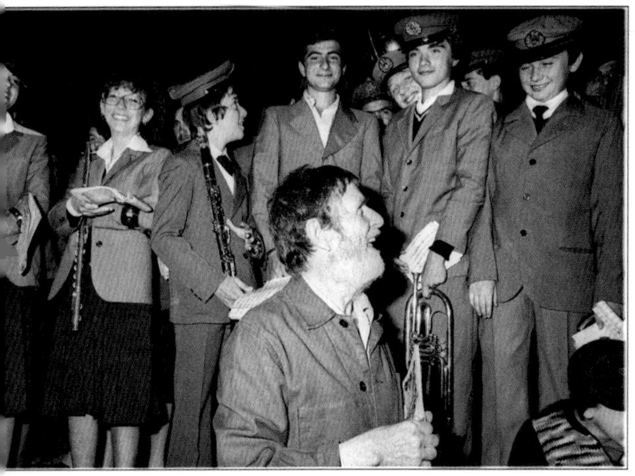
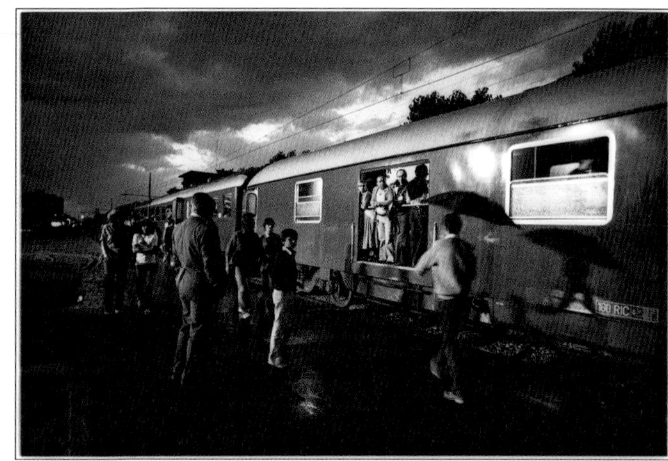
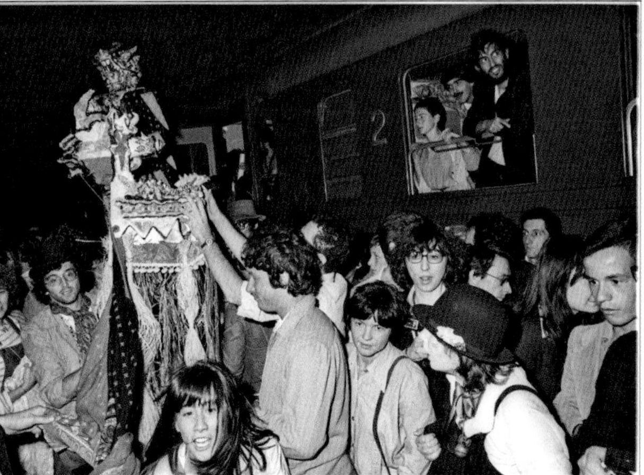
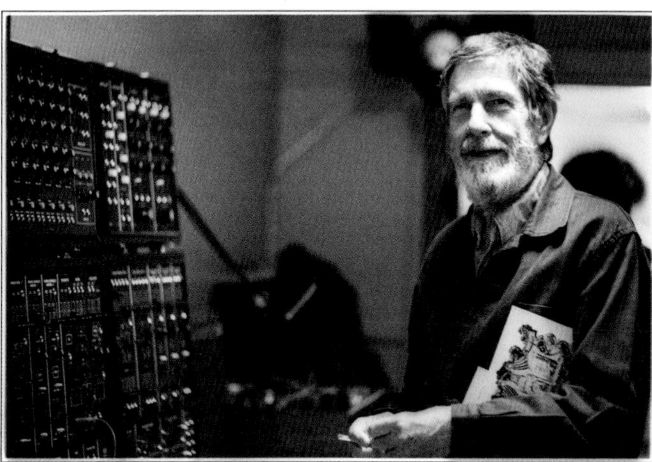
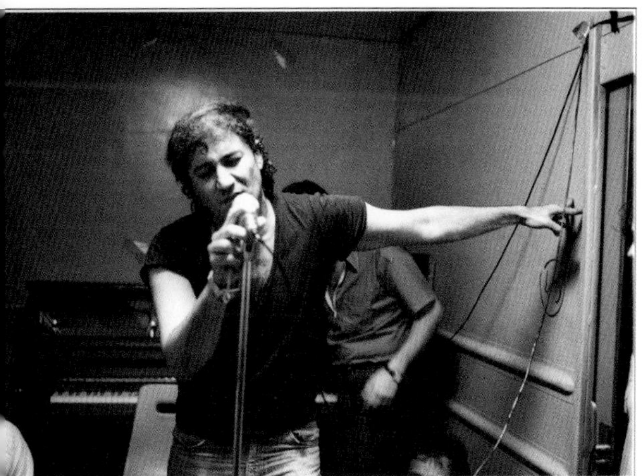

IL TRENO
Performance 26 Juni | June 1978, Bologna, IT
SW-Prints | BW prints, 24 × 36 cm
Corinto Marianelli

CHRISTINE
SUN KIM

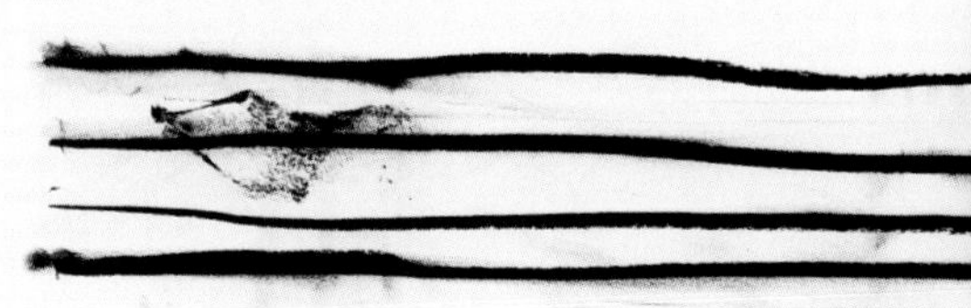

FEEDBACK AFTERMATH
2012
Filzstift und Kohle auf Papier |
marker and charcoal on paper
97,8 × 127 cm

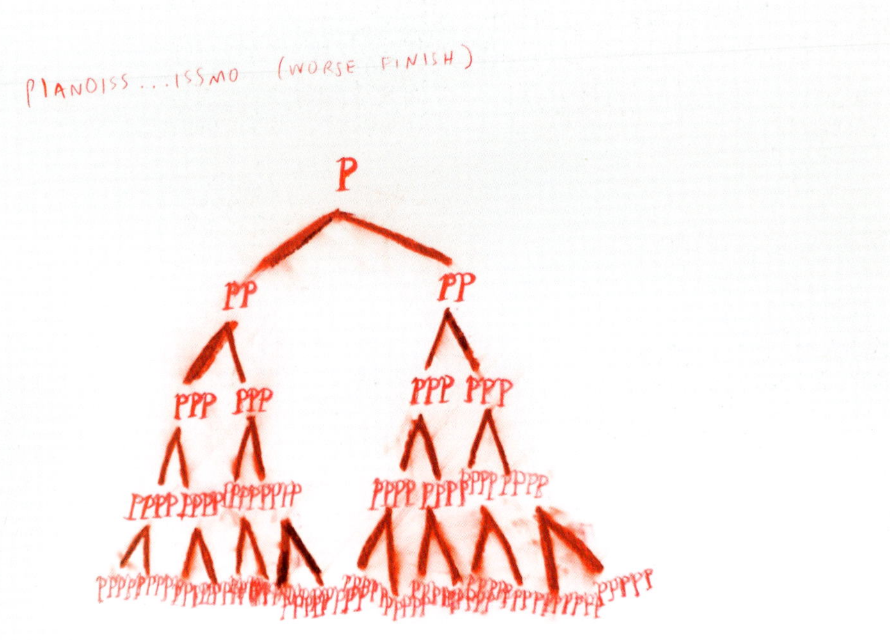

**PIANOISS ... ISSMO
(WORSE FINISH)** 2012
Pastellkreide und Bleistift auf Papier |
pastel and pencil on paper
97,8 × 127 cm

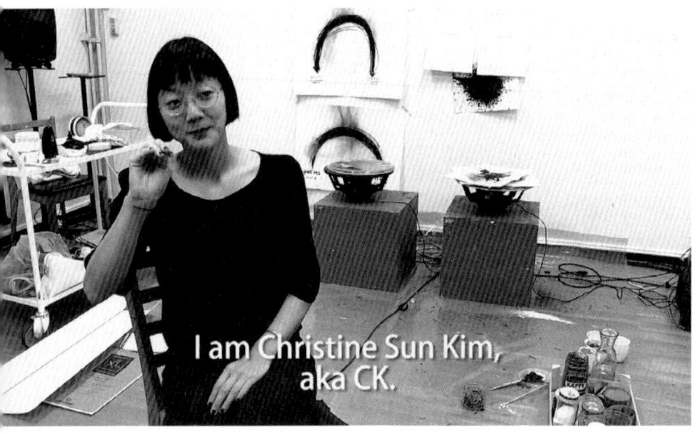

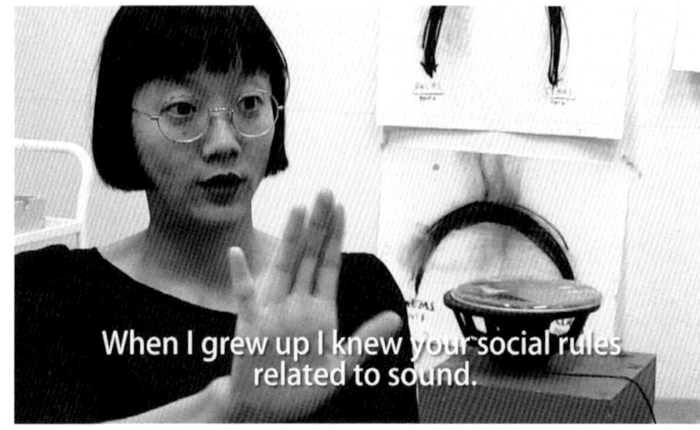

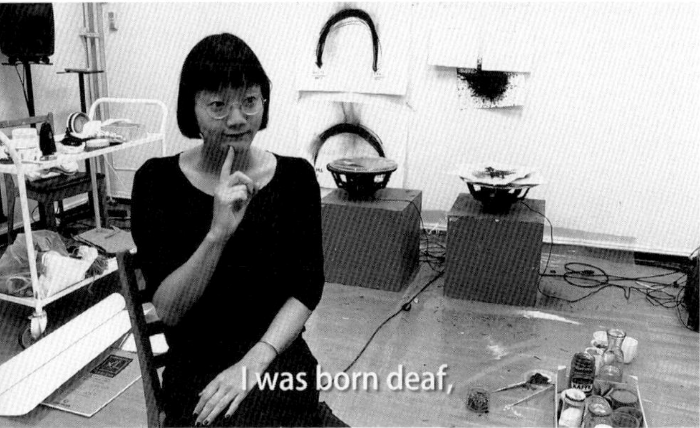

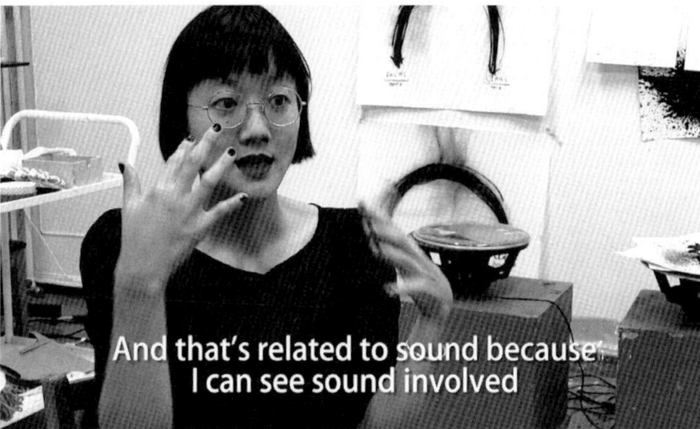

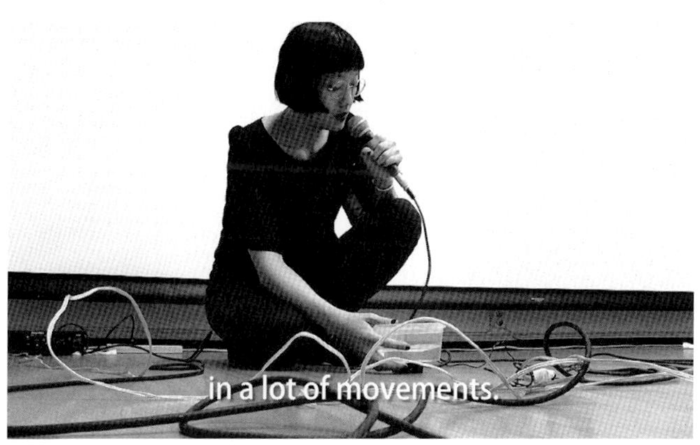

CHRISTINE SUN KIM INTERVIEW 2013
HD Video, 4:52 Min.
Siri Nerbø and Sive Hamilton

HEAVYLISTENING
[CARL SCHILDE & ANSELM VENEZIAN NEHLS]

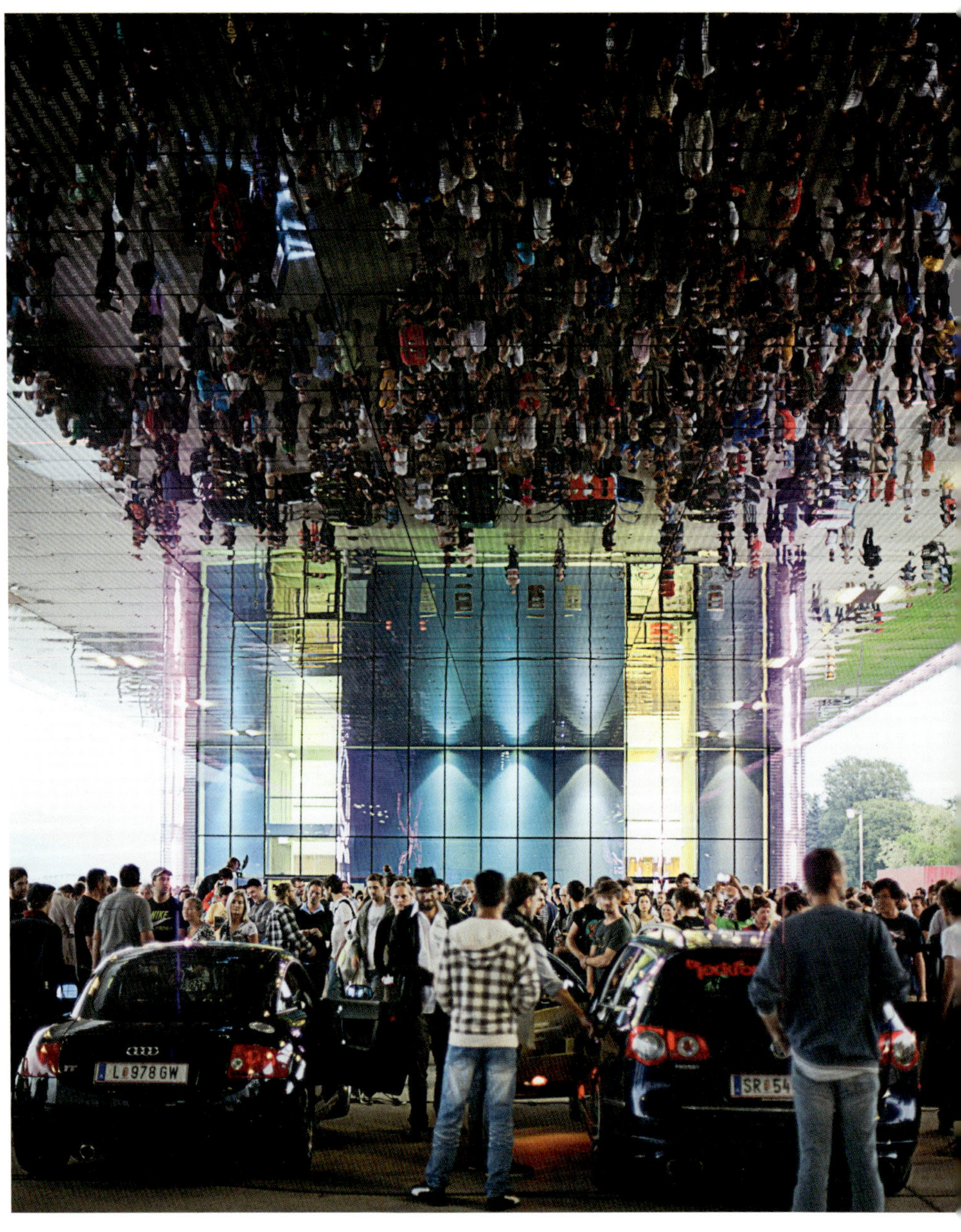

TIEFDRUCKGEBIET
Dokumentation des mobilen Subbass-
Konzertes für 12 getunte Autos |
documentation of the mobile sub-bass
concert for 12 tuned cars

TIEFDRUCKGEBIET 2012
Performance, Ars Electronica, LENTOS
Kunstmuseum, in Zusammenarbeit mit dem |
in cooperation with the Car Audio Tuning
Club Soundmasters Linz

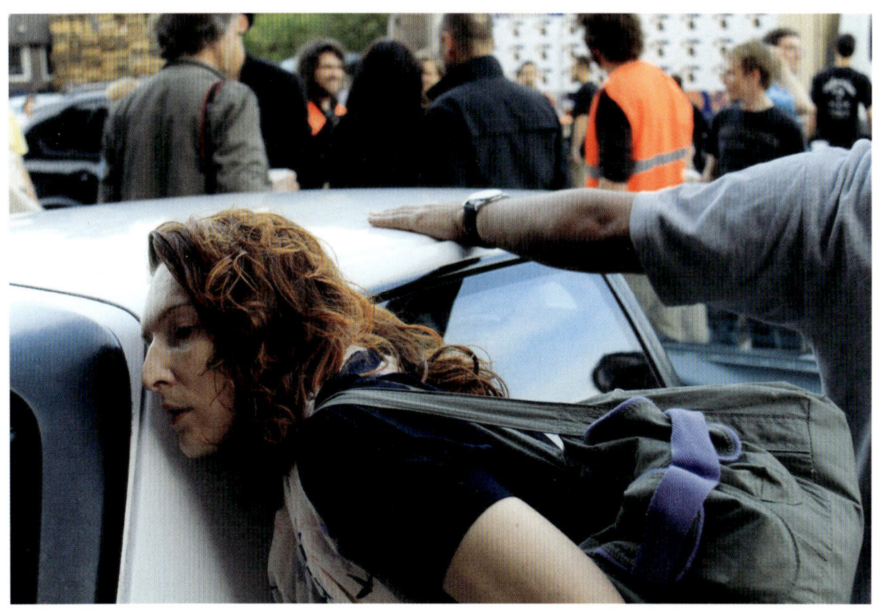

TIEFDRUCKGEBIET 2011
Performance, Festival 48h, Neukölln,
Berlin, DE

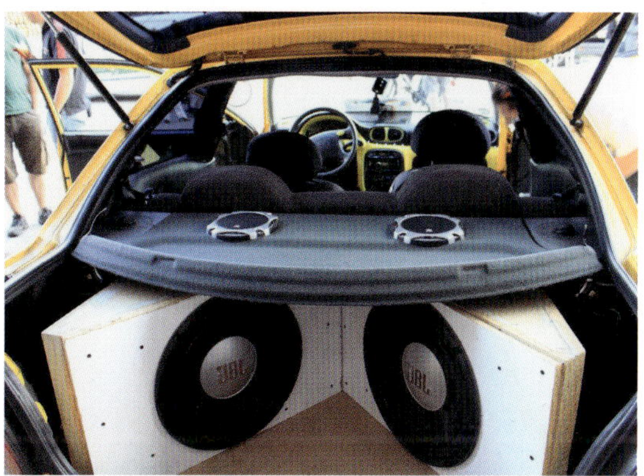

TIEFDRUCKGEBIET 1 2011
Eines der Instrumente, genannt *Die Wespe* |
one of the instruments, called *The Wasp*

TIEFDRUCKGEBIET 2 2012
Schilde & Nehls an der *Weather Station*, von der
aus sie das Konzert per Funk steuern | Schilde
& Nehls *Weather Station* from which they radio
control the concert

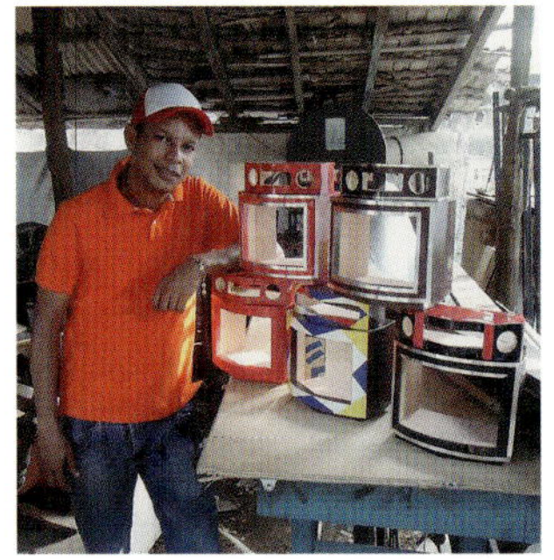
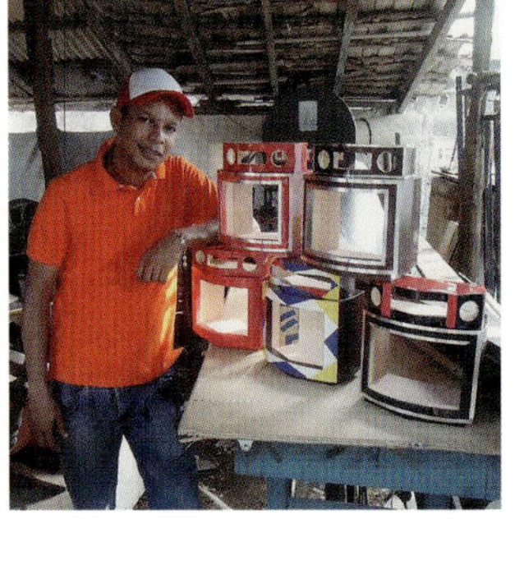

Fabian in seinem Picós-Archiv und in der Werkstatt seines Onkels, wo er Miniaturpicós baut | Fabian in his picós archive and in his uncle's workshop, where he builds small picós

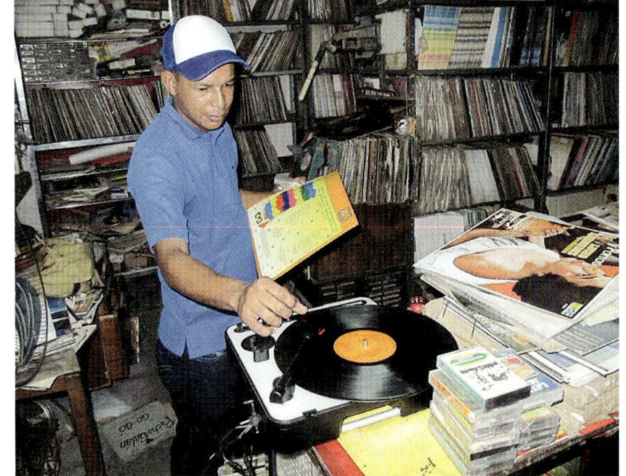

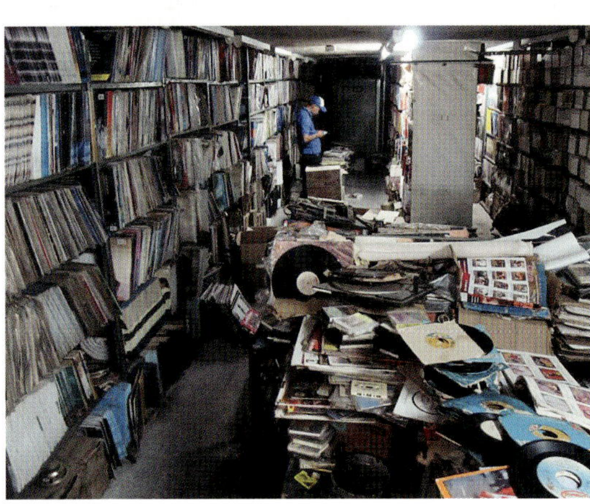

PICÓS-ARCHIV | PICÓS ARCHIVE / FABIAN ALTAHONA ROMERO

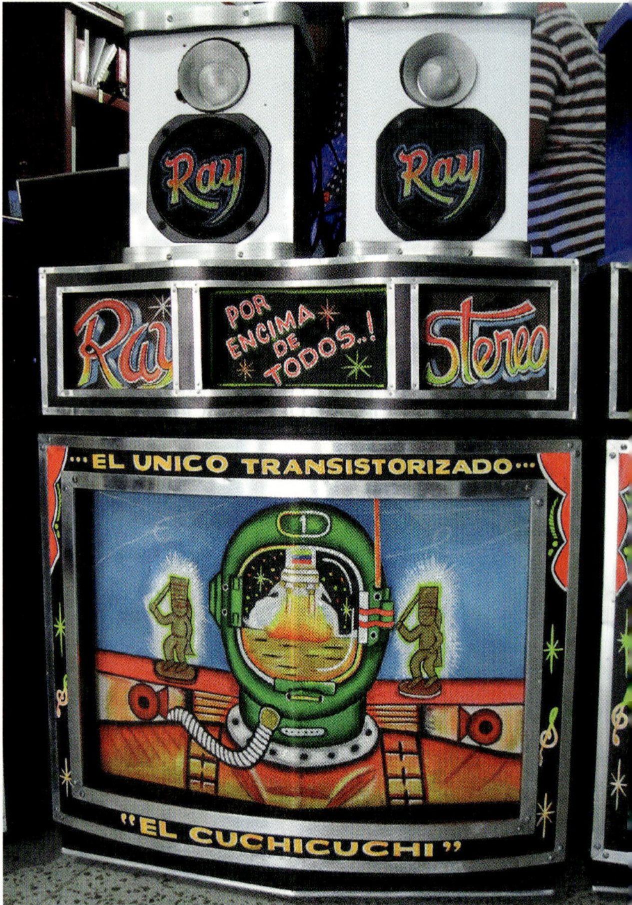

Unterschiedliche Picós, darunter das Latino Soundsystem *The Nuevo (Neu)* oder *El Isleño*. Der Löwenkopf verweist auf die afrikanische Herkunft der Musik | Various picós like the Latino Soundsystem *The Nuevo (Neu)* or *El Isleño*. The lion stands for the African origin of the music

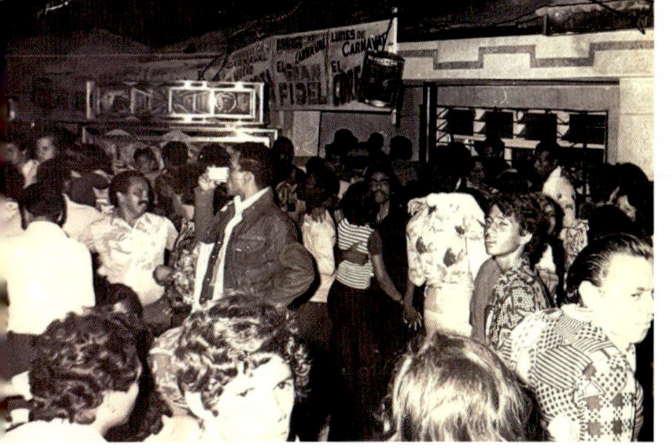

*Ali Baba und die 40 Betrunkenen,
unterhaltsamer Tanz zu Karneval,
1970er Jahre | Ali Baba and the
40 Drunks, funny dance for carnival
season, 1970s*

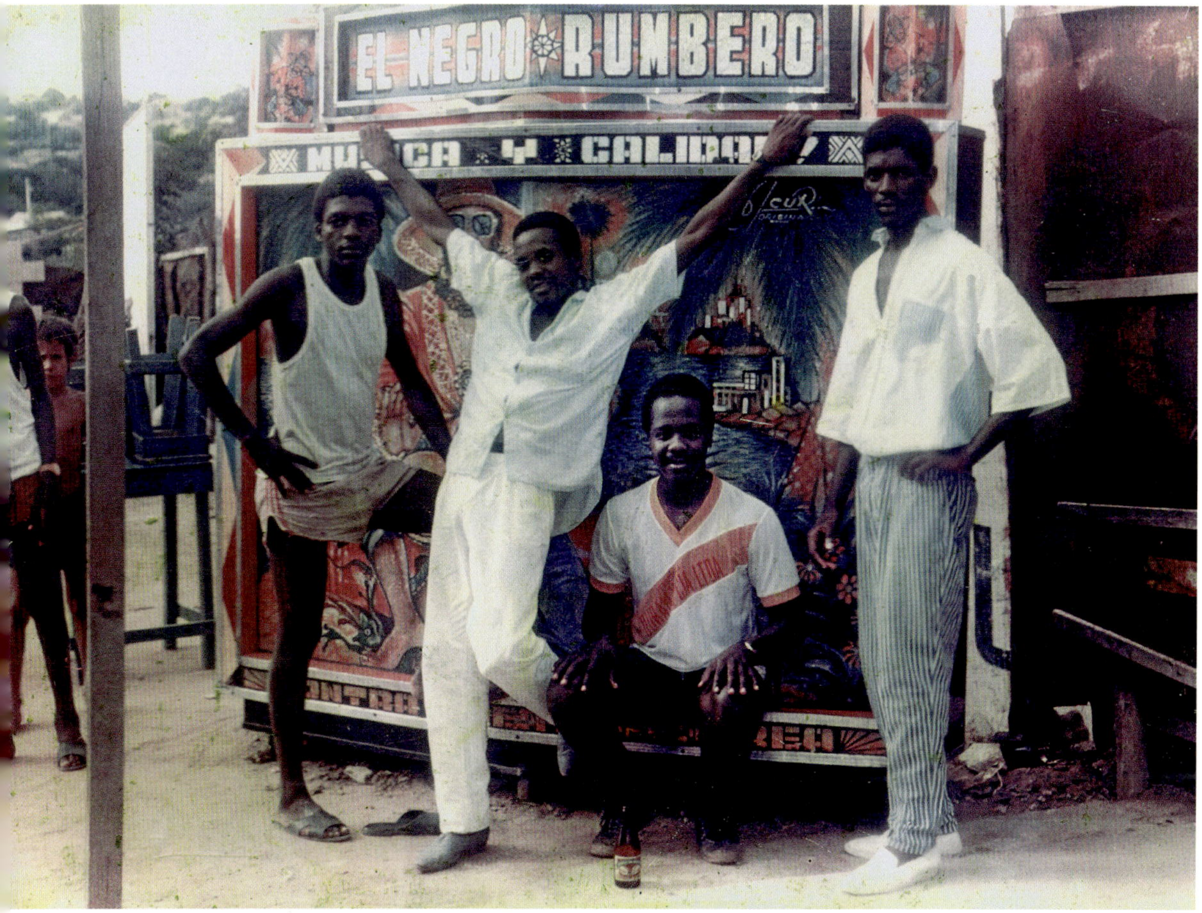

Das beeindruckende Picó *El Negro
Rumbero* wurde um 1988 in einem
Stadtteil von Baranquilla gezeigt,
wo 90% der Bewohner afrikanischer
Herkunft sind | Impressive picó
El Negro Rumbero has been shown
in a quarter of Baranquilla where
90% of the population is African
origin

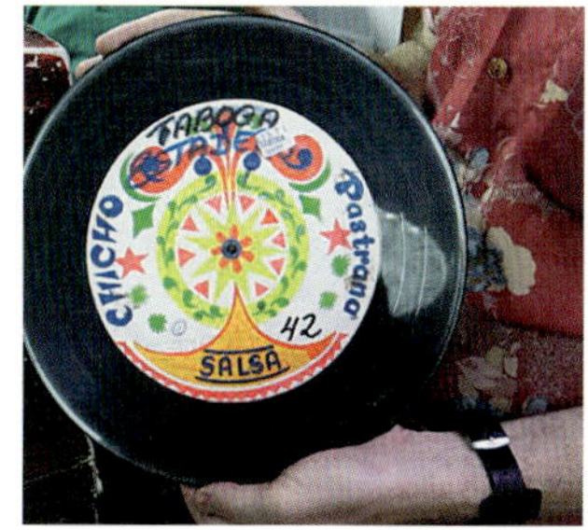

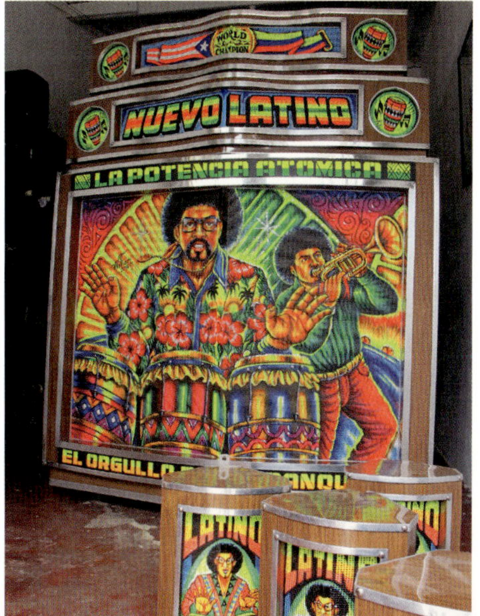

Picotero – bemalte Schallplatten,
wie sie seit Ende der 1970er bis in
die 90er Jahre hinein sehr beliebt
waren | Picotero – decorated vinyls,
which were very popular from the
late 1970s to the 90s

147

BOOSTER: KUNST SOUND MASCHINE   EINE NICHT-LINEARE GESCHICHTE MOBILER SOUNDSYSTEME IN DER KUNST

JESSICA EDWARDS

BOOSTER: ART SOUND MACHINE   A NON-LINEAR HISTORY OF MOBILE SOUND SYSTEMS IN THE ARTS

Obwohl die Kunstform des mobilen Soundsystems eine globale Verbreitung erlebt hat, längst praktiziert wird und über eine Mannigfaltigkeit verfügt, die reich ist an verschiedenen kulturellen, ästhetischen und militärischen Ausprägungen, werden diesem vernachlässigten Aspekt visueller und auditiver Kunst erst heute der Platz und die kritische Aufmerksamkeit zuteil, die ihm seit Langem gebühren. Auf Grundlage eines ursprünglichen Konzepts des Künstlers Nik Nowak und unter gemeinschaftlicher kuratorischer Leitung ist das Marta Herford die erste Institution, die einen „akustischen Kongress" dieser Größenordnung einberuft. Damit werden wir angestiftet, unser Sensorium bereitwillig in einen Nexus aus teilweise neuartigen akustischen Beziehungen, noch zu kartierenden lokalen Transfigurationen und der Neubewertung von althergebrachten Konzepten zu tauchen, und die (nach erstmaligem Sehen oder *Hören*) scheinbar vertrauten historischen und geografischen Kontexte zu hinterfragen, in denen sowohl militärisch-politische als auch kulturelle mobile Soundmaschinen gedeihen können: Es geht darum, das Vertraute zu verfremden, um neue Räume für neue akustische Auseinandersetzungen zu eröffnen.

Eine Explorationsachse, die für die Arbeiten der zeitgenössischen Künstler charakteristisch ist, die zur Teilnahme an der akustischen Assemblage *BOOSTER: Kunst Sound Maschine* „aufgerufen" wurden, konzentriert sich – mittelbar oder unmittelbar – auf die Mikropolitik der Hardware, Technik, Frequenzen und sozialen Tendenzen von dem, was sinnvollerweise andernorts zum Zweck der akustischen Kriegführung („Sonic Warfare") konzipiert wurde.[1] Indem

Despite the global reach of the long-practiced art of mobile sound systems — a multiplicity rich in its variant cultural, aesthetic, and militaristic strains — only now will this neglected aspect of visual and sound arts be accorded both the space and critical attention long overdue. Stemming from an original conception of the artist Nik Nowak, and under collaborative curatorial direction, the Museum Marta Herford is the first to have called an "acoustic congress" of this order, inciting us to the willing immersion of our sensorium within a nexus of the sometimes novel sonic relations, yet-to-be-mapped local transfigurations, and the re-evaluation of *a priori* conceptions that appear, (upon initial sight or *hearing*), to be the familiar historical and geographical contexts wherein both martial-political and cultural mobile sound machines thrive: de-familiarize the familiar to open up new spaces for emergent sonic exchanges.

One axis of exploration that might characterize the work of the contemporary artists "called" to participate in the acoustic assembly of *BOOSTER: Art Sound Machine*, addresses — directly or obliquely — the micropolitics of the hardware, technology, frequencies and social tendencies of what has been usefully conceptualized elsewhere as "sonic

sie diese als Wahrnehmungsknoten nutzen, durch die sie ein akustisches Verständnis von Kunst und Gesellschaft denken und stimulieren können, geht es diesen Künstlern um die kulturelle und politische Deterritorialisierung und Rekontextualisierung der akustischen Möglichkeiten von Soundsystemen als Mobilisatoren von Widerstand, individuellen Freiheiten und akustischem Terror, um das neukombinierte Potenzial von Geschichte(n), Kontexten und akustischen Technologien. *Kunst Sound Maschine* gibt einen Anreiz, nicht in getrennten ästhetischen Kategorien zu denken, sondern ihre *Zwischen*räume zu erleben, das *Innere* der Assemblage: den Entstehungsraum, der angefüllt ist mit intensivierten Intimitäten und sensorischen Reizen zwischen seinen Teilen. Klang und seine Rezeption als auditive Wahrnehmung ist die mobilste und allgegenwärtigste Wahrnehmungsform, und sie wird nur selten unisensorisch erlebt. Als taktiles und räumliches Phänomen „berührt" und verwandelt Klang und hinterlässt psychisch-körperliche Eindrücke. Bevor er in ein Gedanken- oder Erfahrungssystem gefiltert wird, beschwört er – in einem Prozess mit offenem Ausgang – auditiv-visuelle Bilder („Hörbilder") herauf, die immer innerhalb einer Assemblage entstehen.[2] In einem Nachhall ästhetisch-avantgardistischer Bewegungen des Zwanzigsten Jahrhunderts erobern die an *BOOSTER* beteiligten Künstler als willige Jünger der Kunst der Assemblage diesen Raum noch wahrzunehmender, zu erahnender alternativer Modi des Erkennens, anderer bewegend-erregender Zugänge zu kultureller Erfahrung. Hier, wo unterschiedliche Klangregister, Stimmen und akustische Vibrationen kombiniert und mit breitgefächerten materiellen Technologien, unterschiedlichen kulturellen Rhythmiken und kollektiven Körpern zusammengebracht werden, stellt sich die Frage, welche sozialen, politischen und psycho-physiologischen Spannungen – Verstrickungen – Soundsysteme nutzen, verstärken und übertragen. Implizit liegt der Ausstellung *BOOSTER*, die sich Kopplungen, Proliferationen, Verstärkungen widmet, die affektive Logik der bahnbrechenden Frage des Philosophen Baruch de Spinoza aus dem 17. Jahrhundert zugrunde, was das *Tätigkeitsvermögen* von Körpern sei.[3] Es ist immer lohnender, nach dem Potenzial der akustischen Assemblagen zu fragen als nach ihrem Wesen. Im

warfare."[1] As perceptual nodes through which to think and stimulate a sonic understanding of art and society, the artists are concerned with cultural and political de-territorializations and re-contextualizations of the sonic possibilities of sound systems as mobilizers of resistance, individual freedom and acoustic terror; with the recombinant potential of histories, contexts and sonic technologies. *Art Sound Machine* is an inducement to think not in discrete aesthetic categories but, rather, to experience *in-between* their spaces, *inside* the assemblage: the space of emergence populated with intensified intimacies and sensory excitations between its parts. Sound, and its reception as audition, is the most mobile, the most ubiquitous of the senses rarely experienced uni-sensorially. A tactile, spatial phenomenon, sound "touches" and transforms leaving psycho-corporeal impressions; it conjures auditory-visual images ("ear-mages") that always take place within an assemblage — an open-ended process — prior to its being filtered into a system of thought or experience.[2] In a reverberation of the avant-garde aesthetic movements of the twentieth century, ready catechumens of the art of assemblages, *BOOSTER*'s artists seize upon this space of the yet-to-be-perceived portending alternate modes of knowing, other transportative avenues of cultural experience. Assembled of varying sonic registers, voices and acoustic vibrations, brought together with wider material technologies, divergent cultural rhythmicities and collective bodies, what social, political and psycho-physiological tensions — enmeshed states — do sound systems exploit, amplify and transmit? *BOOSTER*, marked by its investment in couplings, proliferations, amplifications, is implicitly inscribed with the affective

Zuge von partizipativen Handlungen, die der Propagierung der durch sie modulierten Affekte dienen, werden wir als Publikum / Zuhörer von diesen Assemblagen verlockt, uns einzubringen – eine weitere und erforderliche Komponente für Feedback-Systeme: der Künstler als Affekt-Ingenieur, Auslöser von „Entführungen" mithilfe von Klang. Für welche neuen Ebenen oder Empfindungen können sie unser Sensorium, unseren Wahrnehmungsapparat öffnen? Welche neuen Modalitäten des Denkens, der Politik und der Praxis machen sie für uns denkbar und zugänglich? Die Konzentration der Ausstellung auf die Dimension des Mobilen (die *Mobilität* und *Mobilisierung* von Soundsystemen) sollte uns zu einer Auseinandersetzung mit der anti-genealogischen Kunst der „Nomadologie"[4] führen, die nicht nur Belege für Dispersionsprozesse von Völkern und Klangpraktiken bringt, die diese von einem Gebiet zum nächsten mit sich führen – und anpassen – (die „Geisterlinien der Migration"[5]), sondern auch für die tatsächliche Diasporisierung von Klangtechnologien und Hardware selbst, wobei Transformationen in der Soziosphäre als Träger für deren Ausbreitung dienen. Betrachten wir mobile Soundsysteme als eine diasporisierte Nachkommenschaft, geformt aus zahllosen Überlappungen, Brüchen und Rekursionen, aus historisch-politischen Krisen und der Ausweitung biopolitischer Steuerung, aus dem kontinuierlichen Trieb industrieller Prozesse in Richtung Miniaturisierung der technischen Komponenten mit dem Begleiteffekt erhöhter Mobilität und besserer Tragbarkeit, aus ästhetischen Reaktionen auf neue Konfigurationen von Sozialität und auf die tönende Stadt, aus prägenden militärischen und technisch-wissenschaftlichen Forschungsergebnissen und deren nachfolgender Akkulturation in die tägliche soziale Praxis und aus kolonialen Hinterlassenschaften, Asymmetrien in globalen Machtverhältnissen, immer begleitet von der ständigen Präsenz von Krieg(en).

logics of seventeenth century philosopher Baruch Spinoza's seminal question of "What can a body *do*?"[3] Asking what the potential of these sonic assemblages might be, rather than what is their essence, is always a more productive line of enquiry. In acts of participative propagation of their affect, we, the audience-listener, are lured into these assemblages, a further and necessary component for feedback systems: the artist as affect engineer, activator of audio-abductions. On to what new planes or sensations do they open out our sensorium, our perceptual apparatus? What new modalities of thought, politics, and practice do they make it possible to think, to engage in? The exhibition's focus upon the dimension of the mobile, (the *mobility*, and *mobilization* of sound systems), should alert us to the engagement with an anti-genealogical art of "Nomadology"[4] attesting to not only processes of the dispersion of peoples and the sound practices they carry with them —and adapt—from one territory to a new (the "ghostlines of migration")[5] but to the actual diasporization of the sound technologies and hardware themselves, harnessing transformations in the socio-sphere as carriers for their propagation. Think mobile sound systems as diasporized progeny wrought of innumerable overlaps, ruptures, and recursions: of historico-political crises and the extension of biopolitical governance; of the continuous drive of industrial processes toward the miniaturization of technical components with the corollary effect of increased mobility, greater portability; of aesthetic responses to new configurations of sociality and the sonorous city; of formative military and techno-scientific research and its subsequent acculturation

All diese Aspekte und mehr dienten als fruchtbare Laboratorien für die enorme globale Ausbreitung der akustischen Assemblagen, deren omnidirektionale Strömungen sich besser als symbiotische Prozesse von Mimesis und Anpassung statt als simplifizierte Akte kultureller Übernahme erfassen lassen. Wenn Klangtechnologien durch Akte kultureller Neudefinition verbreitet und umgewandelt werden, bringen sie alternative Erfahrungen und Umsetzungen von Modernität hervor, wobei sie vorherrschende Annahmen hinter sich lassen, laut denen „Technologie als nur in eine Richtung fließend angesehen wird – von den technologisch fortgeschrittenen zu den technologisch marginalen Kulturen."[6] Bei *BOOSTER* werden Fließrichtungen umgekehrt, neu kombiniert, gehen Wurzeln verloren in einer unendlich befeuerten, unendlich oft variierenden Feedback-Feedforward-Schleife: Startrampen für die eigene fortgesetzte Neuerfindung. Mit ihren charakteristischen kulturellen und militärischen Ausprägungen könnte man die klanglichen Vorlieben der akustischen Assemblagen in der Ausstellung entlang eines konzeptionellen und affektiven Kontinuums von Anziehung-Abstoßung[7] (Lust – Schmerz) verorten, wobei ihr genauer Platz bestimmt wird durch die Amplitude der passionalen Kräfte (*jouissance – puissance*), die sie ins Spiel bringen, kurz gesagt, durch den „Zweck" ihres Einsatzes. Kulturell-ästhetische Assemblagen haben eine Anziehungskraft, die Körper, Energie, Identität und Interessen der Menschen, die sich von ihnen angezogen fühlen, mobilisiert und intensiviert. Die Stärke der militärischen Umsetzungen hingegen liegt in einer Klangpolitik der Abstoßung, die eingesetzt wird, um Menschenmengen aufzulösen, zu zerstreuen und / oder gefügig zu machen. Jedoch haben wir es hier nicht mit reinen, unvermischten Kategorien zu tun: Beide Einsatzformen modulieren Empfindungen, Reflexe und libidinöse Ströme der Betroffenen aktiv (egal, ob durch Verführung oder mit Gewalt). *BOOSTER: Kunst Sound Maschine* lotet die ambivalenten Interzonen dieses akustischen Kontinuums aus und die beteiligten Künstler nutzen diese spannungsgeladene Verbindung produktiv.

into everyday social practice; and, of colonial legacies, asymmetries in global power relations, accompanied throughout by the abiding presence of war(s). These all, and more, have been the fertile laboratories for the global proliferation of sonic assemblages, their omni-directional flows better perceived as symbiotic processes of mimesis and adaptation rather than simplistic acts of cultural appropriation. Where sonic technologies are dispersed and transformed through acts of cultural redefinition, they engender alternate experiences and practices of modernity, dislodging prevailing assumptions "in which technology is seen to flow in one direction from technologically advanced to technologically marginal cultures."[6] In *BOOSTER*, flows reverse, recombine; origins are lost in an infinitely fuelled, infinitely varying feedback / feed-forward loop: launch sites for further reinvention. In their distinctive cultural and military instantiations, the sonic proclivities of the exhibition's acoustic assemblages might be located along a conceptual and affective continuum of attraction-repulsion[7], (pleasure-pain), determined by the amplitude of passional forces (*jouissance-puissance*) that they bring into play; in short, by the "intent" of their deployment. Cultural-aesthetic assemblages exert a power of attraction, mobilizing and intensifying the bodies, energies, identities and interests of the populations that would gravitate toward them. Military instantiations wield their power in a sonopolitics of repulsion, deployed for the dissolution, dispersion and / or conformity of the crowd. But we are not operating in pure categories: both exemplifications actively modulate, (whether seductively or violently), the sensations, reflexes and libidinal flows of bodies. *BOOSTER: Art Sound Machine* sounds the ambivalent interzones of this sonic continuum, its artists making productive use of this tense articulation.

In den aufziehenden Stürmen der ersten Dekaden des Zwanzigsten Jahrhunderts nahmen sich Filippo Tommaso Marinettis italienische Futuristen eifrig der neuen Geräusche von Europas Industriestädten[8] und deren Maschinen an und schufen einen Mythos männlich-nationalistischer Parthenogenese – einer „Wiedergeburt" – *durch* Maschinen sowie der kreativen Produktion bzw. des „Gebärens" *von* Maschinen. Das futuristische „Ziel" war nichts weniger als ein vernichtender „Avantguerre"[9], eine anti-passéistische Revolution, die nicht nur Italien aus seiner bürgerlichen ästhetischen Erstarrung erwecken würde, sondern auch einen überwältigenden Entfremdungseffekt hervorrufen sollte, bestens geeignet, eine Neuprogrammierung des kulturellen Sensoriums einzuleiten. Nirgends wurde dies überzeugender belegt als in Luigi Russolos Manifest *L'arte dei rumori* (Die Kunst der Geräusche) von 1913 – im Kern der Umsturz einer harmonischen Ordnung, die im Widerspruch zu den komplexen Änderungen im Zeitgefüge stand, die die körperliche und urbane Evolution und Ökologie mit ihren dissonanten maschinischen Geräuschen, Geschwindigkeiten und Energien ausgelöst hatte – und in seinen klobigen doch transportablen *Intonarumori* („Lärmerzeugern"), hebelbetriebenen Vorläufern des Synthesizers mit riesigen Schalltrichtern. Als Komponist, der *durch* urbane technische Massen-Geräusche (die sich nicht ohne Weiteres in das vorherrschende ästhetische Raster packen ließen) und mit diesen komponierte, erstellte Russolo „sechs Familien der Geräusche" für seine Klangmaschinen. Dazu gehörten unter anderem Brummen, Krachen, Donnern, Pfeifen und Zischen, Murmeln, Gurgeln, Kreischen und Summen sowie Seufzer, Schreie, Heulen und Schluchzen von Tieren und Menschen. Die Musikabende, an denen er die *Intonarumori* spielte, zielten auf eine sensorische Neuverdrahtung und zeitigten häufig paroxysmale Krawalle – es ging ihm um die sensorische Pulverisierung eines verkümmerten Sensoriums, akustische Gewalt. Gleichwohl war und ist Russolos Einfluss von Dauer. Die explodierten akustischen und visuellen Scherben seiner Klangästhetik schlugen Wurzeln in späteren avantgardistischen Werken, wie in der Hafenstadt-Komposition des russischen Futuristen Arseni Awraamow, *Baku: Sinfonie*

In the gathering storms of the first decades of the twentieth century, Filippo Tommaso Marinetti's Italian Futurists zealously seized the new noises of Europe's industrial cities[8] and their machines in a mythopoeia of male/nationalist parthenogenesis—a "rebirth"—*through* machines, and of creative production or "giving birth" to machines. The Futurist "intent" was nothing less than an obliterating "avant-guerre"[9], an anti-passéist revolution that would not only awaken Italy from its bourgeois aesthetic torpor but induce an overwhelming alienation effect, all the better to initiate a re-programming of the cultural sensorium. Nowhere was this more compellingly instantiated than in Luigi Russolo's manifesto *The Art of Noises* (1913)—at its core the overthrow of a harmonic order at variance with the complex temporality of a corporeal-urban evolution, and ecology, of dissonant machinic noises, speeds and energies—and his cumbersome yet transportable *intonarumori* ("noise intoners"), prototype synthesizers with huge metal speakers operated by levers. Composing *through*, and *with*, urban technological noises of the masses, (given their refusal to acquiesce to dominant aesthetic containment), Russolo compiled "six families of noise" for his sound machines—including rumbles, crashes, booms, whistles, and hisses; murmurs, gurgles, screeches and buzzes; human and animal groans, screams, shrieks, and sobs. Intent on sensory re-wiring, the *serate* in which he performed the *intonarumori* were often met with paroxysmal rioting: a sensory pulverizing of

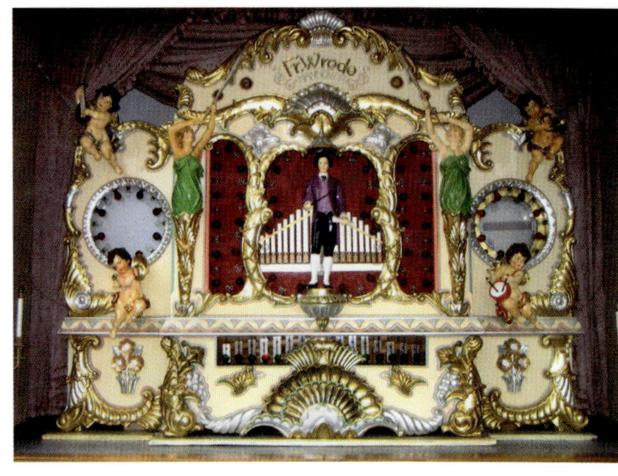

WREDE ORGEL 1924
pneumatische Orgel | pneumatic organ, ca. 270 × 350 × 150 cm,
Wagen | trailer: ca. 350 × 250 cm
Ludwig Blome, Petershagen

der Sirenen (1922), in den Arbeiten von Dziga Vertov, in den Lautgedichten des Dadaismus, in den Feuersirenen und Dampferpfeiffen von Edgard Varèses *Hyperprism* (1924), in Pierre Schaeffers *Musique concrete* der fünfziger Jahre und in anderen experimentellen Musikformen bis hin zu *BOOSTER: Kunst Sound Maschine.* Gleichwohl hatte schon früher, im Europa des 18. und 19. Jahrhunderts, ein mobiles Soundsystem Verbreitung in den jungen industriellen Ballungszentren gefunden und war im Zuge eines extensiven sozialen Gärungsprozesses aufgetaucht. Die Drehorgel war nicht nur das erste mechanische mobile Soundsystem, das seinen Platz auf den Straßen fand. Sie war auch das erste mobile Soundsystem, dem (durch primitive Tonaufzeichnungen auf drehende Stiftwalzen – Vorläufer der Tonbandkassette) eine Umschichtung und Verbreitung der Werke berühmter klassischer Komponisten der Ära (wie Wolfang Amadeus Mozart, Carl Philipp Emanuel Bach, von dem bekannt war, dass er für dieses urbane Soundsystem komponierte, und Giuseppe Verdi) unter den zahlenmäßig immer stärker werdenden unteren Klassen gelang – Klassen, die schon immer mit der Straße, Chaos und Lärm in Verbindung gebracht wurden: Es war wie eine antizipatorische Inszenierung der Thesen von Walter Benjamins Aufsatz: *Das Kunstwerk im Zeitalter seiner technischen Reproduzierbarkeit* (1936). Das Entkoppeln der Werke – wobei der Kopie ein Nomadismus verliehen wurde, der für das Original unerreichbar bleibt – von den elitären Räumen der Opernhäuser und Konzertsäle und deren Popularisierung bei den arbeitenden Klassen deutet zumindest teilweise auf eine de-ritualisierende Demokratisierung „großer" Kunst hin und auf erste Verwischungen der Grenzen zwischen „Hoch-" und „Populärkultur". Jedoch könnte diese breite Öffentlichkeit auch einen Versuch erkennen lassen, etablierte Musik *als Gegenpol* zum ungeordneten Geräusch in den unbeständigen Raum der Straße zu bringen, und sei es als zweitgradiger

an atrophied sensorium, sonic violence. Yet Russolo's influence has been enduring. The exploded sonic and visual shards of his sonoaesthetics were to seed themselves in subsequent avant-gardes of Russian Futurist Arseny Avraamov's port city composition *Baku: Symphony of Sirens* (1922), and in the works of Dziga Vertov; in Dadaism's sound poems; in the fire engine sirens and steamboat whistles of Edgard Varèse's *Hyperprism* (1924); in Pierre Schaeffer's *musique concrete* of the 1950s; and in other experimental music forms, reaching today into *BOOSTER: Art Sound Machine.* But an earlier mobile sound system had already achieved propagation within the nascent industrial conurbations of eighteenth and nineteenth century Europe, emerging from within extensive social ferment. The barrel organ was not only the first mechanical mobile sound system to find a place within their streets, it was also the first to destratify and disseminate (in proto-sound recording onto rotating pinwheel rolls presaging the cassette tape) the works of renowned classical composers of the era, (Wolfgang Amadeus Mozart, C.P.E Bach, who was known to compose for this urban sound system, and Giuseppe Verdi), amongst the burgeoning lower classes with whom the street, chaos and noise, are always associated: the anticipatory enactment of Walter Benjamin's thesis *The Work of Art in the Age of Mechanical Reproduction* (1936). The decoupling of such works — investing the copy with a nomadism unattainable by the original — from the elite

154

„minderwertiger" Abklatsch, sodass strukturelle Hierarchien in einer Zeit, die eine zunehmende Entheiligung und „Ernüchterung der Gesellschaft" erlebte, mithilfe scheinbar gutartiger Mittel bewahrt werden konnten.[10] ==In der kurzen Zeitblase==, die sich von 1945 bis 1964 zwischen den Militärdiktaturen eröffnete und in der Brasilien seine eigene Version von radikalem / „hohem" Modernismus und architektonischem Futurismus startete, überrascht es nicht, dass Adolfo Antônio Nascimento (Dodô) und Osmar Álvares (ursprünglich als *Dupla elétrica* – später kam der Architekt Temístocles Aragão hinzu) im Jahr 1949/50 einen Ford T wählten – einen ikonischen Vorboten der Moderne, aus dem ein *ohr*konischer werden sollte –, um in Bahia eine eigene lokale akustisch futuristische Transfiguration auf den Weg zu bringen. Als ein Symbolobjekt von „Freiheit", erschaffen im Zuge eines entfremdenden Fließbandprozesses, machten sie ihr Ford-T-Soundsystem in Bahias Karnevalsatmosphäre mobil, um das Kolonialerbe der Klassenunterschiede und Rassenvorurteile auszulöschen.[11] Und obwohl ihre Erfindung inzwischen zu riesigen LKWs mit gigantischen Beschallungsanlagen mutiert ist und in ganz Brasilien beim Karneval eingesetzt werden, heißen die Soundsysteme noch heute „Trio Elétrico". ==Als sich die Konvektionsströme US-==amerikanischer Automobiltechnologie und das Car-Tuning-Phänomen („Pimpen") mit Brasiliens mobiler Soundsystem-Kultur kreuzten und sich über Südamerika ergossen, brachten sie Subkulturen hervor, die „Som automotivos" genannt

spaces of opera houses and concert halls, and popularization amongst the working classes suggests, in part, the de-ritualizing democratization of high art and the first effacements of the boundary between "high" and "low" culture. Yet, this exposure might also bespeak an attempt to bring established music contra unordered noise to the volatile space of the street, even if as a second-order, "degraded" simulacrum, thus preserving structural hierarchies by seemingly benign means in an age experiencing the increasing desacralization and "disenchantment of society."[10] ==In the brief vacuole of time== —1945–1964— opened up between military dictatorships, when Brazil was embarking on its own project of radical / "high" modernism and architectural futurism, it is not surprising that in 1949/50 Adolfo Antônio Nascimento (Dodô) and Osmar Álvares, (originally as *dupla elétrica* and later joined by architect Temístocles Aragão), should choose the Ford Model T, an iconic soon to become e*ar*conic signifier of modernity, to launch their own local transfiguration of sonic-Futurism in Bahia. An object of "freedom" created out of an alienating assembly-line process, their Model-T sound system was mobilized in Bahia's carnival atmosphere for the erasure of colonial legacies of class difference and racial prejudice.[11] Mutating into the use of huge floats loaded with gigantic PA systems and employed across the carnivals of Brazil, they are still termed "trios elétricos".

Ein Trio Elétrico vor der Dekoration | Trio Elétrico before decoration, Salvador da Bahia, Brasilien | Brasilia, 2005

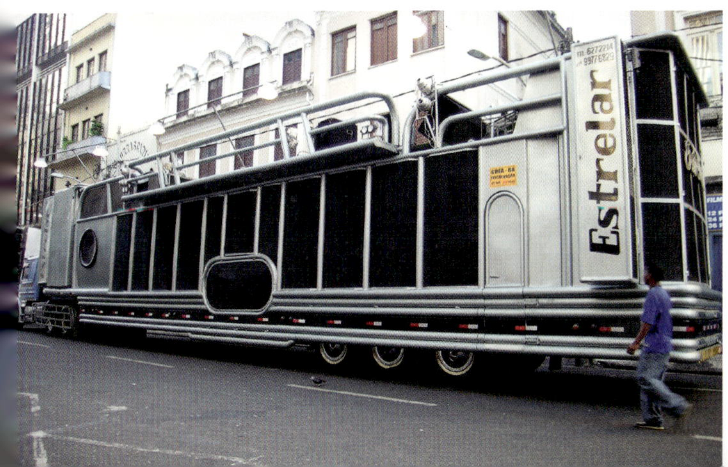

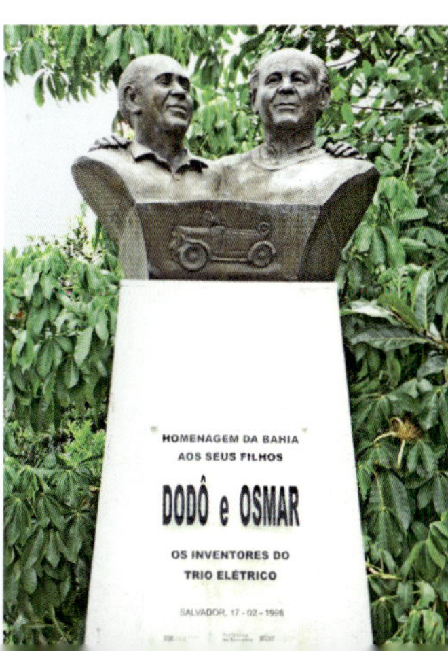

Denkmal von Dodô & Osmar, den Erfindern des ersten Trio Elétrico, Salvador da Bahia, Brasilien | Memorial of Dodô & Osmar, inventor of the first Trio Elétrico, Salvador da Bahia, Brasilia

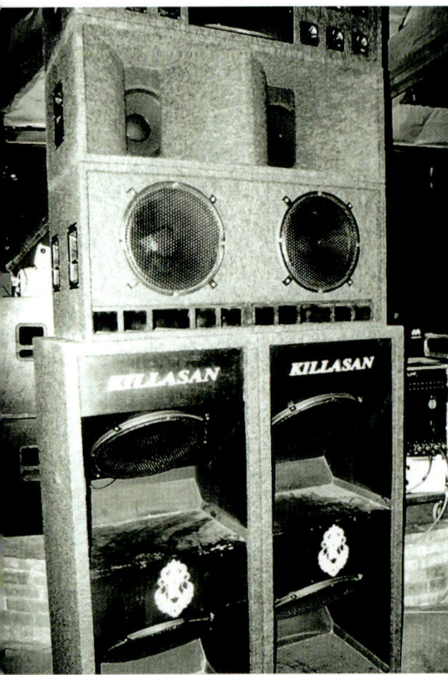

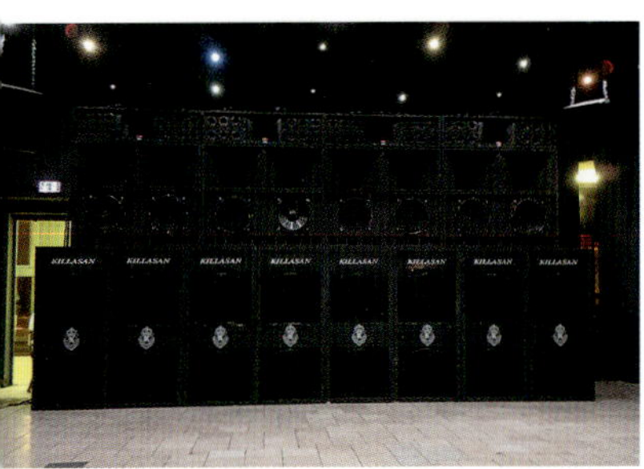

KILLASAN SOUND SYSTEM
in Japan gefertigtes Soundsystem nach
Jamaikanischem Vorbild | produced
in Japan after a jamaican model

werden und bei denen es darum geht, Autos und Pickups auffällig mit mächtigen übergroßen Lautsprechersystemen „aufzumotzen". Eine Erklärung für den kulturellen Stellenwert des Car-Tunings und der dazugehörigen Soundclashes, die der Vermehrung sozialer Anerkennung dienen, ist, dass sie einen Raum für die kulturelle Abgrenzung und Individuation bieten und es ihren Exponenten ermöglichen, Sound im Zuge akustischer Dominanzhandlungen einzusetzen, um ihr symbolisches Kapital herauszustellen.[12] Es mag überraschen, dass das England des Zweiten Weltkriegs und vom Militär eingesetzte Soundtechnologien die Brutstätten der späteren jamaikanischen Reggae-Soundsysteme bildeten. Hedley Jones bot sich während der Ausbildung und des Kriegsdienstes bei der Royal Air Force ein virtueller „Spielplatz" zum Experimentieren mit damals führenden Elektronik- und Verstärkertechnologien. Er speicherte die bei der Kolonialmutter gelernten Lektionen für die kulturelle Transfiguration und dreist donnernde Aktivierung bei seiner Heimkehr ab. Sein selbstgebauter „Williamson"-Verstärker wurde zur Basis für die ersten (und besten) mobilen Soundsysteme und zum Simulakrum ritueller Gewalt, die mithilfe der Geräuschwaffen der zukünftigen Soundclashes in Szene gesetzt wurde.[13] Die ersten jamaikanischen Soundsysteme wurden vor dem Hintergrund der eigenen Kolonialgeschichte und des kontinuierlichen Kampfes um Unabhängigkeit und selbstbestimmte Identität gebaut, und sie machten sich die Musik von Dancehall und Dub Reggae – basslastig, unter die Haut gehend und voll dissonanter Klangeffekte –

The convection currents of US automotive technologies and car-tuning phenomena, ("pimping"), have hybridized with Brazil's own mobile sound system culture to spread across South America, producing subcultures, dubbed "som automotivos", that conspicuously customize cars and pickup trucks "pimped" with powerful oversized speaker systems. One explanation for the cultural prominence of car-tuning and its sound clashes, which function as propagators of sociality, is that it is a site for cultural distinction and individuation, allowing exponents to employ sound in acts of sonic dominance to amplify their symbolic capital.[12] Perhaps surprisingly, WWII, England, and military acoustic technologies provided the gestational incubator for the future of Jamaican reggae sound systems. For Hedley Jones, training and wartime experiences within the Royal Air Force formed a virtual "playground" for experimentation with the then cutting-edge electronics and amplification technologies. Lessons from the colonial mother stored-up for cultural transfiguration and audacious, thunderous activation in the return home, his self-constructed "Williamson form" amplifier was the launch base for the first (and best) mobile sound systems and the simulacrum of ritual violence enacted in the noise-weapons of the sound clashes that would follow.[13] It was against the backdrop of a history of colonialism and the continued struggle for independence and self-determined identity, that the first Jamaican sound systems were built, harnessing the music of dancehall and dub reggae, bass-heavy and sub-dermal, replete with dissonant sonic effects, for alternate modes of enunciating both the epigenetic trauma of slavery and a vision for the future. A "downtown", predominantly working-class or "ghetto" phenomenon, (eschewing the saccharine, clearly coded

als alternative Artikulationsmodi für das epigenetische Trauma der Sklaverei und für eigene Zukunftsvisionen zunutze. Die Mobilität und Mobilisierung der Soundsysteme – gigantischer Lautsprecherwände mit mächtigen Bass-Membranen, die die Luft vibrieren ließen und körperliche Spannung sowie transformative viszerale Erregung verursachten – waren ein Phänomen, das (in Vermeidung der eindeutig kodierten Saccharin-Ästhetik der vornehmen Mittelklasse-Clubs) vorwiegend die Stadtzentren und die Arbeiterklasse bzw. die „Ghettos" betraf, und sie ermöglichten respektlose Angriffe auf Räume in einem Land, das noch tief in kolonialen Klasse-Raum-Beziehungen dachte. Dabei wurde mit zwei oder drei konkurrierenden Systemen irgendein passender Freiraum in Beschlag genommen – von Gehwegen, Straßen, Höfen bis hin zu Feldern, jede Fläche, die groß genug für die Systeme war. Dann wurde (quasi-legal) aufgebaut und die Kontrahenten lieferten sich innerhalb ein und desselben Raumes eine Soundschlacht, eine Verwirklichung des virtuellen Potenzials von Räumen, um einen temporären heterotopen Ort für das Propagieren und die Affirmation von Gemeinschaftlichkeit zu schaffen und um einen symbolischen Krieg der Frequenzen und Kräfte zur akustischen Flutung der Menge entstehen zu lassen. Sensorische Neuverdrahtung. Die kybernetische Feedback-Feedforward-Assemblage – mit dem auflegenden DJ als „Pilot", textlich gesteuert durch die MCs und mit von Technikern kontrollierten futuristisch-flektierten akustischen Effekten (Gewehrfeuer, Sirenen), die alle zusammen mit den tanzenden Körpern das jamaikanische Soundsystem ausmachen – schuf sich, als nomadenkulturelle Kriegsmaschine, eine allumfassende akustische Ökologie. Ebenfalls aus einem Zusammentreffen sozialer, technologischer und militärischer Kräfte geboren, fungierten der „Ghettoblaster", der in den siebziger Jahren in amerikanischen Städten auftauchte, und die Subkultur, für die er aufgrund der sofortigen Inbesitznahme durch afro-amerikanische Jugendliche wie ein Katalysator wirkte, als ein Kanal für eine kulturelle Infektion mit Guerilla-Sounds. Durch das Artikulieren innerstädtischer Rassenunterschiede und der ungerechten Raumverteilung

aesthetics of uptown, middle-class clubs), the mobility and mobilization of the sound systems — gigantic assemblage-walls of loudspeakers containing powerful bass membranes that made the air vibrate creating physical tension, transformative visceral excitations — was deployed in irreverent raids on space in a country still steeped in colonial class-spatial relations. Making use of the outside "any-space-whatever" — of sidewalks, streets, yards, fields, any space sufficiently capacious to "house" their systems — two or three competing systems would seize, set up (quasi-legally), and do sonic battle within the same space; an actualization of the virtual potential of spaces to conjure a temporary heterotopic space for the propagation and affirmation of communality, and for a symbolic war of frequencies and forces for the sonic flooding of the crowd. Sensory re-wiring. A cybernetic feedback-forward assemblage, "piloted" by the "selectors" (DJs), MCs' lyrical steering, operators controlling Futurist-inflected sonic effects, (rifle-fire, sirens), and dancing bodies, taken together, the Jamaican sound system, as a nomad cultural war machine, created an all-encompassing acoustic ecology. Born, too, of a confluence of social, technological and military forces, the emergence of the "boombox" in 1970s American cities and the subculture it catalyzed through its immediate adoption by African-American youths was to become a conduit for a cultural contagion of guerrilla-sonics. Articulating inner-city racial and spatial inequalities, the city was subject to a cultural militarization of its audiosphere by factions it would rather remain hidden or "ghettoized"; a laboratory for experimentation and acoustic assaults by a populace intent on claiming new spaces of emergence and visibility, armed with a whole new regime of sonic and visual propagations: hip hop, graffiti, street and breakdancing. The increased miniaturization and massification of cheaper technical

wurde die Stadt von Gruppen, die sie am liebsten versteckt oder „ghettoisiert" hält, einer kulturellen Militarisierung ihrer Audiosphäre unterworfen. Sie wurde zum Labor für Experimente und akustische Attacken von einer Bevölkerungsschicht, die es darauf abgesehen hatte, neue Emergenz- und Präsenzräume für sich zu beanspruchen, bewaffnet mit einem ganzen Arsenal neuer akustischer und visueller Ausdrucksweisen: Hiphop, Graffiti, Straßen- und Breakdance. Die wachsende Miniaturisierung und Massenverbreitung preiswerter soundtechnischer Komponenten, gekoppelt mit der Akkulturation des Magnetbandes im Alltag, sorgte für die bessere Tragbarkeit und mobile Verbreitung einer kulturellen Soundmaschinenkunst, untergebracht in einer Hardware, die visuell Bezug auf ihre militärischen Vorfahren nahm. Während er für manche (unfähig, die akustische Flut aufzuhalten, die durch die porösen Grenzen des Körpers sickerte) ein Beispiel für urbanen akustischen und rassifizierten Terror darstellte, formten der Ghettoblaster und die Klänge, die er nicht nur in den afro-amerikanischen Vierteln, sondern vor allem in die ihm vorher verschlossenen neuen Räumen ausstrahlte, die akustische Zeitlichkeit amerikanischer Städte um. Gleichzeitig führten sie zu einer erheblichen Umgestaltung der Raumarchitektur, da sie die vermeintliche Grenze zwischen privatem und öffentlichem Raum verschoben: eine Leibnizsche Falte aus überlappenden Sonosphären, die sich durch die Haut der Stadt zieht. In Indien werden Sound-Trucks, Rikschas und Fahrräder, ausgestattet mit imposanten Metalllautsprechern und Beschallungsanlagen, angemietet, um Waren akustisch anzupreisen und um als Klangverstärker bei Hochzeitsprozessionen und geselligen Treffen zu dienen. Migratorische Geisterlinien dieser Praxis findet man bei der indischen Minderheit in Trinidad und Tobago, wo die in Indien verwendeten Methoden kopiert werden und sogenannte „Mike Men" oder „Mic Men" ihre Autos mit Megaphonen aufmotzen, die eigentlich vom Militär zur Warnung vor Fliegerangriffen genutzt werden. Als Produkte eines multiplen Bewusstseins veranstalten die Mike Men allerdings auch „Battles" im Stile der jamaikanischen Soundclashes, um festzustellen, wer der akustisch Überlegene ist, und sie graben dazu seltene 78-U/min-Platten aus den fünfziger

components of sound technologies, twinned with the acculturation of magnetic tape into everyday practice, ensured the greater portability and mobile dispersion of a cultural sound-machine-art carried in hardware that bore visual reference to its military forebears. Whilst for some an urban acoustic and racialized terrorism, unable to stem the sonic flood seeping through the porous boundaries of the body, the boombox and the sounds it radiated in not only African-American neighborhoods, but especially within the new spaces from which it had been previously excluded — the boombox as an audio-amulet in entering these domains — recast the sonic temporality of America's cities, significantly reshaping their spatial architecture by extricating the putative boundary between private and public space: a Leibnizian *pli* of over-lapping sono-spheres tearing through the skin of the city.

Throughout India, sound trucks, rickshaws and bicycles fitted with impressive metal horn speakers and PA systems, are hired out to sonically advertise goods and provide amplificatory intensification to wedding processions and social gatherings. Migratory ghostlines of this practice are palpable amongst diasporized Indians of Trinidad and Tobago where, replicating the modes of use in India, "Mike / Mic Men" customize their cars with military air-raid warning megaphones. Products, however, of a multiple consciousness, the Mike Men do battle in Jamaican-inspired sound clashes to determine sonic superiority, unearthing rare Indian and Bollywood 78-rpm records of the 1950s and 1960s; a mobile sonic practice overcoming historical displacement to tune into the echoes of the multi-layered

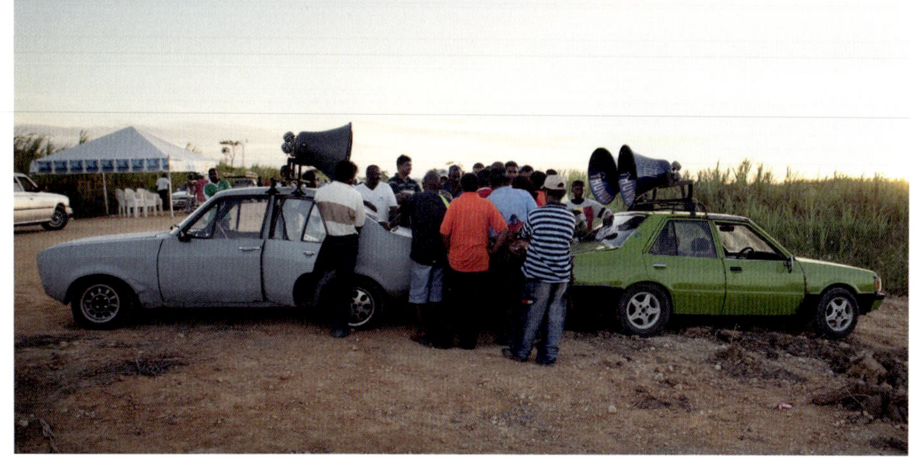
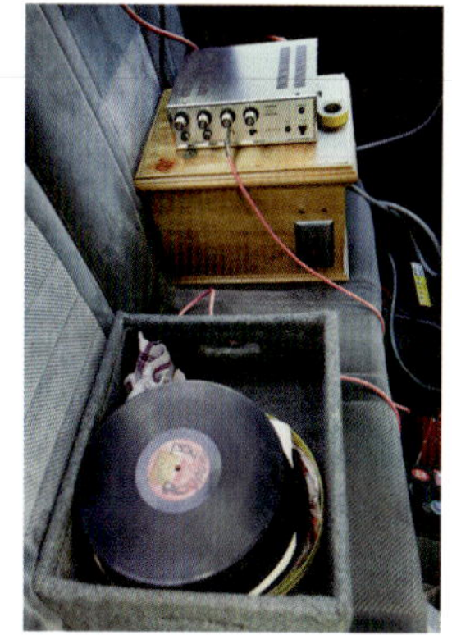
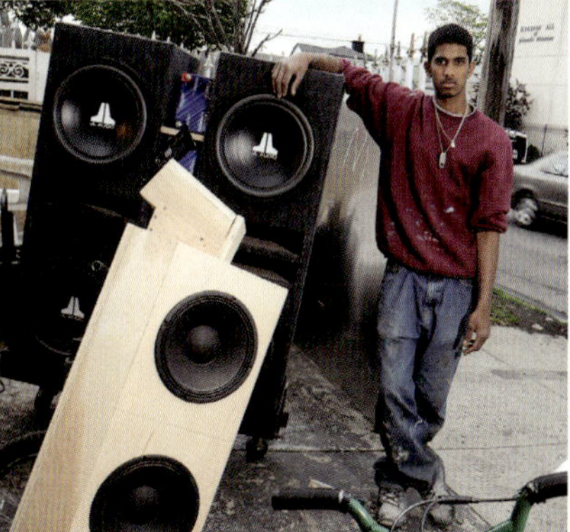
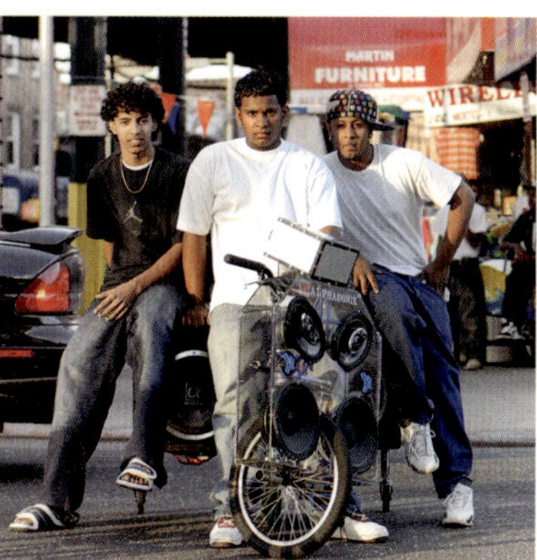

und sechziger Jahren mit indischer und Bollywood-Musik aus – eine mobile akustische Praxis, die das historische Verlassen der alten Heimat überwindet und ihre Empfangsantenne auf die Echos der vielschichtigen Räume ausrichtet, die Trinidad von „Mother India" trennen. Eine jüngere Generation bringt ihre Kunst bis in die USA, wo sie als Mittel der kulturellen Abgrenzung und der fortgesetzten Praktizierung von „Heimat" dient. Sie motzt BMX-Räder zu höchst auffälligen Konstruktionen auf, sodass sie eine spannende akustische Assemblage darstellen: „Stereo-Räder". Mit Lautsprecherwänden ähnlich den jamaikanischen Soundsystemen in verkleinerter Form, technologischen Mutationen ihrer indischen Wurzeln, verwandeln sie das Objekt – den ersten autonomen Ort der Mobilität – in ein Outdoor-Guerilla-Soundsystem. In New Yorks „Little Guyana"[14] führt das audiovisuelle Spektakel dieser mobilen Soundpraxis zu ambivalenten öffentlichen Reaktionen. Mit Kapazitäten von bis zu 4000 Watt, die Klangsignaturen hinterlassen, durchbohren, zerstören und überlagern diese nomadischen Kulturkriegsmaschinen die Sonosphäre mit basslastiger Alternativrhythmik.

spaces that separate Trinidad from "Mother India". A younger generation extend their art to the US as a means of cultural distinction and a continued practice of "home". Producing highly conspicuous configurations, they "trick out" BMXs creating an interesting sonic assemblage: "stereo-bikes". With speaker walls resembling those of Jamaican sound systems in scaled-down form, technological mutations of their Indian lineage, they transform an object — our first autonomous site of mobility — into outdoor guerrilla sound systems. In New York's "Little Guyana"[14] the sono-visual spectacle of this mobile sound practice draws ambivalent public attention. Wielding emission capacities up to 4000 watts that leave sonic signatures, these nomad cultural war machines temporarily puncture, disrupt and layer the sonosphere with a bass-heavy alter-rhythmicity.

Während des Zweiten Weltkrieges wurde die Marinettische Verknüpfung von Avantgarde und Avantguerre ein für alle Mal zementiert. Dies geschah vornehmlich in britischen und US-amerikanischen Kontexten, wo Künstler und Bildhauer einen wesentlichen Teil jener geheimen Truppen stellten, die den Auftrag hatten, „Geisterarmeen"[15] zu simulieren – bewegliche Simulakren in Imitation echter Gefechtseinheiten, Waffen und Menschen, die aus der Luft real aussahen. Am Boden konnte der „Realitätseffekt" nur durch eine zusätzliche akustische Dimension erzielt werden: Soundscapes, die das Vorhandensein von Nicht-Vorhandenem vortäuschten. Alle Seiten – die Russen, die Deutschen, die Briten und die Amerikaner – setzten Taktiken zur akustischen Täuschung ein und hatten leistungsfähige Lautsprecher auf Halbkettenfahrzeuge und Panzer montiert, um Propaganda weiträumiger verbreiten zu können. Großbritannien und die USA jedoch gingen über diese ursprüngliche Nutzung hinaus. Zu einer Zeit, als man sich von dem problematischen Einsatz tragbarer Phonografen und kommerzieller Soundeffektplatten verabschiedete und dazu überging Original-Feldaufnahmen auf dem zuverlässigeren Medium Magnetdraht zu speichern, machte man sich hier die neuen Aufnahmetechniken zunutze und spielte in Gebieten, wo dies nicht zu erwarten war, Aufnahmen von Kampfgeräuschen, Panzern und Bewegungen ganzer Divisionen über die Lautsprecher der Halbkettenfahrzeuge und „Sonic Cars" ab: Die eigene Präsenz wurde virtuell neu abgemischt und dupliziert, um beim Feind mehr Angst und Verwirrung zu stiften. Ein unheimlicheres Beispiel war der Einsatz mobiler Soundsysteme gegen einen nahezu unsichtbaren Guerilla-Gegner während des Vietnamkrieges. Im Zuge der psychologischen Militäroperation „Wandering Soul" versuchte die 1st Air Cavalry buddhistische Glaubenskonzepte der Vietnamesen gegen diese zu verwenden. Sie bezog sich auf Vorstellungen der Vietnamesen zur Zeitlichkeit und Ahnenverehrung, laut denen es den Vorfahren möglich ist, zurückzukehren, und zeitgleich in der Gegenwart zu leben. Soldaten, die zu Avantgarde-Tonkünstlern wurden, stellten Aufnahmen zusammen, in denen ätherische Stimmen von

The Marinettian linking of the avant-garde to an avant-guerre was indissolubly cemented during World War II, notably within the British and US contexts, where artists and sculptors formed a significant part of government-screened corps to create "ghost armies"[15] —movable simulacra, in mimesis of the real units, hardware and bodies of war which, when viewed from the skies, appeared authentic. At ground level, only with the introduction of a sonic dimension was a "reality effect" attained: soundscapes simulating the presence of an absence. All sides—the Russians, Germans, British and Americans—had employed tactics of sonic deception, mounting powerful loudspeakers onto half-track vehicles and tanks for the wider emission of propaganda. Britain and the United States however, were to surpass this initial use. Harnessing new techniques in recording, as it shifted from the problematic use of portable phonographs and commercial sound effects records to original in-field recordings onto the more reliable medium of magnetic wire, they replayed through the loudspeakers of the half-tracks and "sonic cars" the sound of battle, tank movements, and movements of whole divisions in unanticipated zones: the virtual re-mixing and doubling of one's presence to arouse greater levels of fear and confusion in the enemy. Tuned to an eerier register, during the Vietnam War mobile sound systems were deployed against a near-imperceptible guerrilla adversary. Turning Vietnamese Buddhist beliefs back onto, and against, its own people, 1st Air Cavalry PSYOPS's Operation "Wandering Soul" exploited the Vietnamese relation to temporality and ancestor worship for whom the long deceased could return to simultaneously inhabit the present. Composing recordings, (by soldiers turned avant-garde sound artists),

Vorfahren simuliert wurden, sowie nervtötende Schreie und Gejammer – ein Echo von Russolos *Intonarumori* –, und sie kombinierten diese mit vermeintlichen Botschaften jener Toten, die fern von zu Hause ohne ordentliches Begräbnis gestorben waren – Botschaften im Sinne der Amerikaner. In diesen Aufnahmen wurde das Vertraute *unheimlich*, eine Inszenierung von Platons Theorie des Simulacrums: Schaffe soviel Unwahres, dass es wahr erscheint und der Körper für eine „akustische Infektion" anfällig wird. [16] Über dem Blätterdach des Dschungels säten Apache-Hubschrauber – ausgestattet mit Lautsprechern und sogenannten „Curdlers" (einem „menschenvertreibenden" Oszillator) – diese Audioinfektion in nahezu ohrenbetäubender Lautstärke, mit dem Ziel, die Vietcong so mit den Akusmatik[17]-Aufnahmen zu überschwemmen, dass sie ihre Verstecke verließen. In *Apocalypse Now* (1979) stellt Francis Ford Coppola diese reale Begebenheit in einer berühmten Szene nach, in der Wagner als akustisches Abwehrmittel dient. Inspiriert von der Möglichkeit, durch Klang auditive Halluzinationen hervorzurufen, veranschaulichte die Operation „Wandering Soul" nicht nur den Ubiquitätseffekt, also die Schwierigkeit oder Unmöglichkeit, die Quelle eines Klangs oder Geräuschs zu lokalisieren, sondern auch die unentwirrbare Verstrickung von Macht und Sound: Die Beschallung aus der Luft und aus einer unsichtbaren Quelle erzeugt ein Erleben eines ungleichen Machtverhältnisses und verleitet zum Glauben an „die Manifestation einer höheren oder transzendentalen Macht: Gott, der Staat, Natur, der Vater." [18] Im Kalten Krieg wurde die Berliner Mauer zum bevorzugten Ort für die mobile Kriegsführung mit Dezibels zwischen den konkurrierenden ideologischen Weltanschauungen, und es kam zu einem eskalierenden *Lautsprecherkrieg* in einer Art Neuinszenierung der biblischen Geschichte von den Posaunen vor den Mauern von Jericho – jedoch hochgerüstet auf ein zum Düsenjet-Zeitalter passendes Maß. Die ostdeutsche Armee montierte Beschallungsanlagen und Lautsprecher oben auf Polizeiautos, um akustische Salven mit sowjetischer Marschmusik und kommunistischer Propaganda durch die Stacheldrahtabsperrungen und über die Mauer zu schicken und gegebenenfalls öffentliche Veranstaltungen und politische Reden auf der anderen Seite der Mauer akustisch übertönen zu können – im Vorbeifahren sozusagen. Daraufhin setzte die Westberliner Organisation

simulating ethereal voices of the ancestors, unnerving cries, wails — echoing Russolo's *intonorumori* — and US-inflected messages to emulate those of the enemy dead lost far from home, the familiar now became *unheimlich*, enacting the Platonic theory of the simulacrum: create sufficient falsehood to appear true, to "render the body susceptible to sonic infection." [16] Above the jungle canopy, Apache helicopters bearing loudspeaker horns and the "Curdler", (a "people repellent" oscillator), would seed this audio contagion at near-deafening levels, the acousmatic [17] tapes enveloping the Viet Cong, driving them out from hiding. Francis Ford Coppola's *Apocalypse Now* (1979) was to famously limn this real scene, with Wagner the choice for sono-repulsion. Imbued with sound's capacity to conjure auditory hallucinations, "Wandering Soul" demonstrated not only the "ubiquity effect", but also the inextricability of sound and power: disseminated from above and from an indiscernible source, the experience of an unequal power relation is induced and a belief in, "the manifestation of a superior force or a transcendental power: God, the State, Nature, the Father." [18] The Berlin Wall was the preferred site for a Cold War mobile war of decibels between competing ideological worldviews; an escalating *Lautsprecherkrieg* ("speaker war") recasting the biblical tale of the Walls of Jericho in jet-age proportions. Fitting police vehicles with PA systems and loudspeakers atop their roofs, the East German military directed sonic salvos of Soviet martial music and Communist propaganda through the barbed wire intervals and at the Wall, for the "drive-by" sonic flooding of public gatherings and political speeches on the other side of the Wall. The West Berlin

Studio am Stacheldraht (SaS) zum entscheidenden Gegenschlag an und motzte eine kleine Flotte von VW-Camper-Bussen zu kompletten Ein-Mann-Rundfunkstationen auf. Man befestigte ganze Batterien der neuesten amerikanischen Trichterlautsprecher an drehbaren hydraulischen Hebevorrichtungen auf den Dächern der Busse, sodass der Osten gegen die auf eine bestimmte Stelle konzentrierten langanhaltenden akustischen Attacken nichts ausrichten konnte. Über die ersten Einsätze dieser mobilen akustischen Waffen, die man für „ohrenbetäubenden Terror" auch noch „vernetzen" konnte, sagte der technische Leiter des SaS, Dieter Graetz: „Der Lärm eines Düsentriebwerks aus sechs Meter Entfernung beträgt etwa 105 Fon. Schon einer unserer Transporter allein bringt es auf 130 Fon." Vernetzt „dürfte das einen Menschen vermutlich nicht umbringen. Aber man würde erreichen, dass er nichts mehr hören kann und sich übergeben muss."[19] Obwohl die Mauer dem zunehmenden sozio-vibrationalen Druck am Ende nicht standhalten konnte, werden an der koreanischen Demarkationslinie bis heute ideologisch gefärbte akustische Vergeltungsschläge verübt. In *Die Kunst des Schreckens* klagt Virilio die Futuristen an, deren „erbarmungslose Kunst" nicht nur den „menschlichen Körper verbog und quälte, bevor sie ihn in der Abstraktion verschwinden ließ", sondern auch zu einem „Triumph des Willens zur Auslöschung der *Stimmen der Stille* durch den Lärm jener berühmten ‚Geräuscherzeugungsmaschinen'" führte, die „die Verheerungen durch die Artillerie im Ersten Weltkrieg vorwegnahmen."[20] Gleichwohl würde der Staat Kunst als einen abstrakten Plan betrachten, um seine eigenen Bürger zum Schweigen zu bringen und die gleichen mobilen akustischen Waffen, die er gegen Feinde einsetzt, auch ohne Weiteres gegen seine Bürger richten: Und zur Legitimierung dient immer wieder der gleiche Refrain: „im Namen der Sicherheit". Der Feind ist irgendwo dort draußen und gleichzeitig sind wir selbst jetzt der Feind, wir, das Volk. In einer Vielzahl von Kontexten wurden bei sozialen Unruhen in den sechziger Jahren Waffen zur Verhaltensmodifizierung sowie abschreckend wirkende mobile akustische Waffen gegen die Demonstrierenden eingesetzt, darunter „Curdler"-Systeme, Infraschallknallgeräte und sogenannte „Long Range Acoustic Devices" (LRADs), auch als Schallkanonen bekannt. Jacques Attali forderte schon in den siebziger Jahren, darüber nachzudenken, was im Körper passiert, wenn „die Frequenz eines

organization *Studio am Stacheldraht* (SaS, Studio at the Barbed Wire), embarked upon decisive counter-measures proto-"pimping" a small fleet of Volkswagen Kombi (Camper) vans into fully equipped, one-man-operated transmission studios. Bearing rooftop clusters of the latest American-developed loudspeaker horns fitted onto bespoke hydraulic cranes, their directional concentration of sustained sonic assaults onto a chosen position or event were to eventually leave the East with no retort. Of the first deployments of these mobile acoustic weaponry studios that could be "networked" for "ear-splitting terror", the technical chief of SaS, Dieter Graetz, commented: "The noise from a jet engine at seven yards is about 105 phons. Just one of our trucks alone can throw out 130 phons." Networked, "it probably wouldn't kill a man. But it would disturb his hearing and make him vomit."[19] The Berlin Wall may have eventually succumbed to a socio-vibrational accretion of pressure, but today, retaliatory ideological sound blasts continue across the border of the Korean Demarcation Line. In *Art and Fear,* Virilio indicts the Futurists whose "pitiless art" that "twisted and tortured the human body before making it vanish in abstraction" also expressed "the triumphs of the will to wipe out *the voices of silence* through the din of those famous 'noise-making machines'" that heralded the ravages caused by the artillery of the Great War.[20] Yet the State would regard art as an abstract diagram for the silencing of its own, readily turning the same mobile sonic weaponry used against enemy-Others, onto its citizens: the legitimating refrain, "in the name of security." The enemy is out there but it is also now us, we the public. In a range of contexts of social unrest beginning in the 1960s, behavior modification and deterrent-

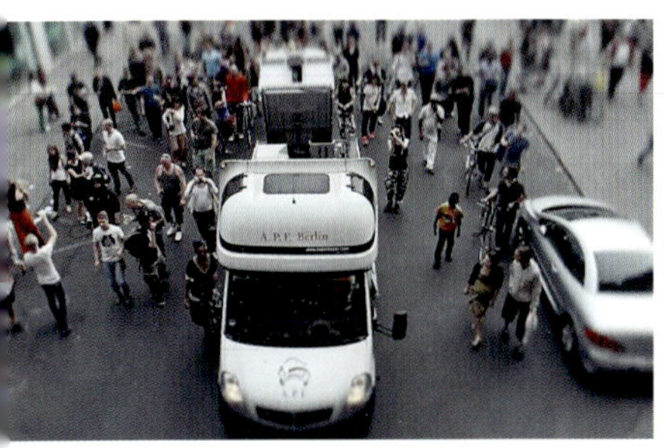

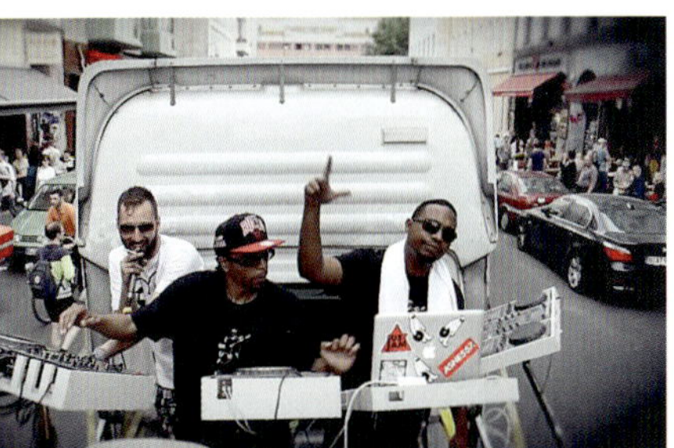

Tones 20.000 Hz übersteigt bzw. wenn seine Intensität 80 Dezibel übersteigt".[21] Heute, wo die akustischen Möglichkeiten diese Grenzwerte übersteigen, ermöglicht die mobile Ultra oder Infraschall-Folter das brutale, physiologisch lähmende Abwürgen von Widerstand. Doch so, wie der Staat sich bei der Kunst bediente, haben sich auch Künstler militärische Klangtechnologien zunutze gemacht – zumindest deren visuelle und akustische Sprache – und Verbindungen zwischen „Machtorganisationen, Ereignisse[n] aus Kunst, Wissenschaften und gesellschaftlichen Kämpfen" gezogen.[22] In der Folge wurden derartige Akkulturationen kreativ in akustischen Widerstandsaktionen eingesetzt, um Räume zurückzuerobern. Ein wichtiges Beispiel dafür war Nik Nowaks Panzerparade *Take Over Berlin* vom Mai 2012. Dabei wurde ein 4000-Watt-Sound-Panzer – als metaphorische Anspielung, doch mit mächtigem affektivem akustischem Potenzial – eingesetzt, um die Straßen vo n Berlin zu deterritorialisieren und gleichzeitig Menschen anzuziehen: Der Protest richtete sich gegen die zunehmende Grundstücksspekulation, die dazu führt, dass immer mehr Künstler ihre einst reichlich vorhandenen Atelierräume verlieren. Das leidenschaftliche Anliegen der versammelten Menge intensivierend, wand sich Nowaks Assemblage durch die Straßen und durchbrach die gewohnte Rhythmik der Stadt, indem sie die Sozio-Sonosphäre mit einer Ökologie aus Geschwindigkeit, Langsamkeit und Stockungen überzog. Der Verkehr musste der gemächlichen Prozession ausweichen, begleitet von einem lärmenden alter-urbanen 160 bpm-„Chicago footwork"-Rhythmus, der noch verstärkt wurde durch den architektonischen Resonanzraum der Straße. Teils ästhetisch-politische Kundgebung, reartikulierte Nowaks Panzerparade die Konnotationen einer militärischen Praxis, die die Stadt einst, während einer dunkleren Ära, gefangen hielt.

inducing mobile acoustic weapons — Curdler units, infra-"sonic booms" and Long Range Acoustic Devices (LRADs) — have been turned on protesting factions. Jacques Attali, writing in the 1970s, asked us to consider what happens to the body when "the frequency of a sound exceeds 20,000 Hz, or when its intensity exceeds 80 decibels?"[21] Where sonic capabilities now surpass these thresholds, mobile ultra / infrasonic torture engenders a violent, physiologically immobilizing silencing of dissent. Yet, as the State has borrowed from art, so too have artists sequestered military acoustic technologies, at the very least, their visual and sonic languages, forging connections between "organizations of power, and circumstances relative to the arts, ... and social struggles."[22] Such acculturations have been creatively utilized in acts of sonic dissidence for the reclamation of space. A significant example of this is Nik Nowak's *Take Over Berlin* tank parade in May 2012. His 4000-watt "sound tank" — a metaphorical allusion yet with potent affective sonic capacities — was deployed in an attractional deterritorialization of Berlin's streets; a protest against the accelerating property speculation driving artists out of once abundant studio spaces. Intensifying the passional concerns of the accreting crowd and wending their way through the streets, Nowak's assemblage punctured the city's habitual rhythmicity, suffusing the socio-sonosphere in an ecology of speeds, slownesses and arrests; traffic was forced to yield to their unhurried progress simultaneous to a clamorous, accelerated 160-bpm alter-urban rhythm of "Chicago footwork" further amplified by the architectural resonance chamber of the street. Part aesthetico-political rally, Nowak's tank parade rearticulates the connotations of a military practice that arrested the city in a darker period.

SCHLUSSBEMERKUNGEN

Parallele Bewegungen, die sich in ihrer Natur unterscheiden. Um ein wirkliches Verständnis einer Ära zu erlangen, müssen wir unser Sensorium auf deren neue Klänge und Soundmaschinen einstimmen. *BOOSTER: Kunst Sound Maschine* als akustische Begegnung ermöglicht eine omnidirektionale und multisensorische Exploration dieser Aussage und eröffnet ein riesiges Gebiet unerwarteter Sondierungen, Klänge und Koevolutionen – Portale für zukunftsvisionäre akustische Assemblagen in der Kunst. Auch die Ausstellung lässt sich als Assemblage navigieren, als mobile und mobilisierende Collage schlechthin, ein Medium mit offenem Ausgang, das potenziell endlose Möglichkeiten für Erfindungen und Reartikulationen bietet, die Gelegenheit, „Chaosstückchen herzunehmen, um ... Belege für die Aktivität einer Kultur zu erbringen, sie zu erkunden und zu organisieren."[23] Durch Kontinuitäten und Diskontinuitäten, mutagene Auseinandersetzungen und fruchtbare Adaptationen verstärken Collagen Tendenzen, decken Muster auf. Das ist es, was *BOOSTER: Kunst Sound Maschine* leisten kann, wenn sich die Ausstellung der Provokation von Spinozas wegweisender Frage stellt. Denken wir Assemblagen, denken wir mobile akustische Ideenabenteuer!

CONCLUSION

Parallel movements differing in kind. To gain a true understanding of an age, we must attune our sensorium to its emergent sounds and sound machines. *BOOSTER: Art Sound Machine*'s acoustic congress provides an omnidirectional and multi-sensorial exploration of this exhortation, opening up a vast terrain of unanticipated soundings and co-evolutions, portals for futuring acoustic assemblages in the arts. It is as assemblages that we might also navigate the exhibition as a mobile and mobilizing collage writ large, an open-ended medium inviting potentially endless possibilities of invention and re-articulation, the opportunity to "take bits of chaos to... investigate, organize and present evidence of the activity of a culture."[23] Continuities and disruptions, mutagenic exchanges and fertile adaptations, collages intensify tendencies, reveal patterns. In rising to the provocation of Spinoza's seminal question, this is what *BOOSTER: Art Sound Machine* can do. Think assemblages, think mobile sonic adventures in ideas.

ANMERKUNGEN

[1] Steve Goodman: *Sonic Warfare: Sound, Affect, and the Ecology of Fear* (Massachusetts und London, 2010).

[2] Alfred North Whitehead: *Modes of Thought* (New York, 1966) S. 2.

[3] „Körper" bezieht sich hier nicht nur auf den menschlichen Körper sondern auch auf Corpora von Ideen, Maschinen etc.

[4] Gilles Deleuze und Felix Guattari: *A Thousand Plateaus: Capitalism and Schizophrenia*, Bd. II, Übers.: Brian Massumi (London, 1988) S. 23.

[5] Kodwo Eshun und Edward George: „Ghostlines: Migration, Morphology, Mutations" in: *Sonic Process: A New Geography of Sounds*, Ausstellungskat. (Museu d'Art Contemporani de Barcelona, 2002) S. 101–108.

[6] Michael Veal: *Soundscapes and Shattered Songs in Jamaican Reggae* (Connecticut, 2007) S. 257.

NOTES

[1] Steve Goodman: *Sonic Warfare: Sound, Affect, and the Ecology of Fear* (Massachusetts and London, 2010).

[2] Alfred North Whitehead: *Modes of Thought* (New York, 1966) p. 2.

[3] "Body" refers to not only the human but also bodies of ideas, machines, etc.

[4] Gilles Deleuze and Felix Guattari: *A Thousand Plateaus: Capitalism and Schizophrenia Vol. II*, trans. Brian Massumi (London, 1988) p. 23.

[5] Kodwo Eshun and Edward George: "Ghostlines: Migration, Morphology, Mutations" in: *Sonic Process: A New Geography of Sounds*, exh. cat. (Museu d'Art Contemporani de Barcelona, 2002) pp. 101–108.

[6] Michael Veal: *Soundscapes and Shattered Songs in Jamaican Reggae* (Connecticut, 2007) p. 257.

[7] Jean-François Augoyard and Henry Torgue (eds.): *Sonic Experience: A Guide to Everyday Sounds*, trans.: Andra McCartney and David Paquette (Montreal, 2005) pp. 27, 98.

7 Jean-François Augoyard und Henry Torgue (Hrsg.): *Sonic Experience: A Guide to Everyday Sounds*, Übers.: Andra McCartney und David Paquette (Montreal, 2005) S. 27, 98.

8 In Italien, wie in Russland, kam die Industrialisierung spät.

9 Marjorie Perloff: *The Futurist Movement: Avant-Garde, Avant Guerre, and the Language of Rupture* (Chicago und London, 1986) S. 35.

10 Eine Theorie, die dem deutschen Soziologen Max Weber zugeschrieben wird.

11 www.carnavalemsalvador.net/site/index.php/ reportagens-menu/cultura-categoria/45-historico (Stand: 18.9.2013).

12 Pierre Bourdieu: *Distinction: A Social Critique of the Judgement of Taste* (Cambridge, MA, 1984).

13 Jacques Attali: *Noise: The Political Economy of Music*, Übers.: Brian Massumi (Minneapolis, 1985) S. 24–26.

14 Das karibische Viertel im Stadtteil Queens.

15 Jonathan Gawne: *Ghost Armies of the ETO: American Tactical Deception Units in the European Theatre 1944–1945* (London, 2002).

16 Steve Goodman: „Audio Virology: On the Sonic Mnemonics of Preemptive Power" in: Carolyn Birdsall und Anthony Enns (Hrsg.): *Sonic Mediations: Body Sound Technology* (Newcastle upon Tyne, 2008) S. 36.

17 „Bezogen auf Klänge, die man hört, ohne die Klangquelle zu sehen." Das betrifft also auch entkörperlichte, geisterhafte Stimmen. Michel Chion: *Audio Vision: Sound on Screen*, hrsg. und übers. von Claudia Gorbman (New York, 1994) S. 221.

18 Augoyard und Torgue: ebd. S. 139.

19 James Gunter: „Now West Berlin can 'sound off'", in *Stars and Stripes*: www.stripes.com/news/ now-west-berlin-can-sound-off-1.56291 (Stand: 9.10.2013).

20 Paul Virilio: *Art and Fear*, Übers.: Julie Rose (London, 2003) Klappentext und S. 85/86, Kursivierung wie im Original.

21 Jacques Attali: ebd. S. 27.

22 Gilles Deleuze und Felix Guattari: *Tausend Plateaus (Mille Plateaux)*, Übers.: Gabrielle Ricke und Roland Voullie (Berlin, 1992) S. 17.

23 Carol Rickey: „Reviews: New York", *Artforum* zitiert nach: Michael Veal: „Starship Africa" in: Jonathan Sterne (Hrsg.): *The Sound Studies Reader* (London, 2012) S. 463.

8 Italy, like Russia, was late to industrialization.

9 Marjorie Perloff: *The Futurist Movement: Avant-Garde, Avant Guerre, and the Language of Rupture* (Chicago and London, 1986) p. 35.

10 A theory attributed to German sociologist Max Weber.

11 www.carnavalemsalvador.net/site/index.php/ reportagens-menu/cultura-categoria/45-historico (accessed 18.9.2013).

12 Pierre Bourdieu: *Distinction: A Social Critique of the Judgement of Taste* (Cambridge, MA, 1984).

13 Jacques Attali: *Noise: The Political Economy of Music* (trans. Brian Massumi (Minneapolis, 1985) p. 24–26.

14 The "Caribbean quarter" within the borough of Queens.

15 Jonathan Gawne: *Ghost Armies of the ETO: American Tactical Deception Units in the European Theatre 1944–1945* (London, 2002).

16 Steve Goodman: "Audio Virology: On the Sonic Mnemonics of Preemptive Power" in: Carolyn Birdsall and Anthony Enns Anthony (eds.) *Sonic Mediations: Body Sound Technology* (Newcastle upon Tyne, 2008) p. 36.

17 "Pertaining to sounds one hears without seeing its source." This would thus include disembodied voices. Michel Chion: *Audio Vision: Sound on Screen*, ed. and trans. Claudia Gorbman (New York, 1994) p. 221.

18 Augoyard and Torgue, ibid. p. 139.

19 James Gunter: "Now West Berlin can 'sound off'", at the *Stars and Stripes* archives: www.stripes.com/news/now-west-berlin-can-sound-off-1.56291 (accessed 9.10.2013).

20 Paul Virilio: *Art and Fear*, trans. Julie Rose (London, 2003), inner dust-jacket and pp. 85/86, emphasis in original.

21 Jacques Attali, ibid. p. 27.

22 Deleuze and Guattari, ibid. p. 7.

23 Carol Rickey: "Reviews: New York", *Artforum* cited after: Michael Veal: "Starship Africa" in: Jonathan Sterne (ed.) *The Sound Studies Reader* (London, 2012) p. 463.

UNSICHTBARE LAUTSPRECHER: WENN DINGE SPRECHEN

STEVE GOODMAN

INDISCERNIBLE LOUDSPEAKERS: WHEN THINGS TALK

Unter der Bezeichnung „sprechendes Fenster" wurde im Juni 2013 das Konzept für ein neues mobiles Soundsystem publik gemacht, dass die Werbeagentur BBDO für Sky Deutschland entwickelt hat.[1] Das Ganze funktioniert etwa so: Wenn ein müder Zugpassagier seinen Kopf ans Zugfenster lehnt, werden ihm Werbebotschaften übertragen, die sich so anfühlen, als kämen sie aus dem Inneren seines Kopfes. Mithilfe von Signalwandlern und Knochenleitungstechnologie, die bisher nur für Hörgeschädigte und beim Militär eingesetzt wurden, leiten der Schädel und das Fenster unhörbare Hochfrequenzen zum Innenohr und geben dort heimlich ihre Werbenachricht ab. Andernorts hat die britische Technologiefirma Feonic, die sich auf Ultraschallanwendungen spezialisiert, ein System entwickelt, mit dem es möglich ist, jedes Objekt in einen Flachlautsprecher zu verwandeln. Das System nennt sich „flüsternde Fenster"[2], und es wird bereits von einigen Luxusartikel-

ketten, Fluglinien, Galerien und Stadtverwaltungen genutzt: Ein magnetostriktiver Elektroakustikwandler, der sich auf einer beliebigen Resonanzfläche anbringen lässt – z. B. einer Trockenbauwand, aber auch auf Holz, Glas oder Metall –, macht es möglich, Klang über die gesamte Oberfläche auszusenden. Solche neuen Tendenzen in der Entwicklung der Lautsprechertechnik unter dem digitalen Regime des zeitgenössischen Kapitalismus machen es notwendig, dass wir unsere Vorstellungen über mobile Soundsysteme und über das Konzept von „Mobilität" selbst modifizieren. Das 20. Jahrhundert hat uns gelehrt, dass Soundsysteme Territorien umschreiben und in Abhängigkeit vom affektiven Ton, den diese Systeme ausstrahlen, dazu führen können, dass man diese Territorien verlässt; andererseits kann dieser affektive Ton aber auch den Wunsch verstärken, dort zu verweilen – er kann also Abstoßung und Anziehung hervorrufen und all die affektiven Nuancen, die zwischen diesen beiden Extremen liegen. Diese gewaltige Bandbreite von Möglichkeiten wird vom Militär, von der Polizei, von Werbefirmen, von den Medien, von Künstlern und Musikern genutzt. Jede Form des Einsatzes von Soundsystemen löst Bewegungen aus – Schwingungen in der Luft, Resonanzen in Materie, Bewegungen von Körpern und Geist, extensiven und intensiven. Aber was geschah, als die Soundsysteme selbst von dieser Choreographie mitgerissen wurden? Im Zuge der Elektrifizierung und Industrialisierung wurden diese technischen Konstrukte eingerichtet und lenkbar gemacht, sie wurden mobil, zu Prothesen, miniaturisiert, individualisiert, eingesetzt, getragen und verschmolzen schließlich mit ihren Trägern. Als die elektrifizierten Soundsysteme mobil wurden, wurden offensichtlich auch die räumlich-zeitlichen Territorien, die sie schufen, mobilisiert und kreierten die chaotisch kaleidophonische Klanglandschaft des Verbraucherkapitalismus: Signale und Geräusche überlagern einander und schlagen Wellen in einem turbulenten Klangozean – Informationsüberfluss als sensorische Überflutung. Als die mobilen Soundsysteme intimer wurden und man sie stärker an den Nutzer anpasste, führte das auch dazu, dass man versuchte, von draußen eindringende Geräusche und Signale zu blockieren oder einzufärben und Umgebungsklang individu-

In June 2013, a novel implementation of mobile sound system technologies referred to as the "talking window" was proposed by ad agency BBDO Germany for Sky Deutschland [1]. The pitch goes like this: When sleepy train passengers rest their head on train windows, they are presented with branding messages that feel as though they are coming from inside their head. Using surface transducers and bone conduction technology deployed previously for the deaf and the military, the skull (as does the window) becomes a vehicle conducting inaudible high frequencies to the inner ear, secretly secreting branding signals. Elsewhere, developing what they call "Whispering Windows" and already employed by a number of high-end retailers, airlines, art galleries and local councils, UK-based technology company Feonic [2] specializing in ultrasound applications has refined a system which enables any object to be turned into flat-panel speakers. A magnetostrictive sound transducer attached to any resonant surface (e.g. drywall, wood, glass, or metal) affords the emission of sound from across an entire surface. In response to these and other recent tendencies in the development of loudspeaker technology under the digital regime of contemporary capitalism, we should perhaps modify our assumptions regarding mobile sound systems and the concept of "mobility" itself. The twentieth century has taught us that sound systems produce territories and, depending on the affective tone emitted from these systems, will precipitate the evacuation of these territories or enhance congregation, repulsion, and attraction, and all the affective subtleties in between. This spectrum of potentials is populated by the military, police, advertising agencies, media, artists and musicians. In each of these deployments, sound systems provoke extensive and intensive movement: vibration through the air, resonance in matter, movement of bodies and

alisiert zu filtern. Mit verbesserter Tragbarkeit wurden die akustischen Inhalte zu digitalen Daten vaporisiert, zugänglich gemacht durch permanente Verbindungen zu unsichtbaren Clouds. Doch nicht nur die Soundsysteme wurden mobil: Je einfacher es wurde, sich mit Soundsystemen zu bewegen, desto weniger lästig wurde auch der notwendige physikalische Transport von Inhalten. Simultan und omnipräsent vernetzte man die Systeme und so wurden sie zu Katalysatoren der wachsenden Allgegenwart einer Soundkultur. Wo der Träger einst Inhalte mitführen musste, werden sie jetzt numerisch zu ihm gestreamt. Bei dem Versuch, die Geräuschbelästigung zu modulieren und zu managen, die durch diese extreme Ausbreitung von Soundsystemen entstanden ist, erübrigt sich letztendlich auch die Notwendigkeit, Luft als Medium zu nutzen und die Schwingungen werden nun direkt vom technischen Gerät an den Körper übertragen.[3] Unter dem digitalen Regime der Vernetzung haben wir oft ein Loblied auf das emanzipatorische Potenzial der verbesserten Mobilität von Soundkultur gesungen und den Sieg der Streuung über die Konzentration, der Zirkulation über das Festhalten, der Bewegung über den Stillstand, des Nomadischen über das Sesshafte, des Flüssigen über das Feste, des Rhizomartigen über das Baumartige gefeiert. Doch welche Rolles spielen mobile Soundsysteme in einer Ära der erzwungenen Mobilität, in der Konsum Bewegung einfordert? Was bleibt von der emanzipatorischen Rhetorik des „Mobilen" in einem Zeitalter, in dem Konsumieren und Sich-Bewegen gleichgesetzt sind? Kann man Mobilität naiv feiern in einem Zeitalter, in dem die Mobilität technischer Geräte die völlige Unterordnung der freien Zeit unter eine alles konsumierende Arbeit beschleunigt hat, eine Arbeit, die einem überallhin folgt und jede Nanosekunde unserer Aufmerksamkeit infiltriert? Bleiben Sie in Bewegung, bleiben Sie produktiv, und halten Sie Kontakt über die sozialen Netze! Und was geschieht, wenn alle möglichen Dinge an allen möglichen Orten zu Lautsprechern werden können? Wenn aus jedem Objekt ein potenzieller Lautsprecher wird, sinkt die Notwendigkeit, Soundsysteme mitzuführen parallel zur Notwendigkeit, Inhalte physikalisch mitzuführen: „Zapfen Sie einfach Ihre Umwelt an!" Das Konzept des „mobilen Soundsystems"

minds. But what happened when the sound systems themselves were swept up in this choreography? Through electrification and industrialization, these technical assemblages became mounted and driven, portable, prosthetisized, miniaturized, personalized, inserted, worn and intertwined with their carriers. When the electrified sound systems became mobile, the spatio-temporal territories they produced obviously also became mobile, creating the chaotic kaleidophonic soundscape of consumer capitalism. Signals and noises rippling and overlapping in a turbulent ocean of sound: information overload as sensory flood. As mobile sound systems became more and more individualized and intimate, they also constituted attempts to sandbag and color leaks coming in from outside, filtering environmental sound into individualized pods. As portability increased, the sonic content vaporized into digital data accessible via always-on connections to invisible clouds. Not only did sound systems become mobile; as sound systems became easier to move with, the necessity to physically transport content became less and less onerous. Simultaneous, omnipresent, they became networked, catalyzing a becoming ubiquity of sonic culture. Instead of traveling with the carrier, content streams numerically to the listener. Eventually, in an attempt to manage and modulate the noise pollution of this proliferation of sound systems, the need for air as a vehicle is eradicated and the vibration is transmitted directly from technical device to the body.[3] In the digital regime of networks, we have often sung the praises of the emancipatory potential of this enhanced mobility of sonic culture, celebrating distribution over concentration, circulation over capture, movement over stasis, the nomadic over the sedentary, the fluid over the solid, the rhizomatic over the arborescent. Yet in an era of enforced mobility in which consumption demands movement,

impliziert einen relativ statischen Hintergrund – die Mobilität steht im Vordergrund. Wird dieser Hintergrund jedoch animiert, wandelt sich der Status der relativen Mobilität des Vordergrunds. Wenn aus jeder Oberfläche eine Klangquelle wird, löst sich der Unterschied zwischen Lautsprecher und Umwelt weiter auf. Auch wenn schon die Einführung von Aufnahme- und Sendetechnologien den Ton von seiner eigentlichen Quelle trennte (Schizophonie), war der Ton doch immer darauf angewiesen, von etwas ausgestrahlt zu werden, das speziell als Lautsprecher entworfen worden war. Wenn jedes Objekt Lautsprecher sein kann, ob es nun zu diesem Zweck gebaut wurde oder nicht, verschmelzen das Virtuelle und das Tatsächliche noch stärker – so wird der beängstigende Affekt des Akusmatischen intensiviert und der kognitive Impuls gescrambelt, Wirkungen mit Ursachen zu verknüpfen. Der Lautsprecher verschwindet. Ihr Zimmer, Ihr Haus, die Umwelt wird zur Quelle gestalteten Klanges und lädt ein, sich mit Dingen zu unterhalten. Was ist der Kontext einer Landschaft, die durch Ultraschall-Werbung quasi-verzaubert wird? Schon die Erfindung des ersten Lautsprechers war ein Beispiel für technologischen Animismus, für bauchredende Gegenständlichkeit. Die Ausdehnung des Lautsprecherkonzepts auf resonante Materie selbst markiert eine Beschleunigung dieser Dimension von Kapitalismus und Schizophonie. In Verbindung mit automatisiertem Richtungs-Tracking und künstlicher Intelligenz werden nicht mehr als Soundsysteme wahrnehmbare Objekte zu Jägern. Stimmen verfolgen uns aus nicht bestimmbaren Quellen, mit Inhalten, die uns anweisen, Dinge zu tun. Die Science-Fiction-Zukunft, die die Gegenwart des animistischen Kapitalismus konstituiert, scheint alten Zivilisationen neues Leben einzuhauchen – Zivilisationen, in denen man glaubte, dass den Dingen Geister innewohnen. Ein durch einen beliebigen Gegenstand projizierter Klang impft dem Leblosen ein Quasileben ein. Gleichwohl lenkt diese technologische Exemplifizierung paranoider Schizophrenie unsere Aufmerksamkeit auch in Richtung eines maschinischen Animismus [4], der sein Gefangensein in technischen

what is the status of the mobile sound system? What remains of the emancipatory rhetoric of the "mobile" in an age when to move is to consume? Can mobility be naively celebrated in an age when the circulation of technical devices has accelerated the total subsumption of free time into an all-consuming work that follows you everywhere and infiltrates every nanosecond of attention span? Keep moving, remain productive while staying connected in social networks. Moreover, what happens when "anywhere" or "anything" becomes a speaker? When every object becomes a potential loudspeaker, the need to travel with sound systems erodes in parallel to the diminished necessity to physically transport content: jack into the environment. The notion of the mobile sound system implies a relatively static background, mobility in the foreground. When the background becomes animated, the status of the relative mobility of the foreground morphs. When any surface becomes an emitter of sound, the distinction between loudspeaker and environment further dissolves. While the advent of recording and transmission technologies separated sound from its source (schizophonia), it was always limited to being emitted from something specifically designed as a loudspeaker. When the loudspeaker can be any object whatsoever, designed or not, the virtual and the actual fuse tighter, intensifying the anxious affect of the acousmatic, scrambling the cognitive impulse to attribute cause to effects. The loudspeaker disappears. Your room, your architecture, the environment becomes the emitter of designed sound, inviting you to converse with things. What is the context of a landscape quasi-enchanted by ultrasonic branding? The invention of the first loudspeaker was itself an instance of technological animism, of ventriloquized objectness. The expansion of the loudspeaker to encompass resonant matter itself marks an acceleration of this dimension of capitalism and schizophonia. Coupled to directional automated tracking

Konstruktionen überwindet und der es noch dringender macht, sich nach ästhetischen Taktiken umzusehen, die über die Kolonisierung neuer Kanäle durch kommerzielle Signifikanten auf der Jagd nach Aufmerksamkeit hinausgehen. Statt anthropomorphisierte Objekte nur in menschlichen Diskursketten aneinander zu ketten, statt sie nur zu zwingen, mit uns zu kommunizieren oder menschliche Befehle weiterzugeben, würde ein wahrhaft maschinischer Animismus zum Experimentieren mit asignifikanter Semiotik führen – einer Semiotik, die in der Subjektivität des Nichtmenschlichen und Nichtlebenden beginnt und sich das Verschwinden des Lautsprechers in der Materie zunutze macht, um geheime Kopplungen mit dem Nichtleben von Objekten und Sprachen, die wir noch nicht kennen, zu fördern.

and artificial intelligence, indiscernible objects as sound systems become predatory. Voices follow you, their source indeterminable, their content commanding. The science fiction future that constitutes the present of animistic capitalism appears to rejuvenate ancient civilizations that believed that spirits inhabited objects. Sound projected through any object whatsoever injects quasi-life into the inanimate. Yet this technological instantiation of paranoid schizophrenia also draws our attention towards a machinic animism[4] that exceeds its capture in technical assemblages and intensifies the need for an aesthetic tactics that go beyond the colonization of new channels by corporate signifiers hunting attention. Instead of merely chaining anthropomorphized objects into human discursive chains, forcing them to communicate with us, to relay human commands, a properly machinic animism would seek to precipitate experimentation with asignifying semiotics that begin in the subjectivity of the nonhuman and nonliving, and exploit the disappearance of the loudspeaker into matter, nurturing secret couplings with the unlife of objects and languages as yet unknown.

ANMERKUNGEN

[1] Im Englischen: „Talking Window", siehe: www.bbc.co.uk/news/technology-23167112, (Stand: 1.12.2013).

[2] Im Englischen: „Whispering Window", siehe: www.feonic.com/ (Stand: 1.12.2013).

[3] Siehe auch tragbare Geräte zur Übertragung von Schwingung wie den Subpac www.thesubpac.com (Stand: 1.12.2013).

[4] A. Melitopoulos und M. Lazzarato: „Machinic Animism" in: A. Franke (Hrsg.): *Animism* Vol.1, (Berlin, 2010).

NOTES

[1] www.bbc.co.uk/news/technology-23167112 (accessed 1.12.2013).

[2] www.feonic.com/ (accessed 1.12.2013).

[3] See also wearable vibration devices such as the Subpac, www.thesubpac.com (accessed 1.12.2013).

[4] A. Melitopoulos and M. Lazzarato: "Machinic Animism" in: A. Franke (ed.): *Animism* Vol.1, (Berlin, 2010).

ANHANG

APPENDIX

AUSGESTELLTE WERKE,
DIE NICHT IM KATALOG
ABGEBILDET SIND |
EXHIBITED WORKS NOT
PRINTED IN THE CATALOGUE

DEAD RECORD OFFICE 2014
Mixed Media Installation, Maße variabel |
dimensions variable
Podeste je | pedestals each
90 × 240 × 240 cm, Dead Record Archiv-
panele je | Dead Record Archive panels each
240 × 240 cm

ARSENI MICHAILOWITSCH AWRAAMOW
SYMPHONY OF SIRENS Baku 1922
öffentliches Konzert | public event
Rekonstruktion | reconstruction:
Leopoldo Amigo und | and Miguel Molina,
Polytechnic University of Valencia, 2003
28:10 Min.

BENJAMIN BINDER
SONY TCM 930 2011
Papier, kaschiert, Kassettenrecorder | paper,
coated, cassette recorder, 23 × 16 × 10,5 cm

SONY TCM 150 2010
Papiermaché | papier mâché, 22 × 16 × 6,5 cm

OLYMPUS 2010
Holz und Blech | wood and sheet metal
30 × 11 × 5 cm

OLYMPUS VN-9000 PC 2011
Farb- und Bleistift auf Papier |
crayons and pencil on paper, 29,7 × 21 cm

OLYMPUS VN-8600 PC 2012
Farb- und Bleistift auf Papier, Fotokopie |
crayons and pencil on paper, xerox, 29 × 9 cm

WELIMIR CHLEBNIKOV
THE RADIO OF FUTURE
Radioprojekt | radio project, 1921
Radiophonische Nachstellung |
radiophonic re-creation: Miguel Molina
und | and Leopoldo Amigo
Partner | collaboration: Pilar Abad
Stimme | voice: Ernest Peshkov, Department
of Sculpture, Polytechnic University of
Valencia, Spanien | Spain, 2006, 3:45 Min.

FORTUNATO DEPERO
NOISE SONG OF THE BALLET
(ANIHCCAM DEL 3000) 1924
Musik | music: Franco Casavola
Rekonstruktion | reconstruction: Laboratory
of Intermedia Creations – Faculty of Fine
Arts San Carlos, Valencia, Spanien | Spain,
Rekonstruktion der Lokomotiven | reconst-
ruction of locomotives: Encarna Sáenz
Interpreten | interpreter: Juan Antonio
Cerezuela, Rocío Garriga und | and Miguel
Molina, 2004, 4:02 Min.

MARCEL DUCHAMP
SCULPTURE MUSICAL ca. 1913
Version von | version by Petr Kotik
5:22 Min.

LA MARIÉE MISE À NU PAR SES
CÉLIBATAIRES MÊME, ERRATUM MUSICAL
nach | after 1912
Umsetzung | realization: Peter Kotik
Interpreten | interpreter: S.E.M. Ensemble
1974 / 2000, 23:02 Min.

NIKOLAI FOREGGER & SEIN GERÄUSCH-
ORCHESTER | HIS ORCHESTRA OF NOISES
MECHANICAL DANCES 1923
Rekonstruktion | reconstruction:
Laboratory of Intermedia Creations
Choreographie | choreography:
Juan Bernardo Pineda
Nachstellung des Geräuschorchesters |
Re-creation of the Orchestra of Noises:
Leopoldo Amigo und | and Miguel Molina
Produktion | production: UPV – Department
of sculpture, Polytechnic University,
Valencia, Spanien | Spain, 2004, 3:09 Min.

MIQUEL GALOFRÉ
MIKE MEN OF TRINIDAD 2010
Trailer für einen Dokumentarfilm |
trailer for documentary, 2:26 Min.

MATT HOPE
HORNMASSIVE SCHEMATIC 2004
Vektorzeichnung | vector drawing
Maße variabel | dimensions variable

KARL HANS JANKE
BILD-TON-STEMPEL 1953
Bleistift auf Papier | pencil on paper
14,5 × 20,5 cm
Rosengarten e.V. Wermsdorf /
Ausstellung „Karl Hans Janke"

KLEINES KOFFER-RADIO-GERÄT 1954
Mischtechnik auf Papier | mixed media
on paper, 21 × 29 cm
Rosengarten e.V. Wermsdorf /
Ausstellung „Karl Hans Janke"

DER NEUE „ZEITREPORTER"
(MULTIMEDIA-SCHRANK) 1950
Bleistift auf Papier | pencil on paper
21 × 14,5 cm
Rosengarten e.V. Wermsdorf /
Ausstellung „Karl Hans Janke"

M11X | MIKAL JESSIE HAMEED
JAZZ NOIR 2014
Mixed Media Sound Sculpture
104 × 214 × 92 cm

OLAF MOOIJ
DJ MOBILE 1.0 SCALE MODEL 1998
Kunststoff, Lautsprecher, Autoradio,
Actionfigur | plastic, speaker, car radio,
action man, 30 × 65 × 31 cm

NIK & TILL NOWAK
SOUVENIRS 2007
Video, 2 Min.
Kamera & Effekte | editing & VFX:
Till Nowak
Kamera | director of photography:
Ivan Robles Mendoza
Musik | music: Nik Nowak, Henk Heuer
Sammlung Marta

CARLOS ROLON | DZINE
OHNE TITEL | UNTITLED 2010
Digitalprint, 72,2 × 137 cm

KURT SCHWITTERS
URSONATE 1923/32
Vortrag | Speaker: Arne Dechow, heraus-
gegeben vom | edited by LOGO VERLAG
Eric Erfurth, Kurt Schwitters, „Ursonate"
aus | from: Friedhelm Lach (Hrsg.): *Die*
literarischen Werke, 52:14 Min.

KONRAD SMOLEŃSKI
BNNT – DEGREES OF FREEDOM 2013
Video, Farbe | color, Sound, 15 Min.
Leto Gallery, Warschau

DZIGA VERTOV
LABORATORY OF HEARING:
FROM THE RUMOR OF A SAWMILL
FROM THE RUMOR OF A CASCADE
(Aufzeichnung | phonogram 1916)
Rekonstruktion, Ausarbeitung |
reconstruction, re-elaboration:
Miguel Molina und | and Leopoldo Amigo,
Stimme | voice: Miguel Molina
Department of Sculpture, Polytechnic
University of Valencia, Spanien | Spain
2003–2007
1:16 Min., 0:32 Min.

BABYPHON (RADIO) 1954/55
Hersteller | producer: Metz, Kunststoff,
Kunstleder, Elektronik | plastic, sysntetic
leather, electronics, 80 × 34 × 33 cm
Rockakademie OWL

GRAMMOPHON | GRAMOPHONE ca. 1910
Holz, Metall, Mechanik | wood, metall,
mechanics, 80 × 90 × 65 cm
Rockakademie OWL

MIKROPHONE | MICROPHONES
o. J. | no date
Metall, je | each ca. 25 × 15 × 15 cm
Rockakademie OWL

RADIO ca. 1942
Bakelit, Mechanik | bakelite, mechanics
15 × 25 × 13 cm
Rockakademie OWL

IL TRENO (DER ZUG | THE TRAIN)
von | by John Cage (1977)
Auf der Suche nach der verlorenen Stille –
Exkursionen mit einem präparierten Zug,
Dokumentation der Wiederaufführung
einer Performance von John Cage zwischen
Göttingen und Kassel im Rahmen des
Festivals „Experiment Geschwindigkeit" |
on the search for the lost silence – excursion
with a prepared train, documentation of
the reproduction of a performance by John
Cage between Göttingen and Kassel in the
context of the festival "experiment speed"
DVD, 2004, Farbe | color, Sound, 46:43 Min.

WERKE VON JEAN TINGUELY, 1.1.1972
Produktion | production: SRF – Schweizer
Radio und Fernsehen, DVD, SW | BW, Sound
6:05 Min.

WREDE ORGEL 1924
Pneumatische Orgel | pneumatic organ
ca. 270 × 350 × 150 cm
Wagen | trailer: ca. 350 × 250 cm
Ludwig Blome, Petershagen

Werke aus dem Katalog, die
nicht in der Ausstellung sind |
Works from the catalogue,
which are not in the exhibition:

KÜNSTLERBIOGRAPHIEN | ARTISTS BIOGRAPHIES

AUDINT | TOBY HEYS & STEVE GOODMAN
(* in Manchester und | and Glasgow, UK,
leben | live in Manchester und | and
London, UK)
1945 gegründet, besteht AUDINT derzeit
aus Toby Heys und Steve Goodman. Heys ist
Mitarbeiter des Forschungsbereichs Digi-
tale Technologien der Manchester Metropolitan University, UK; 2011 PhD an der John
Moores University, Liverpool, UK. Goodman
ist Forscher und ehemaliger Professor für
Soundkultur an der School of Arts and Digital Industries, University of East London, UK.
2010 publizierte er *Sonic Warfare: sound,
affect and the ecology of fear*. Er führt das
Plattenlabel *Hyperdub* und produziert elektronische Musik unter dem Namen *Kode9*.
2013 erschien ihr Buch *Dead Record Office*;
2014 wird das Schallplattenbooklet *Martial
Hauntology* herausgegeben. Formatted
in 1945, AUDINT currently consists of Toby
Heys and Steve Goodman, UK. Heys is
a Digital Technologies Research Fellow at
Manchester Metropolitan University, UK;
PhD at John Moores University, Liverpool,
UK, in 2011. Goodman is a researcher, for-
merly Senior Lecturer in Sonic Culture in the
School of Arts and Digital Industries, University of East London, UK. In 2010 he published *Sonic Warfare: sound, affect and the
ecology of fear*. Goodman runs the *Hyperdub*
record label and produces electronic music
under the name *Kode9*. They published the
book *Dead Record Office* together in 2013;
in 2014 they will release a triple gatefold vinyl
record calls *Martial Hauntology*.
Ausstellungen und Performances (Auswahl
seit 2009) | exhibitions and performances
(selection from 2009): 2013: Evil Music Festival, Haus der Kulturen der Welt, Berlin, DE;
Interference, Unsound Festival, Bunkier Sztu-
ki, Krakau | Krakow, PL; *Platform: In The Ma-
king*, Site Gallery, Sheffield, UK; 2012: *New
Forms Installations*, Centre for Digital Media,
New Forms Festival, Vancouver, CA; *Spec-
tral*, CTM Festival, Kunstraum Kreuzberg/
Bethanien, Berlin, DE; 2011: *Dead Record
Office*, Art in General, New York, US; 2009:
Art in the Name of Security, Akademie der
Künste, Berlin, DE.

ARSENI AWRAAMOW
(geb. | né Arseni Michailowitsch
Krasnokutski, 1886 in Nowotscherkassk, RU
– 1944 in Moskau | Moscow, RU)
war russischer Musikkritier, Theoretiker,
Komponist und Zirkuskünstler. Er studierte ab 1908 Musik, Komposition und Klavier
in Moskau, RU. Nach der Oktoberrevolution
war er im Volkskommissariat für Bildungswesen (Narkompros) für den Bereich Kunst
zuständig. Basierend auf eigenen Soundex-
perimenten führte er mehrfach seine monumentale *Symphony of Sirens* (Sinfonie der
Sirenen) auf: 1919 in Nischni Nowgorod, RU,
1921 in Rostov, RU, 1922 in Baku, AZ und zuletzt 1923 in Moskau, RU. 1916 erschien sein
Artikel über die Zukunft synthetischer Musik *Upcoming Science of Music and the New
Era*. was a Russian music critic, theorist,
composer and circus artist. He studied music
as well as composition and piano in Moscow,
RU, from 1908. After the October Revolution he was reponsible for art in the People's
Commissariat for Education (Narkompros).
Based on his sound experiments he often
performed his monumental *Symphony of
Sirens*: 1919 in Niszhny Novgorod, RU, 1921 in
Rostov, RU, 1922 in Baku, AZ and finally 1923
in Moscow, RU. His article on the future of
synthetic music *Upcoming Science of Music
and the New Era* was published in 1916.

MASSIMO BARTOLINI
(*1962 in Cecina, IT, lebt | lives in Cecina, IT)
studierte am Technical Institute for Surveyors in Livorno, IT und an der Accademia di
Belle Arti, Florenz, IT. studied at the Technical Institute for Surveyors of Livorno, IT and
the Accademia di Belle Arti, Florence, IT.
Ausstellungen (Auswahl seit 2002) | exhi-
bitions (selection from 2002): 2013: *Studio
Matters +1*, The Fruitmarket Gallery, Edinburgh, UK, S.M.A.K., Gent, BE; 2013/2009/
2001 Venedig | Venice Biennale, IT; 2012:
dOCUMENTA (13), Kassel, DE; 2011: *Serce
na dłoni*, CoCA, Toruń, PL; 2008: Quadri-
ennale di Roma, IT; 2007: *Rose Garden and
Stone Fountain*, Espais Obets, Caixa Forum,
Barcelona, ES; *Massimo Bartolini*, Museu
de Arte Contemporânea, Fundação de Ser-
ralves, Porto, PT; 2006: Shanghai Biennale,
CN; 2008: São Paulo Biennale, BR; 2005:
Massimo Bartolini, GAM, Turin, IT; *Ecstasy:
In and about Altered States*, MOCA, Los
Angeles, US; 2004: *Perception of space*,
Museum Boijmans Van Beuningen, Rotter-
dam, NL; 2003: *Massimo Bartolini*, Muse-
um Abteiberg Mönchengladbach, DE; 2002:
Manifesta 4, Frankfurt, DE.

LOTHAR BAUMGARTEN

(*1944 in Rheinsberg, DE, lebt | lives in
Berlin, DE und | and New York, US)
studierte 1968 an der Staatlichen Akademie
der Bildenden Künste Karlsruhe, DE und
von 1961–71 an der Kunstakademie Düsseldorf, DE. studied at Karlsruhe Academy of
Art, Karlsruhe, DE in 1968 and at Dusseldorf
Academy of Art, DE from 1961–71.
Ausstellungen (Auswahl seit 2003) | exhibi-
tions (selection from 2003): 2013–14: *Mi-
nimal Resistance*, Reina Sofía, Madrid, ES;
2012–13: *Ends of the Earth. Land Art bis
1974*, Haus der Kunst, München | Munich, DE;
2012: *Spies in the House of Art*, The Metropolitan Museum of Art, New York, US; *La
Triennale*, Palais de Tokyo, Paris, FR; *Tour
d'Horizon - Werke aus der Sammlung*, Mi-
gros Museum für Gegenwartskunst, Zürich |
Zurich, CH; *Joseph Beuys und seine Schüler -
Werke aus der Sammlung Deutsche Bank*,
Sakıp Sabancı Museum, Istanbul, TR;
2011–12: *Lothar Baumgarten: Abend der
Zeit - Señores Naturales. Yanomami*, Mu-
seum Folkwang, Essen, DE; 2009: *Lothar
Baumgarten: Seven Sounds / Seven Circles*,
Kunsthaus Bregenz, AT; 2008: *Autofocus
Retina*, MACBA, Barcelona, ES; *Objectivi-
tés: La Photographie à Düsseldorf*, Musée
d'Art Moderne de la Ville de Paris, FR; 2007:
*Hidden in Plain Sight: Contemporary Photo-
graphs from the Collection*, MoMA, New
York, US; 2006–08: *Más de lo que los ojos
pueden ver - Arte Fotografico de la Colección
Deutsche Bank*, MARCO, Monterrey, MX,
Museo de Artes Modernas, Lima, PE, Museo
de Arte Moderno, São Paulo, BR; 2004:
Lothar Baumgarten: Carbon, Dallas Museum
of Art, TX, US; 2003: *Lothar Baumgarten:
The Origine of the Night*, Whitney Museum
of American Art, New York, US.

BENJAMIN BINDER

(*1989 in Braşov, RO, lebt | lives in
Hamburg, DE)
absolvierte schon während seiner Schulzeit
ein Praktikum im Atelier der Schlumper in
Hamburg. Seit 2008 ist er festes Mitglied.
interned in the Schlumper studio during
his school years. He has been an associate
since 2008.
Ausstellungen (Auswahl seit 2009) | exhi-
bitions (selection from 2009): 2013: *Die
Schlumper - Kunst aus Hamburg*, Schloss
Clemenswerth, Sögel, DE; 2011/10:
Exhibition #4, Museum of Everything,
London, UK; *Durchgang zum Vielleicht*, Haus
im Park, Bremen, DE; *Ich sehe was, was
du nicht siehst*, Osthaus Museum, Hagen;
documenta-Halle, Kassel, DE; EUCREA
Designwettbewerb, Interior Design Week,
Köln | Cologne, DE; *Die Schlumper - eine
Hamburger Ateliergemeinschaft*, Kleisthaus,
DE; 2009: *Die Schlumper plus 2*, Museum für
Outsiderkunst, Schleswig | DE.

JOHN CAGE

(1912 in Los Angeles, CA, US – 1992 in
New York, US)
war Komponist, Musiktheoretiker und Künstler. Er studierte zunächst Theologie und Architektur, bevor er das Klavier- und Kompo-
sitionsstudium aufnahm (1931–33 bei Adolph
Weiss und Henry Cowell sowie 1934 bei
Arnold Schönberg). 1946/47 Studium der indischen Philosophie. 1941 Professor für experimentelle Musik am Chicago Institute of
Design, anschließend Lehrtätigkeit am Black
Mountain College, NC, US und von 1956-58
Professur an der New School of Social Research in New York, US. 1943 erstes Konzert
im MOMA, New York, US; 1952 spielt David
Tudor in Woodstock sein Stück *4'33"*; 1968
Aufführung von *Reunion* gemeinsam mit Alexina und Marcel Duchamp. 1978 Urauffüh-
rung von *Il Treno* in Bologna – ein Zug wurde
mit Mikrophonen, Lautsprechern und Kame-
ras ausgestattet, um die Geräusche und Bilder von draußen in die Abteile zu leiten. Musiker und Schauspieler begleiteten den Zug
und an einigen Bahnhöfen empfingen Musik-
gruppen die Reisenden.
was a composer, music theorist and artist.
He first studied theology and architecture,
then piano and composition (with Adolph
Weiss and Henry Cowell in New York, US,
from 1931–33, as well as with Arnold Schoen-
berg, CA, US, from 1934). In 1946/47 he took
classes in Indian philosophy. He became professor of experimental music at the Chicago
Institute of Design in 1941, then taught at the
Black Mountain College, NC, US and then became professor at the New School of Social
Research in New York, US, from 1956-58.
1943, was his first concert at MOMA, New
York, US; in 1952 David Tudor played his
piece *4'33"* in Woodstock; 1968 *Reunion* performance with Alexina and Marcel Duchamp.
Il Treno was performed in Bologna, IT, in
1978 – a train was fitted with microphones,
loudspeakers and cameras so that the noises
from outside could be heard in the compart-
ment. Musicians and actors accompanied the
train, and groups of musicians met the passengers at some stations.

KATIE CALLAN

(*1974 in Gloucester, MA, US, aufgewach-
sen in Süd-Kalifornien | raised Southern
California, US, lebt seit | lives from 2000 in
Marseille, FR und | and Upland, CA, US)
studierte von 1992-96 Literatur und Fran-
zösisch an der Universität San Diego, CA,
US. 1997 arbeitete sie bei The Earth Times
in New York und anschließend für das Los
Angeles Büro der Associated Press. 1998-99
Studium der Fotografie an der Universität
Los Angeles, CA, US. Seit 2011 arbeitet Callan als Filmemacherin und Kamerafrau für
das Fernsehen. studied Literature and
French at the University of San Diego, CA,
US, from 1992-96. From 1997 she worked
at The Earth Times and later at Los Angeles
bureau of the Associated Press. She stud-
ied photography at the University of Los
Angeles, CA, US, from 1998-99. Katie Callan
has worked in television as both a filmmaker
and camera-operator since 2011.
Ausstellungen (Auswahl seit 2003) | exhibi-
tions (selection from 2003): 2013: *Say Watt?
Le culte du soundsystem*, La Gaîté Lyrique,
Paris, FR; *Sound Bikes*, Vitrines sur l'art,
Galeries Lafayettes, Paris, FR; 2007: *Slab
City. Seniors of the Desert*, Visa pour l'Image,
Perpignan, FR; 2006: *Variations Photogra-
phiques*, Centre Bourse, Marseille, FR; 2005:
Mode in Marseille, Espace Culture, Mar-
seille, FR; 2003: *Retours d'exil au Kosovo*,
Terre d'Images, Biarritz, FR; *Le défilé de la
rue Saint Fé*, Marseille, FR.

JANET CARDIFF & GEORGE BURES MILLER

(1957 Brüssel | Brussels, ON, CA und | and
1960 in Vegreville, AB, CA, leben | live in
Berlin, DE und | and Grindrod, BC, CA)
Cardiff erwarb 1980 einen BA an der Queen's
University in Kingston, ON, CA und 1983 einen Master of Visual Arts an der University
of Alberta, CA. 2003 wurde ihr von der Emily
Carr University of Art and Design in Vancouver,
CA, die Ehrendoktorwürde verliehen. Georges Bures Miller erhielt seinen BA in Kunst
1986 am Ontario College of Art, Toronto, CA.
Cardiff received a BA from Queen's University in Kingston, ON, CA in 1980 and a
Master of Visual Arts from University of
Alberta, CA, in 1983. In 2003 she received
an honorary PHD from Emily Carr University
of Art and Design, Vancouver, CA. Georges
Bures Miller received a BFA from Ontario
College of Art in Toronto, CA, in 1986.
Ausstellungen (Auswahl seit 2005) |
exhibitions (selection from 2005): 2013:
dOCUMENTA (13), Kassel, DE; *The Murder
of Crows*, Centrum for Konst och Design,
Vandalorum, Schweden | Sweden; 2012:
*Janet Cardiff & Georges Bures Miller –
Works from the Goetz collection*, Haus der
Kunst, München | Munich, DE; *The Murder of
Crows*, KIASMA – Museum of Contemporary
Art, Helsinki, FI; Park Avenue Armory, New
York, US; 2011: *I can't remember (world
turning)*, Palais de Tokyo, Paris, FR; 2011:
Janet Cardiff & George Bures Miller, Aka-
demie der Künste, Berlin, DE; 2010: *The
Murder of Crows and Storm Room*, Art Gal-
lery of Alberta, Edmonton, CA; 2009: *Opera
for a Small Room*, Carnegie Museum of Art,
Pittsburgh, PA, US; *The Murder of Crows*,
Hamburger Bahnhof, Berlin, DE; 2008: *The
House of Books has no Windows*, The Fruit-
market Gallery, Edinburgh, UK, Modern Art
Oxford, UK; 2007: *The Killing Machine and
Other Stories 1995-2007*, MACBA, Barcelo-
na, ES, Institut Mathildenhöhe Darmstadt,
DE, Miami Art Museum, FL, US; 2006: *Janet
Cardiff & George Bures Miller*, Louisiana
Museum of Modern Art, Humlebæk, DK;
2005: *The Secret Hotel*, Kunsthaus Bregenz,
AT, Johanniterkirche, Feldkirch, DE.

JAMES CAUTY
(*1956 in Liverpool, UK, lebt | lives in London, UK)
gründete 1989 gemeinsam mit Bill Drummond die Band *The KLF*, mit der sie mehrere bekannte Hits hervorbrachten. 1993 setzten sie diese Zusammenarbeit unter dem Namen *K Foundation* fort und erweckten Aufmerksamkeit mit unterschiedlichen Aktionen. So verbrannten sie 1994 in einer Performance 1 Million Pfund. founded together with Bill Drummond the band The KLF in 1989, releasing several well known hits. Continuing this collaboration 1993 as *K Foundation* they attracted widespread attention with different actions, such as burning 1 Million pounds in 1994.
Ausstellungen (Auswahl seit 2003) | exhibitions (selections from 2003): 2013: *The Aftermath Dislocation Principle*, L–13, London, UK; Piet Hein Eek, Eindhoven, NL; *ART & TOYS*, me Collectors Room, Berlin, DE; 2012: *Santa's Grotto*, POW, London, UK; *Believe the magic*, Merge Festival, Tate Modern, London, UK; 2006: *Defamation of Character*, PS1, New York, US; 2005: *Stamps of Mass Destruction*, The Aquarium Gallery, London, UK.

WELIMIR CHLEBNIKOW
(geb. | né Wladimirowitsch Chlebnikow, 1885 in Tula, RU — 1922 Verwaltungsdistrikt Nowgorod | Governorate of Novgorod, RU)
war Dichter und Dramatiker des russischen Futurismus. Gemeinsam mit Wladimir Majakowski, Alexej Krutschonych und David Burljuk veröffentlichte er 1912 das Manifest des Russischen Futurismus *Eine Ohrfeige dem allgemeinen Geschmack*. 1913 wurde *Sieg über die Sonne* in Petersburg uraufgeführt, die erste futuristische Oper von Chlebnikow, Krutschonych, Matjuschin und Kasimir Malewitsch. 1921 erschien sein Essay *The Radio of the Future*. Darin erwog Chlebnikow kurz vor seinem Tod die Möglichkeiten und Gefahren, die diese neue Technologie (in Russland ab 1922 verfügbar) birgt. was a Russian Futurist painter and dramatist. He published the Manifesto of Russian Futurism *A box on the ears for general taste* with Vladimir Maiakovski, Alexei Kruchonych and David Burljuk in 1912. *Victory over the Sun* premiered in St Petersburg in 1913; this was the first Futurist opera by Chlebnikov, Kruchonych, Machuschin and Kasimir Malevich. His essay *The Radio of the Future* was published in 1921. In it, shortly before his death, Chlebnikov weighed up the possibilities and dangers that this new technology held for Russia (available there from 1922).

FORTUNATO DEPERO
(1892 in Fondo, IT — 1960 in Rovereto, IT)
war Maler, Bildhauer, Bühnenbildner, Raumausstatter und Architekt. Nach einer künstlerischen Grundlehre absolvierte er ab 1910 eine Ausbildung zum Marmor-Handwerker in Rovereto, IT. Ab 1914 bewegte er sich im Kreis der Futuristen. Während seiner Arbeit an Geräuschmaschinen verfasste er mit Balla 1915 das Manifest *Ricostruzione futurista dell'universo*, 1930 das Manifest *L'aeropittura futurista*, 1932 das *Manifesto dell'arte pubblicitaria futurista* und 1934 *Liriche radiofoniche*. 1924 wurde sein mechanisches Ballett *Anihccam del 3000* in Mailand uraufgeführt. Von 1928–30 lebte er in New York, US. Malerische Aktivitäten auch nach dem 2. Weltkrieg. was a painter, sculptor, stage designer, interior designer and architect. After a basic education as an artist he was apprenticed as a marble worker in Rovereto, IT, from 1910. He moved in Futurist circles from 1914. While working on the noise machines he wrote the *Ricostruzione futurista dell'universo* manifesto with Balla in 1915, in 1930 the *L'aeropittura futurista* manifesto, in 1932 the *Manifesto dell'arte pubblicitaria futurista* and in 1934 *Liriche radiofoniche*. His mechanical ballet *Anihccam del del 3000* premiered in Milan in 1924. From 1928–30 he lived in New York, US. He returned to painting after World War II.
Ausstellungen (Auswahl) | exhibitions (selection): 1936 / 32 / 26: Venedig | Venice Biennale, IT; 1931: Quadriennale Nazionale d'Arte, Rom | Rome, IT; 1926: Mostra del Novecento, Mailand | Milan, IT; 1925: *Exposition Internationale des Art Décoratifs et Industriels Modernes*, Paris, FR; 1923 Prima Biennale Internationale d'Arti Decorative, Monza, IT, 1921: Palazzo Cova, Mailand | Milan, IT; Casa d'Arte, Rom | Rome IT; 1918: *Esposizione Nazionale Futurista*, Mailand | Milan, IT.

MARCEL DUCHAMP
(1887 in Blainville-Crevon, FR — 1968 in Neuilly, FR)
wuchs in einer kunstnahen Familie auf. 1904 zog er nach Paris und begann seine Ausbildung an der Academie Julian in Paris, FR. Ab 1910 Ausstellungen im *Salon des Independants*; seine Arbeit *Akt, die Treppe herabsteigend*, für die er später berühmt wird, wurde dort jedoch abgelehnt. Ab 1912 suchte er neue Ausdrucksformen wie das *Readymade*. Von 1912–15 entstanden musikalische Werke, die sich mit Zufallskompositionen beschäftigen. Ab 1920 arbeitete er unter dem Pseudonym *Rrose Selavy*. Später widmete er sich intensiv dem Schachspiel. grew up in a family interested in art. In 1904 he moved to Paris, FR, and started to train at the Academie Julian there. Exhibitions in the *Salon des Indépendants* from 1910, his work *Nude descending a staircase*, for which he later became famous, was rejected there. He looked for new forms such as the *Readymade* from 1912. From 1912–15 he produced musical works addressing aleatory composition. He worked under the pseudonym *Rrose Selavy* from 1920. He later devoted himself intensively to chess.
Ausstellungen (Auswahl) | exhibitions (selection): 1968: *Reunion*, Performance von | by John Cage, Toronto, ON, CA; 1966: *The Almost Complete Works of Marcel Duchamp*, Tate Britain, London, UK; 1963: *By or of Marcel Duchamp or Rrose Sélavy*, Pasadena Art Museum, CA, US; 1959: *Internationale Ausstellung des Surrealismus EROS*, Paris, FR; 1953: *Dada 1916–1923*, Sidney Janis Gallery, New York, US; 1938: *Internationale Ausstellung des Surrealismus*, Paris, FR; 1937: *Exhibition of Paintings by Marcel Duchamp*, Chicago Arts Club, IL, US; 1936: *Fantastic Art, Dada, Surrealism*, MoMA, New York, US; 1926: *An International Exhibition of Modern Art*, Société Anonyme, Brooklyn Museum, New York, US; 1913: *The International Exhibition of Modern Art*, Armory Show, New York, US.

CARLOS ROLON / DZINE
(*1970 in Chicago, IL, US, lebt | lives in Chicago, IL, US)
studierte 1989 am Columbia College, IL, US. 2011 erhielt er die Kraus Gastprofessur für Kunst an der Carnegie Mellon University, Pittsburgh, PA, US. studied at Columbia College, Chicago, IL, US in 1989. In 2011 he was Kraus Visiting Professor of Art at Carnegie Mellon University, Pittsburgh, PA, US.
Ausstellungen (Auswahl seit 2005) | exhibitions (selection from 2005): 2013: *Victory*, Public Functionary, Minneapolis, MN, US; The Dallas Contemporary, TX, US; 2012: *Phenomenon*, Deptford X, London, UK; 2011: *Imperial Nail Salon*, Salon 94, New York, US; *Get nailed at the New Museum*; New Museum, New York, US; 2010/11: *Viva La Revolucion: A Dialogue with the Urban Landscape*, Museum of Contemporary Art, San Diego, CA, US; 2010: *Posse*, Flint Institute of Arts, Michigan, US; 2009: *Carlos Rolon Studio*, Bass Museum of Art, Miami, FL, US; 2008: *Infinite Island: Contemporary Carribean Art*, Brooklyn Museum of Modern Art, New York, US; 2007: 52. Venedig | Venice Biennale, IT; 2006: *Dzine*, BALTIC, Gateshead, UK; 2005: *Dzine: Punk Funk*, Contemporary Art Museum St. Louis, MO, US.

NIKOLAI FOREGGER
(1892 in Moskau | Moscow, RU — 1939 in Kuibyshew, RU)
war ein futuristischer Theaterregisseur, Choreograph und Balletlehrer. Nach seinem Studium der Philologie wirkte er von 1929–39 in Charkiw, Kiew, UA, und Kuibyshew, RU. 1921 gründete er in Moskau das „MASTFOR" (MASTerkaya FOReggera) – ein Theater, das alltägliche Erscheinungen parodierte. Mit Hilfe seines „Geräuschorchesters", das aus Instrumenten aus verschiedenen Alltags-

materialien bestand, imitierte er den Klang von Maschinen, die in den *Mechanischen Tänzen* auf der Bühne dargestellt werden, um die Zuschauer an das Tempo des modernen Lebens zu gewöhnen. ==was a Futurist== theatre director, choreographer and ballet teacher. After studying philology he worked in Kharkiv, Kiev,UA, and Kuibyshev, RU, from 1929-39. In 1921 he founded the "MASTFOR" (MASTerkaya FOReggera) in Moscow, RU — a theatre that parodied everyday phenomena. With the help of his *Orchestra of Noises*, which was made up of intruments produced from various everyday materials, he imitated the sound of machines, presented in the *Mechanical Dances* on the stage, in order to accustom the audience to the tempo of modern life.

MIQUEL GALOFRÉ
(*1970 in Barcelona, ES, lebt | lives in Port of Spain, TT and Barcelona, ES)
studierte von 1990-94 Film an der Jesuïtes Sarrià Sant Ignasi sowie an der IDEP in Barcelona, ES. Bis 2011 arbeitete er bei der TV-Produktionsfirma Gestmusic Endemol und produzierte mehrere Dokumentarfilme über Kunst und Musik im karibischen Raum: 2014: *Art Connect*, TT; 2013: *Songs of Redemption*, JM; 2011: *Hit me with Music*, JM; 2009: *Why Do Jamaicans Run So Fast*, JM. Seit 2011 arbeitet er gemeinam mit Alex Smailes and dem Filmprojekt *Mike Men*. ==Studied film== at the Jesuïtes Sarrià Sant Ignasi and at the IDEP in Barcelona, ES. He worked for the TV production company Gestmusic Endemol until 2011 and produced documentaries about art and music in the Caribbean: 2014: *Art Connect*, TT; 2013: *Songs of Redemption*, JM; 2011: *Hit me with Music*, JM; 2009: *Why Do Jamaicans Run So Fast*, JM. From 2011 he worked with Alex Smailes on the *Mike Men* film project.

JAY GARD
(*1984 in Halle/Saale, DE, lebt | lives in Berlin, DE)
studierte von 2004-06 Malerei und Grafik an der Burg Giebichenstein Kunsthochschule, Halle/Saale, DE. 2008 Gaststudium in der Fachklasse für Bildhauerei der Universität der Künste Berlin, von 2008-11 Studium an der Hochschule für Grafik und Buchkunst Leipzig, DE. ==studied painting== and graphics at the Burg Giebichenstein Kunsthochschule, Halle/Saale, DE, from 2004-06. Visiting student at the sculpture class of Universität der Künste Berlin in 2008. Studied at Hochschule für Grafik und Buchkunst in Leipzig, DE, from 2008-11.
Ausstellungen (Auswahl seit 2008) | exhibitions (selection from 2008): 2013: *J.G.P.C. - The Jay Gard Picture Collection*, We make it, Berlin, DE; 2012: *Neuzugänge zeitgenössischer Kunst im Kunstfonds 2012*, Vertretung des Freistaates Sachsen im Bund, Berlin, DE; *Kunst am Sarg*, Loftwerk, Nürn-

berg | Nuremberg, DE; *Art Directors Club*, Messe, Frankfurt/M., DE, *WinWin*, Halle 14, Leipzig, DE; 2011: *Woodanfall*, Loyal Arts Club, Kassel, DE; *VEGA Collection #2*, Unicredit Kunstraum, München | Munich, DE; *FunHouse*, Universal Cube, Leipzig, DE; 2010: *Genuine Summerhole*, Schillerpalais, Berlin, DE; *The forever ending story #5*, Museum of Arts & Ideas, Hamburg, DE; 2009: *Décohérence*, Sortie d'Artistes, Rennes, FR; 2008: *Wore*, Jack the Pelican Presents, New York, US.

TAMARA GRCIC
(*1964 in München | Munich, DE, lebt | lives in Frankfurt/M., DE)
studierte von 1983-86 Kunstgeschichte an der Universität Wien, AT, von 1986-88 Kulturanthropologie an der Goethe-Universität Frankfurt/M., DE, und von 1988-93 Kunst an der Städelschule, Frankfurt/M., DE ==studied history== of the arts at University of Vienna 1983-86, AT, 1986-88 cultural anthropology at the Goethe-Universität Frankfurt/M., DE and 1988-93 fine arts at the Städelschule (University of Fine Arts), Frankfurt/M., DE.
Ausstellungen (Auswahl seit 2005) | exhibitions (selection from 2005): 2013: *zugunruhe*, Städtische Galerie Nordhorn, DE; *double feature*, Schirn Kunsthalle, Frankfurt/M., DE; *forever young*, Kunsthalle Nürnberg | Nuremberg, DE; *Köln Skulptur #7*, Skulpturenpark Köln | Cologne, DE; *between appropriation and interventions*, Kunstraum Kreuzberg/Bethanien, Berlin, DE; 2011: *Rossmarkthoch3*, Frankfurt/M., DE; *Augenblick*, Kunstverein Friedrichshafen, DE; 2009: 53. Venedig | Venice Biennale, IT; *Heidi im Kippenbergerland*, FRAC Bordeaux, FR; 2008: *Tamara Grcic*, Kunsthalle Barmen, Wuppertal, DE; *There is desire left*, Kunstmuseum Bern, CH; Museum Wiesbaden, DE; 2007: *Bodycheck - 10. Triennale Kleinplastik Fellbach*, DE; *Junge Gesichter, Alte Bekannte*, Kunstmuseum Bonn, DE; 2005: *Bilanz in zwei Akten. Sammlung Niedersächsische Sparkassenstiftung*, Kunstverein Hannover | Hanover, DE; *Die Ordnung der Natur*, O.K. Centrum für Gegenwartskunst, Linz, AT; *Videonale 10*, Kunstmuseum Bonn, DE.

HEAVYLISTENING / CARL SCHILDE & ANSELM VENEZIAN NEHLS
(beide | both *1981 in Berlin, DE, leben | live in Berlin, DE)
studierten Popmusik in England und anschließend Sound Studies an der Universität der Künste Berlin, DE, wo sie sich 2010 kennenlernten. ==studied pop== music in England and then Sound Studies at the University of Fine Arts Berlin, DE, where they met in 2010.
Ausstellungen und Performances (Auswahl seit 2011) | exhibitions and performances (selection from 2011): 2013: *MOM*, In That Weird Age - CTM Festival, Berlin; 2012: *WOW*, St. Johannes-Evangelist-Kirche,

Berlin, DE; *#tweetscapes*, Ars Electronica Festival, O.K. Centrum für Gegenwartskunst, Linz, AT; *TIEFDRUCKGEBIET II*, Ars Electronica Festival, Lentos Kunstmuseum, Linz, AT; *#tweetscapes, Sound Art*, ZKM, Karlsruhe, DE; *#tweetscapes*, Berghain, Berlin, DE; 2011: *TIEFDRUCKGEBIET*, 48h Neukölln Festival, Berlin, DE.

GREGOR HILDEBRANDT
(*1974 in Band Homburg, DE, lebt | lives in Berlin, DE)
studierte von 1995-99 an der Johannes Gutenberg Universität Mainz, DE und von 1999 bis 2002 an der Universität der Künste Berlin, DE. ==studied from== 1995-99 at the Johannes Gutenberg University, Mainz, DE and from 1999 to 2002 at the University of the Arts, Berlin, DE.
Ausstellungen (Auswahl seit 2006) | exhibitions (selection from 2006): 2013: *Interior and the collectors*, 12. Lyon Biennale, FR; 2012: *Ein Koffer aus Berlin*, Saarländisches Künstlerhaus, Saarbrücken, DE; *Nächtliches Konzert* (mit | with Jorinde Voigt), Museum van Bommel van Dam, Venlo, NL; 2009: *Der Himmel im Raum*, Berlinische Galerie, Berlin, DE; 2008: *Front Room*, Contemporary Art Museum St. Louis, MO, US; *Hokuspokus*, Kunstverein Schwerte, DE; *Und im Garten blüht ein Blumenbeet*, Haus am Waldsee, Berlin, DE; 2007: *Dunkle Fahrt zu hellem Tag*, Kunstverein Ludwigshafen, DE; 2006: *B – 1F 134* (mit | with Alicja Kwade), UBER-BAU, Düsseldorf | Dusseldorf, DE.

MATT HOPE
(* 1976 in London, UK, lebt | lives in London, UK und | and Beijing, CN)
studierte von 1994-96 an der Chelsea School of Art, London, UK und erwarb 1999 seinen BA im Schwerpunkt Bildhauerei an der Winchester School of Art, Southampton, UK, sowie seinen Master in Kunst 2004 an der University of California, San Diego, CA, US. ==studied at== the Chelsea School of Art, London, UK, from 1994-96 and received his BFA in Sculpture from the Winchester School of Art, Southampton, UK, in 1999 as well as his MFA from the University of California, San Diego, CA, US in 2004.
Ausstellungen (Auswahl seit 2003) | exhibitions (selection from 2003): 2013: *Design Shanghai*, CN; *Prix Ars Electronica*, Linz, AT; 2012: *Get it Louder*, Beijing, CN; 2011: Beijing International Design Triennial, CN; Chengdu International Biennale, SC, CN; 2010: *Get it louder*, Beijing, CN; *La Freewaves*; 2004: MOCA, Los Angeles, CA, US; *Supersonic 1*, Art Center, Wind Tunnel, Pasadena, CA, US; *Pasale*, Estation Tijuana, Baja CA, MX; 2003: *Studio Lab*, Florenz | Florence, IT; *Siggraph 2003*, Tate Liverpool, UK; *Immediance. Desktop Mixing Cybersonica*, ICA London, UK.

KARL HANS JANKE
(1909 in Kolberg, PL — 1988 in Wermsdorf, DE)
studierte 1932 Zahnmedizin in Geifswald,
DE, verdiente vermutlich jedoch sein Geld
als Konstrukteur mit der Herstellung von
Spielsachen und Reparaturen von Töpfen.
Aus dem Kriegsdienst wurde er aus gesund-
heitlichen Gründen entlassen und nach
dem Tod seiner Mutter nach kurzer Haft-
strafe 1949 in die Nervenklinik Arnsdorf in
Sachsen, DE, eingewiesen. 1950 erfolgte die
Verlegung in die Psychiatrische Landesanstalt Hubertusburg in Wermsdorf/Sachsen,
DE, wo er bis zu seinem Tod wohnte. In dieser Zeit entstanden tausende von Zeichnungen und Modellen. studied dentistry in
Greifswald, DE, and presumably supported
himself by making toys and repairing pots.
He was excused from war service on health
grounds and after the death of his mother
he was admitted to the Arnsdorf nerve clinic
in Saxony after a short term of imprison-
ment in 1949. In 1950 he was transferred to
the Psychiatrische Landesanstalt Hubertusburg in Wermsdorf/Saxony, where he died.
Thousands of drawings and models were produced in this period.
Ausstellungen (Auswahl seit 2001) | exhibi-
tions (selection from 2001): 2013: *Alternative Guide to the Universe*, Hayward Gallery,
London, UK; 2012: *Über die Metapher des
Wachstums*, Kunstverein Hannover | Hano-
ver, DE; 2007: *Karl Hans Janke vs. Wernher
von Braun – Die Ideen eines Weltraumphantasten*, Historisch-Technisches Museum
Peenemünde, DE; 2005: *Karl Hans (Joachim)
Janke – dessins et maquettes*, Le Manège
– Scène Nationale, Maubeuge, Maison des
Arts de Créteil, FR; 2003/04: *Stille des Flie-
gens*, Festspielhaus Hellerau, Dresden, DE;
Karl Hans Janke. Ein Brevier, Künstlerhaus
Bethanien, Berlin, DE; Göteborg Internatio-
nal Biennal, SE; 2001: *Y.E.L.L.O.W.*, S.M.A.K.,
Gent, BE.

SHI JINSONG
(*1969 in Dangyang County, Hubei Province,
CN, lebt | lives in Wuhan und | and Beijing, CN)
schloss 1994 sein Bildhauerei-Studium am
Hubei Institute of Fine Arts, CN ab.
graduated 1994 from the Hubei Institute
of Fine Arts, CN in sculpture.
Ausstellungen (Auswahl seit 2006) | exhibi-
tions (selection from 2006): 2013: *Scenes
from an Unpredictable Theatre Ending: Not
the End*, Chung Shan Creative Hub, Taipeh,
CN; *Inner Garden*, Art Dubai, AE; 2012:
1. Xinjiang Biennale of Contemporary Art,
CN; 9. Shanghai Biennale, CN; *Alles unter
dem Himmel gehört allen*, Neue Galerie,
Kassel, DE; *Pavilion Garden*, Mind Set Art
Center, Taipeh, CN; 2010: CREDIT SUISSE
Today Art Award 2010, Today Art Museum,
Beijing, CN; *Jamsil*, Soma, Seoul, KR; 2009:
Take Off The Armor's Mountain, Space
Station, Beijing, CN; *China – Contemporary
Revival*, Palazzo Reale, Mailand | Milan, IT;

2008: *Huashan Plan*, T space, Beijing,
CN; BIACS III – International Biennial of
Contemporary Art of Seville, Sevilla, ES;
*Re-imagining Asia. A Thousand Years of
Separation*, Haus der Kulturen der Welt,
Berlin, DE; 2007: *OPEN*, 10. International
Exhibition of Sculptures and Installations,
Venedig | Venice, IT; 2006: *Na Zha Baby
Boutique*, Chambers Fine Art, New York, US.

CHRISTINE SUN KIM
(*1980 in California, US, works | lives in
New York, US)
erhielt 2002 ihren BA am Rochester Institute of Technology in Upstate New York,
US, 2006 ihren MFA an der School of Visual
Arts, New York, US sowie 2013 einen MFA in
Sound / Musik am Bard College, Milton Avery
Graduate School of the Arts, Annandale-
on-Hudson, New York, US. awarded a BA
in 2002 at Rochester Institute of Technology
in Upstate New York, US, an MFA from the
School of Visual Arts, New York, NY, in 2006
and an MFA in Sound / Music from Bard Col-
lege, Milton Avery Graduate School of the
Arts, Annandale-on-Hudson, NY, US, in 2013.
Ausstellungen und Performances (selec-
tion from 2008) | exhibitions and performan-
ces (selection from 2008): 2013: *Soundings
– a contemporary Score*, MoMA, New York,
US; *Seeing Voice: The Seven-Tone Color
Spectrum*, The Center for Experimental
Lectures, New York, US; *Astronomical Ring*,
Drifter Projects, New York, US; *Pardon me,
where's the kitchen?*, Jane Addams Hull-
House Museum, Chicago, IL, US; *Subjective
Loudness*, Sound Live Tokyo, JP; *Face Time
Signature*, Plug In ICA, Winnipeg, MB, CA;
Lunch Concert, nyMusikk, Oslo, NO; *Face
Opera II*, Calder Foundation, New York, US;
A Choir of Glances, MoMA, New York, US;
2012: *Gesture Sign Art*, Kunstraum Kreuz-
berg/Bethanien, Berlin, DE; 2011: *Feed-
back: NONSTOP* (mit | with Geronimas),
Performa 11, New York, US; 2008: *To Pass
Over a Threshold*, Art + Lounge Dibang,
Seoul, KR.

MARK LECKEY
(*1964 in Birkenhead, UK, lebt | lives in
London, UK)
erwarb 1990 einen BA am Polytechnikum
Newcastle, UK. Leckey ist Kunstdozent
am Goldsmith College, London, UK. Von
2005–09 Professor für Film an der Städel-
schule in Frankfurt/M., DE. awarded a
BA by Newcastle Polytechnic, UK, in 1990.
Leckey is currently reader in fine art at
Goldsmiths, London, and from 2005–09
professor of film studies at the Städelschule
in Frankfurt/M., DE.
Ausstellungen (Auswahl seit 2003) | exhibi-
tions (selection from 2003): 2013: *Mark
Leckey: On Pleasure Bent*, Hammer Museum,
Los Angeles, US; *Carnegie International*,
Carnegie Museum of Art, Pittsburgh, PA,
US; 55. Venedig | Venice Biennale, IT; *The

Universal Addressability of Dumb Things*,
Hayward Gallery, London, The Bluecoat,
Liverpool, Nottingham Contemporary, Not-
tingham, UK; De la Warr Pavillon, Bexhill
on Sea, UK; 2012: *Ghosts in the Machine*,
New Museum, New York, US; 2011: *Mark
Leckey*, Serpentine Gallery, London, UK;
2011: *Performa*, New York, US; 2010: *10,000
Lives*, Gwangju Biennale, KR; *Moving Images:
Artists & Video / Film*, Museum Ludwig, Köln
| Cologne, DE; 2009: *Resident*, Kölnischer
Kunstverein, Cologne; 2008: *Turner Prize
exhibition*, Tate Britain, London, UK; 2007:
Industrial Light and Magic, Le Consortium,
Dijon, FR; *Playing Homage*, Vancouver
Contemporary Art Gallery, CA; *Sympathy
for the Devil*, MCA, Chicago, US; 2005:
Gorgeousness & Gorgeosity, Portikus,
Frankfurt/M., DE; 2004: *Manifesta 5*,
Donostia-San Sebastián, ES; 2003: *Mark
Leckey*, Migros Museum, Zürich | Zurich, CH.

JULIE MEHRETU
(*1970 in Addis Abeba | Ababa, ET, lebt |
lives in New York, US)
studierte von 1990–91 an der University
Cheik Anta Diop in Dakar, SN, erwarb 1992
ihren BA am Kalamazoo College, MI, US und
schloss 1997 ihr Kunststudium an der Rhode
Island School of Design ab. studied at the
Cheik Anta Diop University in Dakar, SN from
1990–91, received a BA from Kalamazoo
College, MI, US, in 1992 and an MFA from
The Rhode Island School of Design in 1997.
Ausstellungsauswahl (seit 2004) | selection of
works (from 2004): 2013: Moscow Biennale
of Contemporary Art, Moskau | Moscow, RU;
2012: dOCUMENTA (13), Kassel, DE; *The
Painting Factory*, MoCA, Los Angeles, CA,
US; 2011: *In Praise of Doubt*, Punta della Do-
gana, Venedig | Venice, IT; 2010–11: *Picasso
to Julie Mehretu: Modern Drawing in the
Collection of the British Museum*, British Mu-
seum, London, UK; 2010: *On Line: Drawing
Through the Twentieth Century*, MoMA, New
York, US; 2009–10: *Julie Mehretu: Grey Area*,
Deutsche Guggenheim, Berlin, DE, Solomon
R. Guggenheim Museum, New York, US;
2007: *Julie Mehretu: City Sitings*, The Detroit
Institute of Arts, Detroit, US; Kunstverein
Hannover | Hanover, DE, Louisiana Museum,
Humlebæk, DK; 2006: *Julie Mehretu: Black
City*, MUSAC, León, ES; Biennale of Sydney,
AU; Sevilla Biennale, ES; 2004: Whitney
Biennale, New York, US; Carnegie Biennale,
Pittsburgh, US; São Paulo Biennale, BR.

OLAF MOOIJ
(*1958 in Rotterdam, NL, lebt | lives in
Rotterdam, NL)
studierte von 1977–83 Bildhauerei an der
Willem de Kooning Akademie, Rotterdam, NL.
studied sculpture at the Willem de Kooning
Academy, Rotterdam, NL, from 1977–83.
Ausstellungen und Performances (Auswahl
seit 2005) | exibitions and performances
(selection from 2005): 2013: BuroRotterdam,

Rotterdam, Amsterdam, NL; 2011: *Music and cars*, Le 106, Rouen, FR; *Temple of Doom*, No Holds Bared, Art Amsterdam, NL; *Relics of a Begone Era*, De Nederlandsecacaofabriek, Helmond, NL; *Temple of Doom*, Bis 71, Geleen, NL; 2010: *Dead or Alife*, KunstenLab, Deventer, NL; 2009: *What is on a mans mind*, Galeria Evelyn Botella, Madrid, ES; *Before and After*, Tent, Rotterdam, NL; *Museumnight* Stedelijk Museum 's-Hertogenbosch, NL; *Nichts ist wie es scheint*, Keulen Pulheim, DE; 2007: *I love Hillywood*, Museum Hilversum, NL; 2008: *Lost in wonder | What is on a mans mind*, Odapark Venray, NL; 2006: *Start the car*, Buro Dijkstra, Rotterdam, NL; *Modelhaircars*, Artstatement, Hong Kong, CH; *4 Realsize haircars and the DJ Mobile*, Festival Walk, CH; *When nature takes over*, Hudson Museum, Rotterdam, NL; 2005: CBK Vitrine, Rotterdam, NL.

M11X / MIKAL JESSIE HAMEED
(*1969 in South Central, Los Angeles, CA, US, lebt | lives in New York, US)
Beide Eltern waren Jazzmusiker. Nach seinem Schulabschluss und einer kurzen Karriere in einer Punkband aus West L.A., trat er in einer Reihe von Clubs, Schulen, Museen und Theatern als Geschichtenerzähler / Performancekünstler auf. Nach dem Umzug nach Brooklyn in New York, US, arbeitete er als Regisseur für Filme und Musikvideos. Seit 2008 ist er Designer (Mikal) und setzt seine Arbeit als Künstler fort (M11X). Both his parents were jazz musicians. After graduating from High School in 1987 and a short career singing in a West LA punk band Hameed performed at clubs, schools, museums and theaters as a storyteller / performance artist. When he moved to Brooklyn in New York, US in 1999 he worked as art director for films and music videos. From 2008 he became a production designer (Mikal) and continued working as an artist (M11X).
Ausstellungen (Auswahl seit 2011) | exhibitions (selection from 2011): 2008: *Heavy Hitters*, 58 Gallery, Jersey City, NJ, US; 2009: *Spring Fever*, Kings County Bar, New York, US; *High fidelity*, Alphabeta Gallery, New York, US; *People's Choice Award – Art Vs Design*, New Museum, New York, US; *Urban Audio Manifesto #1*, Ronin Gallery, Los Angeles, CA, US; 2010: *Barnstormers*, Joshua Liner Gallery, New York, US; *Joyride*, Dash Gallery / Anonymous Gallery, New York, US; *Urban Audio Manifesto #2*, Medicine Agency, San Francisco, CA, US; *Urban Audio Manifesto #4*, Arsenal Gallery, New York, US; *ReBaroque*, The KI, San Francisco, CA, US; 2010: *ReBaroque*, Wired magazine pop up show, New York, US; *ReBaroque*, Art Basel Miami Beach, FL, US; 2011: *ReBaroque*, Scope, New York, US; *ReBaroque*, Oracle 113, New York, US; 2011/2012: *ReBaroque*, Anthropologie Outlets Worldwide, US | EU.

NOMADIC SOUND SYSTEM / BENJAMIN NEWLAND
(*1981 in UK, lebt | lives in Brighton, UK)
studierte Produktdesign an der University of Brighton von 2000–04 und arbeitete von 2004–08 als Designberater. Von 2008–10 Designstudium am Royal College of Art in London, UK. studied Product Design at the University of Brighton from 2000–04 and worked as a design consultant from 2004–08. From 2008–10 he studied Design Products at the Royal College of Art in London, UK.
Ausstellungen und Performances (Auswahl seit 2010) | exhibitions and performances (selection from 2010): 2014: Glastonbury Festival of Performing Arts, UK; Beatherder Festival, Clitheroe, UK; Brighton Digital Festival, UK; 2013: Brighton Fringe Festival, UK; 2012: Playgroup Festival, Brighton, UK; 2011: 5 Days Off Festival, Amsterdam, NL; *Intent*, Royal College of Art, Mailand | Milan, IT; V2 Institute of Unstable Media, Rotterdam, NL; Young Art Festival, Bevewijk, NL; 2010: *Hotel RCA*, Royal College of Art, Mailand | Milan, IT.

NIK NOWAK
(*1981 in Mainz, DE, lebt | lives in Berlin, DE)
studierte von 2002–07 Kunst an der Universität der Künste, Berlin, DE, und besuchte 2007 die Bildhauerklasse von Xiang Jing an der Shanghai Normal University, CN. Neben seiner Ausstellungstätigkeit geht er dem Phänomen der mobilen Soundsysteme seit Jahren auch wissenschaftlich nach und hält Vorträge zu dem Thema. Außerdem tritt er regelmäßig mit Live- und DJ-Sets als Musiker auf Festivals und in Clubs auf. studied from 2002–07 at the University of the Arts, Berlin, DE and was a visiting student in Xiang Jing's sculpture class at Shanghai Normal University, CN. As well as his exhibition work he conducted scientific research on the phenomenon of mobile sound systems for years and lectured on the subject. He also appears regularly as musician with live and DJ sets on festivals and in clubs.
Ausstellungen (Auswahl seit 2005) | exhibitions (selection from 2005): 2014: *Echo*, Berlinische Galerie, Berlin, DE; 2013: *Sonica*, MoTA, Ljubljana, SI; 2012: *Panzer*, Lokdock Berghain, CTM-Festival, Berlin, DE; Today's Art Festival, Theater Aan Het Spui, Den Haag, NL; Rokolective Festiva, MNAC, Bukarest, RO; *In Anderen Worten*, NGBK – Kunstraum Kreuzberg/Bethanien, Berlin, DE; *Berlin.Status [2]*, Künstlerhaus Bethanien, Berlin, DE; 2011: *Intermezzo*, Infernoesque, Berlin, DE; 2010: *Nordschau 3*, Sammlung HSH Nordbank, Hamburg, DE; *Berlin Meets Vienna*, Grauer Hof, Kunstverein Aschersleben, DE; 2008: *Affinity*, OV Gallery, Shanghai, CN; *Bitte schön!*, Kunsthalle Münster, DE; *Ad Absurdum*, Städtische Galerie Nordhorn, DE; 2007: *Eurasia One*, Island 6, Shanghai, CN; 2005: *Straßenbläser*, NBK-Studio, Berlin, DE.

LYLE OWERKO
(*1968 in Edmonton, Alberta, CA, lebt | lives in New York, US)
ist Photograph und Photojournalist. Er erhielt 1991 seinen BA an der University of Calgary, AB, CA und studierte von 1993–97 Kommunikationsdesign am Pratt Institute, New York, US. Seine Arbeiten wurden in zahlreichen Magazinen und Zeitungen publiziert, wie unter anderem in National Geographic Traveller, The New York Times, The Village Voice, Photo District News. is a photographer and photo journalist. He graduated in 1991 with a BA from the University of Calgary, AB, CA and attended Pratt Institute, N.Y., US from 1993–97 where he received a Master of Science in Communication Design. His works have been published in many magazines and newspapers, e.g. National Geographic Traveller, The New York Times, The Village Voice, Photo District News.
Ausstellungen (Auswahl seit 2009) | exhibitions (selection from 2009): 2013: *Boom Box*, Wrong Gallery, Marfa, TX, US, Galerie LeRoyer, Montreal, CA; *Big Apple Rappin*, Gaîté Lyrique, Paris, FR; *The Boom Box Exhibition*, House of Art Gallery, New York, US; 2012: *Radio Simba / The Boombox Project / The Streets*, Vinyl Factory, London, UK; 2011/12: *The Boombox Project*, Whisper Fine Art, London, UK; 2011: *The Boombox Project*, XOYO Gallery London, UK; 2009: *The Samburu*, CLIC Gallery New York, US; Eckhart Gallery, Den Haag | The Hague, NL.

TINTIN PATRONE
(*1983 in Marburg, DE, lebt | lives in Hamburg, DE)
studierte von 2004–11 an der Hochschule für Bildende Künste, Hamburg, DE. studied at Hochschule für Bildende Künste, Hamburg, DE, from 2004–11.
Ausstellungen und Performances (Auswahl seit 2009) | exhibitions and performances (selection from 2009): 2013: *Play 13*, Opernloft, Hamburg, DE; *Kulturnacht*, Künstlerhaus Ulm, DE; *Dimanche Rouge*, Platform, Paris, FR; *NOW! (Compressed)*, Kunstwerke Berlin, DE; Hörkunstfestival 13, E-Werk, Erlangen, DE; 2012: Shiny Toys Festival, Ringlokschuppen, Mühlheim an der Ruhr, DE; *Allegro Barbaro*, Einstellungsraum, Hamburg, DE; *Position*, Fabrik der Künste, Hamburg, DE; Architektursommer 2012, Cityhof Passage, Hamburg, DE; A Maze Festival, HBC, Berlin, DE; *gerngesehen*, Opekta-Ateliers, Köln | Cologne, DE; 2011: *Machine Raum 2011*, Vejle Kunstmuseum, Spinderihallerne, Vejle, DK; *obphon Festival*, Obart, Kirschau, DE; 2010: *POW - Beerdigung*, POW, Hamburg, DE; *Blurred Edges*, Westwerk, Hamburg, DE, 2009: *My Love For You* (mit | with Daniel Schulz), POW, Hamburg, DE; *Parasites*, Frappant, Hamburg, DE.

FABIAN ALTAHONA ROMERO
(*1979 in Barranquilla, CO, lebt | lives in Barranquilla, CO)
studierte Informatik am Centro INCA, Baranquilla, CO. Er ist ausgewiesener Experte für Picós, mobile Soundsysteme, die in Kolumbien auf eine reiche Tradition zurückblicken. Altahona Romero verwaltet ein umfangreiches Archiv von Dokumenten, Schallplatten, Zeitungsartikeln und Fotos, hält Workshops ab und betreibt den führenden Blog zum Thema: graduated computer sciences at Centro INCA, Baranquilla, CO. He is a noted expert on Picós, mobile sound systems which have a long tradition in Colombia. Altahona Romero manages a comprehensive archive of documents, records, newspaper articles and pictures, gives workshops and runs the leading blog on the subject:
http://africolombiablog.wordpress.com/tag/fabian-altahona-romero/

GABRIEL ROSSELL-SANTILLÁN
(*1976 in Mexiko Stadt | Mexico City, MX, lebt | lives in Berlin, DE)
studierte Bildende Kunst an der Universidad Nacional Autónoma de México, Mexiko City, MX, an der Universidad Complutense de Madrid, ES und von 2002–08 an der Universität der Künste, Berlin, DE. studied visual arts at Universidad Nacional Autónoma de México, Mexico City, MX, at Universidad Complutense de Madrid, ES and from 2002–08 at University of Fine Arts, Berlin, DE. Ausstellungen (Auswahl seit 2008) | exhibitions (selection from 2008): 2013: *La ruta mistica*, MARCO, Monterrey, MX; *Berlin. Status [2]*, Künstlerhaus Bethanien, Berlin, DE; *Lectores somos y en la FILEY andamos*, V. Internationales Literatur Festival, Merida, MX; 2012: *Heimat Wüste Herberge*, Kunstquartier Grauer Hof, Aschersleben, DE; *In anderen Worten | In other words*, NGBK, Kunstraum Kreuzberg/Bethanien, Berlin, DE; 2011: *Konrad Mühe und Gabriel Rossell-Santillán - Seifenblasen und andere Lügenmärchen*, Parrotta Contemporary Art, Stuttgart, DE; *Intricate Machines*, Mica Moca, Berlin, DE; 2010: *Pigment*, Marktkhalle des Zentralviehhofs, Berlin, DE; *24 Month Meditation*, Sala del Camino SS, Cosma e Damiano, Fondazione Bevilacqua La Masa, Venedig | Venice, IT; 2009: *Obsidian*, The Island, London, UK; *Wirraritari, rundherum die Wüste*, Parrotta Contemporary Art, Stuttgart, DE; *Anders zur Welt kommen*, Altes Museum, Museumsinsel Berlin, DE; 2008: *Congress of Culture*, Künstlerhaus Bethanien, Berlin, DE.

LUIGI RUSSOLO
(1885 Portogruaro, IT – 1947 Cerro di Laveno, IT)
studierte zunächst Musik und wandte sich ab 1909 der Malerei zu. Dennoch widmet er sich seit 1913 ausschließlich seinen musikalischen Forschungen, um erst ab 1942 die Malerei wieder aufzunehmen. 1913 nahm Russolo am *Ersten Deutschen Herbstsalon* in Berlin, DE, teil. Sein erstes Konzert mit den selbst konstruierten *Intonarumori* (Geräuschtöner) wurde 1914 in Mailand, IT, aufgeführt. Nach dieser aufsehenerregenden Vorführung fanden weitere Konzerte in Italien und im Ausland statt. 1921 lässt er sein *Rumorarmonio* (Geräuschharmonium) und später weitere enharmonische Instrumente patentieren. In diesem Jahr entstanden auch seine Stücke *Corale* und *Serenata*, von denen Originalaufnahmen existieren. Russolo war Mitverfasser des *Manifests der futuristischen Malerei* von 1910 und schrieb 1913 das Manifest *L'Arte dei rumori* (Kunst des Lärms) in Form eines Briefes an den futuristischen Musiker Francesco Balilla Pratella. first studied music and then painting from 1909. From 1913 he focused on his music research, though returned to painting after 1942. Russolo took part in the *Erster Deutscher Herbstsalon* in Berlin, DE, in 1913. His first concert with the *intonarumori* (noise generators) that he had made himself was performed in Milan, IT, in 1914. Further concerts took place in Italy and abroad after this first demonstration, which attracted a lot of attention. In 1921 he had his *rumorarmonio* (noise harmonium) and various other enharmonic instruments patented. This year also saw the composition of his *Corale* and *Serenata*, of which original recordings exist. Russolo was co-author of the *Manifesto of Futurist painting* in 1910 and in 1913 wrote the *L'Arte dei rumori* (Art of Noise) manifesto in the form of a letter to the futurist musician Francesco Balilla Pratella.

TOM SACHS
(*1966 in New York, US, lebt | lives in New York, US)
studierte 1987 an der Architectural Association School of Architecture in London, UK, und erwarb 1989 einen BA am Bennington College, VT, US. studied at the Architectural Association School of Architecture in London, UK, in 1987 and received a BA from Bennington College, VT, US, in 1989. Ausstellungen (Auswahl seit 2005) | exhibitions (selection from 2005): 2013: 12. Lyon Biennale, FR; 2012: *Tom Sachs Space Program: Mars*, Park Avenue Armory, New York, US; *Regarding Warhol: Sixty Years, Fifty Artists*, The Metropolitan Museum of Art, New York, US; *Garden of Eden*, Palais de Tokyo, Paris, FR; 2011: São Paulo Biennale, BR; *Space. About a Dream*, Kunsthalle Wien | Vienna, AU; *Robot Dreams*, Kunsthaus Graz, AU; *Tom Sachs: WORKS*, Sperone Westwater Gallery, New York, US; 2010: *Robot Dreams*, Tinguely Museum, Basel, CH; Architektur Biennale, Venedig | Venice, IT; *Second Main*, Musee d'Art Moderne de la Ville de Paris, FR; 2009: *Tom Sachs: Cameras*, Aldrich Contemporary Art Museum, Ridgefield, CT, US; *Wall Rockets: Contemporary Artists and Ed Ruscha*, FLAG Art Foundation, New York, US; 2008: *Bronze Collection*, Lever House, New York, US; 2007: *Logjam*, Des Moines Art Center, IA, US; Rose Art Museum, Waltham, MA, US; 2006: *Tom Sachs*, Fondazione Prada, Mailand | Milan, IT, *Tom Sachs: Survey*, Astrup Fearnley Museet, Oslo, NO; 2005: São Paulo Biennale, BR.

AURA SATZ
(*1974 in Barcelona, ES, lebt | lives in London, UK)
studierte von 1992-98 DAMS (Lehrfachkombination aus Kunst, Musik und Darstellende Kunst) an der Universität Bologna, IT. 1998-2002 PhD Studiengang an der Slade School of Fine Art in London, UK. undergraduate studies at DAMS (Disciplines of Art, Music and Spectacle) at the University Bologna, IT, from 1992-98. PhD studies at the Slade School of Fine Art 1998-2002. Ausstellungen und Performances (Auswahl seit 2001) | exhibitions and performances (selection from 2001): 2013: *Color Opponent Process*, Paradise Row Gallery, London, UK; The 51st New York Film Festival, US; Rotterdam Film Festival, NL; *Curiosity: Art and the Pleasures of Knowing*, Turner Contemporary, Margate, UK; *Aura Satz. Impulsive Synchronisation*, Hayward Gallery Project Space, London, UK; Wundergrund Festival, Kopenhagen | Copenhagen, DK; 2012: *In and out of Synch*, The Tanks, Tate Modern, London, UK; transmediale.12, Berlin, DE; *Psychosis - Investigations of the Human Mind Part II: I is s.o. Else*, Färgfabriken, Stockholm, SE; Film London Jarman Award 2012, Whitechapel Gallery, London, UK; Tatton Park Biennale, Cheshire, UK; 2010: *I am Anagram*, The Barbican Art Gallery, London, UK; *LOCATE – A Jerwood Encounters exhibition*, Jerwood Space, London, UK; AV Festival 10: Energy, Middlesbrough, UK; 2008: *Aura Satz. Glissolalia*, Beaconsfield, London, UK; 2006: *Aura Satz: I am Anagram*, Whitechapel Art Gallery, London, UK; *The New Vernacular*, Zentrum Paul Klee, Bern, CH; 2001: *Bloomberg New Contemporaries*, Northern Gallery, Sunderland, UK, Camden Arts Centre, London, UK.

KURT SCHWITTERS
(geb. | né Herman Edward Karl Julius Schwitters, 1887 in Hannover | Hanover, DE – 1948 in Kendal, UK)
studierte 1908/09 an der Kunstgewerbeschule Hannover, DE, von 1909–15 an der Königlich Sächsischen Akademie der Künste in Dresden, DE sowie 1917/18 Architektur an der Königlichen Technischen Hochschule, Hannover, DE. Er stand in Kontakt mit internationalen Künstlern im Umfeld der Galerie

Der Sturm, wo er seit 1918 regelmäßig ausstellte sowie mit den Berliner Dadaisten, den Künstlern der De Stijl-Bewegung in Holland und der Konstruktivistischen Internationale. Er ist Mitbegründer der Künstlervereinigungen *die abstrakten hannover* und des Rings *neue werbegestalter* sowie Mitglied der Pariser Gruppen *Cercle et Carré* und *Abstraction-Création*. Seit 1918 arbeitete er unter dem Titel *MERZ*; 1923 vmtl. Beginn der Arbeit am *Merzbau* in Hannover. Von 1922-32 arbeitete er an der *Ursonate*. first studied at the Hanover Arts and Crafts College, DE and then from 1909-15 at the Royal Saxon Academy of Fine Arts in Dresden, DE and also architecture from 1917/18 at the Königliche Technische Hochschule in Hanover, DE. He was in touch with international artists associated with the *Der Sturm* gallery, where he exhibited regularly from 1918, and also with the Berlin Dadaists, the de Stijl artists in Holland and the Constructivist International. He was the cofounder of the *die abstrakten hannover* and *neue werbegestalter* artists' associations and a member of the Paris groups *Cercle et Carré* and *Abstraction-Création*. From 1918 he worked under the title *MERZ*; 1923 presumably saw the beginning of work on the *Merzbau* in Hanover. From 1922-32 he worked on the *Ursonate*.

Ausstellungen (Auswahl seit 1913) | exhibitions (selection from 1913): 1946: *1er Salon des Réalités nouvelles. Art abstrait, concret, constructivisme, non figurative*, Paris, FR; 1938: *Exhibition of Twentieth Century German Art*, New Burlington Galleries, London, UK; 1936/37: *Fantastic Art, Dada, Surrealism*, MoMA, New York, US; 1933-41: *Entartete Kunst*, Ausstellungen der Nationalsozialisten, unterschiedliche Stationen | *Degenerate art*, exhibitions for the purpose of deriding modern art, various stations; 1930: *Gefesselter Blick*, Stuttgart, München | Munich; 1929: *Abstrakte und Surrealistische Malerei und Plastik*, Kunsthaus Zürich | Zurich, CH; 1927: *Große Merzausstellung 1927*, unterschiedliche Stationen | various stations, DE; 1926: *Große Berliner Kunstausstellung* (und | and 1928), Berlin, DE; *International Exhibition of Modern Art*, Brooklyn Museum, New York, US; 1920: Société Anonyme, New York, US (und | and 1921, 1926, 1928, 1930, 1936, 1940); *Deutscher Expressionismus*, Institut Mathildenhöhe, Darmstadt, DE; 1917: *Ausstellung Hannoverscher Künstler, VII. Sonderausstellung*, Kestnergesellschaft, Hannover | Hanover, DE; 1913: *Große Kunstausstellung*, Kunstverein Hannover | Hanover, DE (1914-18, 1926/27, 1929-31, 1933/34).

(*1966 in Madrid, ES, lebt | lives in Madrid, ES)
besuchte 1989 den Círculo de Bellas Artes Madrid und erwarb einen BA in Kunst an der Universidad Complutense, Madrid, ES. Von 1989-91 besuchte er die Hochschule für Bildende Künste Hamburg, DE, von 1995-97 die Escuela de San Carlos der Universidad Autónoma de México, Mexiko City, MX. attended the Círculo de Bellas Artes Madrid in 1989 and received a BA in Fine Arts from Universidad Complutense, Madrid, ES. From 1989-91 he attended the Academy of Fine Arts Hamburg, DE and from 1995-97 the Escuela de San Carlos at the Universidad Autónoma de México, Mexico City, MX.

Ausstellungen (Auswahl seit 2005) | exhibitions (selection from 2005): 2013: *Santiago Sierra. Skulptur, Fotografie, Film.*, Deichtorhallen Hamburg, DE; *Santiago Sierra. Deutschland 1990-2012*, Kunstverein Arnsberg, DE; 13. Istanbul Biennale, TR; *Das Ende des 20. Jahrhunderts. Es kommt noch besser. Ein Dialog mit der Sammlung Marx*, Hamburger Bahnhof, Berlin, DE; 2012: *Santiago Sierra*, Hafnarhús, Reykjavik Art Museum, IS; 2011: *NO, Global Tour*, ARTIUM Centro-Museo de Art Contemporaneo Basco, Vitoria, ES; 2010: *7 forms measuring 600 × 60 × 60 cm, constructed to be held horizontal to a wall*, Queensland Art Gallery, Brisbane, AU; 2009: *NO, Global Tour*, Mailand | Milan, IT; Ponticelli, Museu Madre, Neapel | Naples, IT, *Santiago Sierra*, Magasin 3, Stockholm Konsthall, SE; 2008: *Remake of Group of Persons Facing the Wall and One Person Facing into a Corner*, Turbine Hall, Tate Modern, London, UK; *Proyecto Caracas*, Sala Mendoza e Centro Cultural Chacao, Caracas, VE; *Submission. Proyecto Juárez*, Museo de Arte Carillo Gil, Ciudad Juárez, MX; 2006: *Into Me / Out of Me*, P.S.1, New York, US, KW Institute for Contemporary Art, Berlin, DE; 2005: *Haus im Schlamm*, Kestnergesellschaft, Hannover | Hanover, DE; *Under Destruction #2: The Corridor in the House of the People*, National Museum of Contemporary Art, Bukarest | Bucharest, RO; 50. Venedig | Venice Biennale, IT.

(*1973, Bristol, UK, lebt | lives in Port of Spain, TT)
ist Photograph und Photojournalist. Er studierte von 1992-96 Photographie an der Falmouth Art School, UK. Seit 2006 ist der Direktor von Abovegroup, einem Beratungsbüro für Design und Entwicklung. Er publizierte folgende Filme: 2004 *Trinidad & Tobago*, 2012 *Pictures from Paradise* und wirkte an Filmen mit wie 1996 *The Coconut Revolution* und *Mike Men* (in Arbeit). is a photographer and photo-journalist. He studied photography at the Falmouth Art School, UK from 1992/96. He has been director of the Abovegroup from 2006, a design consultancy. He has released the following films: 2004 *Trinidad & Tobago*, 2012 *Pictures from Paradise* and worked on films such as *The Coconut Revolution*, 1996, and *Mike Men* (in production).

Ausstellungen (Auswahl seit 1998) | exhibitions (selection from 1998): 2014: *Pictures from Paradise*, Contact, Toronto, CA; 2013: *Say Watt? Le culte du sound-system*, La Gaîté Lyrique, Paris, FR; 2012: *10 ospective*, Medulla Gallery, Port of Spain, TT; 2006: *Back in Times ballroom dancing*, SWWTU Hall, Port of Spain; Clico Gallery, Port of Spain, TT; 2004: *Haitian Slaves*, Collection Time Life, New York, US; 1998: Bougainville Island war reportage, Royal Commonwealth Society, London, UK.

(*1977 in Kalisz, PL, lebt | lives in Warschau | Warsaw, PL und | and Bern, CH).
studierte von 1998-2002 an der Intermedia Fakultät der Akademie der Künste in Poznań, PL. studied at the Intermedia Faculty, Academy of Fine Arts in Poznań, PL, from 1998-2002.

Ausstellungen (Auswahl seit 2011) | exhibitions (selection from 2011): 2013: 55. Venedig | Venice Biennale, IT; *Twisted Entities*, Museum Morsbroich, Leverkusen, DE; *BRITISH BRITISH POLISH POLISH*, CCA Ujazdowski Castle, Warschau | Warsaw, PL; *JEMP*, Institute of Contemporary Arts (with | mit Daniel Szwed), London, UK; *Learning From Warsaw*, Kunstverein Zürich | Zurich, CH; *Tribute to Errors and Leftovers*, Performa 13, New York, US; *Limited Dictionary*, Trinosophes (with | mit Daniel Szwed), Detroit, MI, US; 2012: *Freedom of Sound*, Ludwig Museum, Budapest, HU; *Manifesta 9* (with | mit Daniel Szwed), Genk, BE; Triennale Palais de Tokyo (with | mit Daniel Szwed), Paris, FR; *HOOLS*, Zachęta – National Gallery of Art, Warschau | Warsaw, PL; *SCONTRUM Evolutions*, Xawery Dunikowski Sculpture Museum, Warschau | Warsaw, PL; *Happiness is a warm gun*, Rizzordi Gallery, St. Petersburg, RU; *The End of Radio*, Pinchuk Art Centre, Kiew | Kiev, UA; *Mold*, Fryderyk Chopin Museum, Warschau | Warsaw, PL; *Offen auf AEG* (with | mit Daniel Szwed), Nürnberg | Nuremberg, DE; 2011: *They don't know why, but they keep doing it*, Waterside Contemporary, London, UK.

(*1981 in Marburg, DE, lebt | lives in Berlin, DE)
studierte von 2005-11 Kunst an der Universität der Künste, Berlin, DE. Er führte Regie bei zahlreichen Musikvideos und ist als VJ tätig. studied Fine Arts at the University of Fine Arts Berlin, DE, from 2005-11. He has directed numerous music videos and works as a VJ.

Ausstellungen und Performances (Auswahl seit 2008) | exhibitions and performances (selection from 2008): 2012: CTM Festival, Berghain, Berlin, DE; *Linie, Fläche, Zeit*, Rathaus Lichtenberg, Berlin, DE; 2011: *New Kids on the Block*, White Trash Contempora-

AUTORENBIOGRAPHIEN | AUTHORS BIOGRAPHIES

AUDINT | TOBY HEYS & STEVE GOODMAN
(siehe Künstlerbiographien | see artists biographies)

JESSICA EDWARDS
(* in Royal Leamington Spa, UK, lebt | lives in London, UK)
ist Professorin im BA-Studiengang Medien und Kommunikation und lehrt im MA-Studiengang Audio-Vision an der University of East London, UK. Zuvor unterrichtete sie Design Geschichte und Philosophie am Central St. Martins College of Art and Design der University of the Arts London, UK. Sie hat zu einer Reihe an Themengebieten publiziert und auf Konferenzen vorgetragen, insbesondere zu ethnischen Traumata, Begehren, Zeit und Erinnerung, Haut, Geschwindigkeit, Körper-Erweiterungen und Science Fiction. Seit 2011 ist sie unter dem Pseudonym Ms.Haptic in das gemeinschaftliche Film-Sound Projekt *Her Ghost* eingebunden, das den Science Fiction Foto-Film-Essay *La Jetée* von 1962 neu interpretiert, der auf diversen internationalen Kunst- und Sound-Festivals gezeigt wurde, sowie 2013 in der Chris Marker Retrospektive im Centre Pompidou, Paris, FR. Jessica Edwards ist darüber hinaus die Sprecherin auf AUDINTs Schallplatte *Martial Hauntology*. is Senior Lecturer on the BA Media and Communication programme and teaches Audio-Vision on the MA programme at the University of East London, UK. Prior to this she taught Design History and Philosophy at Central St. Martins College of Art and Design, University of the Arts, London, UK. She has published and delivered papers on a range of subjects, notably race trauma, desire, time and memory, skin, speed, body augmentation and science fiction. Since 2011, under the pseudonym Ms.Haptic, she has been centrally involved in the collaborative film-sound project *Her Ghost* that recasts the 1962 science fiction photo-film-essay *La Jetée* which has been featured in several international arts and sound festivals and in 2013 within the Chris Marker retrospective at the Centre Pompidou, Paris, FR. Jessica Edwards is also the narrator of AUDINT's record *Martial Hauntology*.

FRIEDERIKE FAST
(* 1975 in Bielefeld, DE, lebt | lives in Bielefeld, DE)
arbeitet seit 2004 am Museum Marta Herford. Seit 2007 ist sie als Kuratorin und Ko-Kuratorin tätig u. a. für: *Ruhe-Störung – Streifzüge durch die Welten der Collage* (2013/14), *Farbe bekennen – Was Kunst macht* (2013), *Nezaket Ekici. Personal Map (to be continued…)* (2011), *Wir sind alle Astronauten. Universum Richard Buckminster Fuller im Spiegel zeitgenössischer Kunst* (2011), *Martin Walde. Unken* (2010), *Dennis Oppenheim. Electric Kisses* (2009), *Max Bill: ohne Anfang ohne Ende* (2008) *und Erik Schmidt. Hunting Grounds* (2007). Neben zahlreichen Publikationen im Zusammenhang mit den Ausstellungskatalogen veröffentlichte sie Texte in: *Colossal. Kunst, Fakt, Fiktion* (2009), *Jonathan Meese. Totalste Graphik* (2011) und *Êtres Chairs – Oda Jaune, Sandra Vásquez de la Horra* (2012). has worked at the Museum Marta Herford from 2004. Since 2007 she has curated and co-curated various exhibitions including: *Disturbing the Piece – An expedition through the world of collages* (2013/14), *Showing its Colours – What makes Art* (2013), *Nezaket Ekici: Personal Map – to be continued* (2011), *We are all Astronauts – Universe Richard Buckminster Fuller reflected in contemporary art* (2011), *Martin Walde. Unken* (2010), *Dennis Oppenheim: Electric Kisses* (2009), *Max Bill: no beginning no end* (2008) and *Erik Schmidt: Hunting Grounds* (2007). Alongside numerous publications related to the exhibition catalogues, she has also published essays in e. g. *Colossal. Art, Fact, Fiction* (2009), *Jonathan Meese. Totalste Graphik* (2011) and *Êtres Chairs – Oda Jaune, Sandra Vásquez de la Horra* (2012).

ROLAND NACHTIGÄLLER
(* 1960 in Dortmund, DE, lebt | lives in Herford, DE)
ist seit Anfang 2009 Künstlerischer Direktor des Museums Marta Herford. Nach einer wissenschaftlichen Assistenz am Museum Fridericianum in Kassel wurde er 1991 in die Leitungsmannschaft der DOCUMENTA IX berufen. Anschließend war er an zahlreichen Katalog-, Sammlungs- und Ausstellungsprojekten beteiligt, u. a. an *Europa, Europa. Das Jahrhundert der Avantgarde in Mittel- und Osteuropa* (1994) für die Kunst- und Ausstellungshalle der Bundesrepublik Deutschland in Bonn und 1997 an der Entwicklung der Skulpturenroute *kunstwegen*. Von 2003 bis 2008 leitete er die Städtische Galerie Nordhorn, wurde Geschäftsführer der kunstwegen EWIV und entwickelte das Fortsetzungsprojekt *raumsichten*. has been artistic director of the Museum Marta Herford since 2009. After working as an academic assistant at the Kunsthalle Fridericianum (Kassel), he was chosen to become a member of the administrative team for DOCUMENTA IX in 1991. After that he was involved in a number of catalogue, collection and exhibition projects such as *Europe, Europe. The Century of the Avantgarde in Central and Eastern Europe* (1994) for the Kunst- und Ausstellungshalle der Bundesrepublik Deutschland in Bonn and the development of the sculpture route *kunstwegen* in 1997. In 2003 he became the director of the Städtische Galerie Nordhorn. While there, he was the executive director of kunstwegen EWIV and developed the follow-up project *raumsichten*.

NIK NOWAK
(siehe Künstlerbiographien | see artists biographies)

IMPRESSUM | COLOPHON

KATALOG | CATALOGUE

HERAUSGEGEBEN ANLÄSSLICH
DER AUSSTELLUNG:
BOOSTER – Kunst Sound Maschine
15. Februar – 1. Juni 2014
Marta Herford

THIS BOOK IS PUBLISHED ON
THE OCCASION OF THE EXHIBITION:
BOOSTER – Art Sound Machine
15 February – 1 June 2014
Marta Herford

Das Projekt entstand nach einem Konzept von und
in Kooperation mit dem Künstler Nik Nowak. |
The project was developed from a concept by and
in collaboration with the artist Nik Nowak.

HERAUSGEBER | EDITOR
Marta Herford gGmbH
Goebenstraße 2-10
32052 Herford, Deutschland | Germany
Tel. +49 (0)5221 . 994430 - 0
Fax +49 (0)5221 . 994430 - 23
Email info@marta-herford.de
www.marta-herford.de

REDAKTION | EDITORS
Friederike Fast
Nik Nowak

LEKTORAT | PROOFREADING
Chris Abbey (E)
Claas Kazzer (D)
Michael Robinson (E)

ÜBERSETZUNG | TRANSLATION
Chris Abbey (D/E)
Claas Kazzer (E/D)
Michael Robinson (D/E)
Alexander Paulick-Thiel (D/E)
Steve Wright (D/E)

GESTALTUNG | LAYOUT
Bureau für Design / Ethel Strugalla, Köln
(www.strugallaneuefeind.com)

SCHRIFT | TYPEFACE
Neutra Text

LITHOGRAPHIE | LITHOGRAPHY
Lorena Volkmer

PAPIER | PAPER
Luxo Art Samt 150 g/m², 300 g/m²

Die Deutsche Nationalbibliothek verzeichnet
diese Publikation in der Deutschen National-
bibliographie; detaillierte bibliographische
Daten sind im Internet über http://dnb.dnb.de
abrufbar. | The Deutsche Nationalbibliothek
lists this publication in the Deutsche National-
bibliografie; detailed bibliographic data is
available on the Internet at http://dnb.dnb.de.

GESAMTHERSTELLUNG UND VERTRIEB |
PRINTED AND PUBLISHED BY
Kerber Verlag, Bielefeld
Windelsbleicher Straße 166 – 170
33659 Bielefeld, Deutschland | Germany
Tel. +49 (0) 521 . 950 08 -10
Fax +49 (0) 521 . 950 08 -88
Email info@kerberverlag.com

PROJEKTMANAGEMENT | PROJECT
MANAGEMENT, KERBER
Katrin Meder

Kerber, US Distribution
D.A.P., Distributed Art Publishers, Inc.
155 Sixth Avenue, 2nd Floor
New York, NY 10013, USA
Tel. +1 (212) 627-1999
Fax +1 (212) 627-9484

KERBER-Publikationen werden weltweit in führenden Buchhandlungen und Museumsshops
angeboten (Vertrieb in Europa, Asien, Nord- und
Südamerika). | KERBER publications are avail-
able in selected bookstores and museum shops
worldwide (distributed in Europe, Asia, South and
North America).

Printed and bound in Germany
ISBN 978-3-86678-941-8

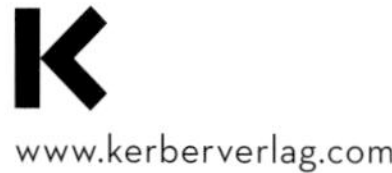

www.kerberverlag.com

ABBILDUNGEN | REPRODUCTIONS

UMSCHLAGABBILDUNG | COVER ILLUSTRATION
Dominikanisches mobiles Soundsystem |
Dominican mobile sound system
© 2008–2013 GenteTuya.com / José Gutiérrez
Producciones

COPYRIGHT DER ABGEBILDETEN WERKE |
FOR THE REPRODUCED WORKS
© VG Bild-Kunst, Bonn 2013 für | for: Lothar
Baumgarten, Santiago Sierra, Jean Tinguely.
Für | for: Janet Cardiff & George Bures Miller:
© Luhring Augustine, New York;
Benjamin Binder: Freunde der Schlumper e.V.;
Olaf Mooij, *DJ Mobile 1.0, 1999* (Video): Klokhuis,
NTR / NPS.

COURTESY
Paradise Row: Aura Satz; Cabinet, London: Mark
Leckey; Massimo De Carlo, Milan / London,
Frith Street Gallery / London: Massimo Bartolini;
Heller Group: Tom Sachs; ReR Megacorp: Arseni
Michailowitsch Awraamow, Welimir Chlebnikow,
Nikolai Foregger, Dziga Vertov; Paula Cooper
Gallery, Edition Block, DOG W/A BONE: Marcel
Duchamp; Mike Men Productions: Miquel Galofré;
LOGO VERLAG Eric Erfurth / DuMont Buchverlag,
Köln: Kurt Schwitters; Maria Mohr / UDK Berlin
2004: *Il Treno (Der Zug | The Train) von | by John
Cage (1977)*; Schweizer Radio und Fernsehen:
Werke von Jean Tinguely, 1.1.1972.

FOTONACHWEIS | PHOTO CREDIT
Chris K Jones: S. | pp. 40/41;
Bartosz Górka: S. | pp. 42–44;
Dagny Nowak: S. | p. 45;
NOSHE: S. | p. 71;
Marcus Schneider: S. | pp. 76/77;
James Prinz: S. | p. 87;
Andreas Larsson, Nathan Keay: S. | pp. 88/89;
Dirk Pauwels: S. | pp. 102/103;
Alessandro Zambianchi: S. | pp. 104/105;
Hans Schröder: S. | p. 108;
Christian Baur: S. | pp. 110–113;
Vincent Soyez: S. | pp. 120/121;
Wolfgang Günzel: S. | pp. 122/123;
Peggy Kahl: S. | pp. 126–129;
Philippe D. Photography: S. | p. 131;
Roman März: S. | pp. 132/133;
Sean Nygun: S. | p. 135;
Corinto Marianelli, www.corinto.com:
S. | pp. 138/139;
Erica Leone: S. | pp. 140–142;
Tristram Keefe, USA: S. | pp. 146/147;
Esteban Ucros | Popular de Lujo, Colombia:
S. | pp. 146/147;
Josh Weiss, USA: S. | pp. 146/147.

Trotz sorgfältiger Recherchen ließen sich nicht
alle Fotonachweise ermitteln. Nicht genannte
Rechteinhaber wenden sich bitte an die beteilig-
ten Museen. | In spite of extensive research it
was not possible to ascertain all photo credits.
We kindly request right holders not mentioned
here to contact the participating museums.